社格を上げる

トップリーダーの手紙

―文例とポイント―

著　中川　越

新日本法規

は じ め に

　他に類例のない、画期的な手紙の文例集とその解説の本が誕生しました。

　過去三十年余りにわたり、私は手紙の文例集や指導書を、数十冊執筆する機会を得ましたが、本書ほど、トップリーダーにふさわしい手紙の文例や書き方を紹介した本は、他にありません。

　本書は、多くの企業や団体のトップリーダー（あるいはその秘書室）の待望の書と申し上げることができます。

　きわめて改まった礼儀にかなう、重厚で威厳に満ちた表現、情熱や誠意が伝わる言い回しなど、通常の手紙の文例集やインターネットの情報にはない、トップリーダーにこそふさわしい用語や文例を数多く含む内容としました。

　たとえば、本書にある「華墨謹んで拝誦」「恐惶謹言」という高度に儀礼的な書き出しや結語は、一般人ではまず使う機会はありませんが、トップリーダーが遭遇する格式の高い交際やシチュエーションにおいては、このような書き出しや結語こそが、際立った風格や威厳や尊敬を伝え、社格を上げるための効果的なアピールになる場合があるのです。

　とはいえ、単に古風な言い回しだけを本書で示したわけではありません。本書では、まず「一般的な文例」を挙げ、その文例のどの部分をどのように変えれば、格調の高い文例（＝「格上げ後の文例」）になるかを、丁寧な解説を交えながら紹介しています。それらをご覧いただくことにより、現代の感覚から逸脱しない範囲内で、どのような高度に儀礼的な表現を織り交ぜるべきか、その兼ね合いについても学習していただけるものと考えます。

なお、附録では、文豪・名家の手紙の実例を示しました。生き生き
とした格調高い手紙を書くための参考にしていただけると幸いです。
　本書により、貴社、貴団体、貴台の格式、品格、存在感がいよいよ
高まり、売上や業績向上のきっかけになりますことを、願ってやみま
せん。

平成30年5月

中川　越

目　　次

第1章　トップリーダーの手紙の心得と常識

ページ

1　トップリーダーの手紙の心得 ……………………………… 3
2　トップリーダーの手紙のマナー …………………………… 8
3　トップリーダーの手紙の常識 ……………………………… 17
4　封筒・便箋・はがきの書き方 ……………………………… 33
5　敬語の注意点 ………………………………………………… 50

第2章　挨拶状＆返信

1－1　新会社設立の挨拶 ………………………………………… 59
　→1－2　返信（お祝い）……………………………………… 62
2－1　支店開設の挨拶 …………………………………………… 63
　→2－2　返信（お祝い）……………………………………… 65
3－1　新社屋落成の挨拶 ………………………………………… 67
　→3－2　返信（お祝い）……………………………………… 70
4－1　新工場竣工の挨拶 ………………………………………… 72
　→4－2　返信（お祝い）……………………………………… 74
5－1　会社移転の挨拶 …………………………………………… 76
　→5－2　返信（お祝い）……………………………………… 79
6－1　営業所開設の挨拶 ………………………………………… 81
　→6－2　返信（お祝い）……………………………………… 83

目　次

7－1　創立記念の挨拶・招待 ………………………… 85
→7－2　返信（お祝い・出欠）………………… 88
8－1　社長就任の挨拶 ………………………………… 90
→8－2　返信（お祝い）………………………… 92
9－1　役員異動の挨拶 ………………………………… 94
→9－2　返信（お礼）…………………………… 98
10－1　支店長交代の挨拶 …………………………… 100
→10－2　返信（お礼）………………………… 102
11－1　業務提携の挨拶 ……………………………… 104
→11－2　返信（お祝い）……………………… 107
12－1　代理店契約の挨拶 …………………………… 108
→12－2　返信（お祝い）……………………… 110
13－1　社名変更の挨拶 ……………………………… 112
→13－2　返信（お祝い）……………………… 115
14－1　年賀の挨拶 …………………………………… 117
→14－2　返信（遅れて出すとき）…………… 120
15－1　中元・歳暮の挨拶 …………………………… 122
→15－2　返信（お礼）………………………… 125
16－1　社長退任の挨拶 ……………………………… 127
→16－2　返信（答礼）………………………… 129
17－1　役員退任の挨拶 ……………………………… 131
→17－2　返信（慰労）………………………… 133

第3章　祝い状＆返信

18－1　出張所の開設祝い ……………………………… 137

　→18－2　返信（お礼） …………………………… 140

19－1　研究所の開設祝い ……………………………… 142

　→19－2　返信（お礼） …………………………… 144

20－1　保養所の完成祝い ……………………………… 146

　→20－2　返信（お礼） …………………………… 149

21－1　会長銅像の完成祝い …………………………… 151

　→21－2　返信（お礼） …………………………… 154

22－1　社史の発刊祝い ………………………………… 156

　→22－2　返信（お礼） …………………………… 159

23－1　海外進出祝い …………………………………… 161

　→23－2　返信（お礼） …………………………… 163

24－1　社員食堂の開設祝い …………………………… 165

　→24－2　返信（お礼） …………………………… 169

25－1　栄転祝い ………………………………………… 171

　→25－2　返信（お礼） …………………………… 173

26－1　受賞祝い ………………………………………… 175

　→26－2　返信（お礼） …………………………… 178

27－1　叙勲祝い ………………………………………… 180

　→27－2　返信（お礼） …………………………… 184

28－1　誕生祝い（還暦祝い） ………………………… 186

　→28－2　返信（お礼） …………………………… 189

29－1　長寿祝い ………………………………………… 191

　→29－2　返信（お礼） …………………………… 195

30－1	新築祝い	197
→30－2	返信（お礼）	200
31－1	全快祝い	202
→31－2	返信（お礼）	204
32－1	個展開催祝い	206
→32－2	返信（お礼）	209
33－1	出版祝い	211
→33－2	返信（お礼）	213
34－1	取引先親族の結婚祝い	215
→34－2	返信（お礼）	218
35－1	取引先親族の合格祝い	220
→35－2	返信（お礼）	223
36－1	取引先親族の出産祝い	225
→36－2	返信（お礼）	227
37－1	取引先親族の成人祝い	229
→37－2	返信（お礼）	231

第4章　案内状、招待状＆返信

38－1	新年会への案内	235
→38－2	返信（出欠）	237
39－1	年賀名刺交換会への招待	239
→39－2	返信（出欠）	241
40－1	忘年会への招待	244
→40－2	返信（出欠）	246

| 目　　次 | 5 |

41－1　受賞祝賀会への招待 …………………………………… 249
　→41－2　返信（出欠） ………………………………… 253
42－1　叙勲祝賀会への案内 …………………………………… 255
　→42－2　返信（出欠） ………………………………… 258
43－1　出版記念会への案内 …………………………………… 261
　→43－2　返信（出欠） ………………………………… 264
44－1　新製品発表会への案内 ………………………………… 267
　→44－2　返信（出欠） ………………………………… 270
45－1　取引先との懇親会への案内 …………………………… 273
　→45－2　返信（出欠） ………………………………… 276
46－1　懇親視察旅行への案内 ………………………………… 279
　→46－2　返信（出欠） ………………………………… 282
47－1　新会社設立披露への招待 ……………………………… 284
　→47－2　返信（出欠） ………………………………… 287
48－1　支店開設披露への招待 ………………………………… 290
　→48－2　返信（出欠） ………………………………… 292
49－1　上棟式への案内 ………………………………………… 295
　→49－2　返信（出欠） ………………………………… 297
50－1　落成式への案内 ………………………………………… 300
　→50－2　返信（出欠） ………………………………… 303
51－1　社長就任披露への招待 ………………………………… 305
　→51－2　返信（出欠） ………………………………… 308
52－1　創立記念祝賀会への招待 ……………………………… 311
　→52－2　返信（出欠） ………………………………… 314
53－1　開店披露への案内 ……………………………………… 317
　→53－2　返信（出欠） ………………………………… 319

54－1	長寿祝いへの招待	322
→54－2	返信（出欠）	324
55－1	快気祝いへの招待	327
→55－2	返信（出欠）	329
56－1	宴席への招待	333
→56－2	返信（出欠）	336
57－1	別荘への招待	339
→57－2	返信（出欠）	342

第5章　見舞状、お悔やみ状＆返信

58－1	病気見舞い	347
→58－2	返信（お礼）	349
59－1	事故見舞い	351
→59－2	返信（お礼）	353
60－1	地震見舞い	355
→60－2	返信（お礼）	357
61－1	水害見舞い	358
→61－2	返信（お礼）	360
62－1	近火見舞い	362
→62－2	返信（お礼）	364
63－1	類焼見舞い	366
→63－2	返信（お礼）	368
64－1	社屋火災見舞い	370
→64－2	返信（お礼）	373

目　　次　　　7

65－1　負傷見舞い ……………………………………… 375
　→65－2　返信（お礼）…………………………… 378
66－1　遭難見舞い ……………………………………… 380
　→66－2　返信（お礼）…………………………… 382
67－1　盗難見舞い ……………………………………… 384
　→67－2　返信（お礼）…………………………… 386
68－1　親が逝去した方へのお悔やみ ………………… 388
　→68－2　返信（お礼）…………………………… 390
69－1　妻が逝去した方へのお悔やみ ………………… 392
　→69－2　返信（お礼）…………………………… 394
70－1　取引先社長逝去の際のお悔やみ ……………… 396
　→70－2　返信（お礼）…………………………… 399
71－1　取引先社員逝去の際のお悔やみ ……………… 401
　→71－2　返信（お礼）…………………………… 403

第6章　書きにくい手紙＆返信

72－1　人の紹介の依頼 …………………………………… 407
　→72－2　返信（承諾・断り）………………………… 410
73－1　接触を拒む交渉相手への依頼 …………………… 413
　→73－2　返信（承諾・断り）………………………… 416
74－1　訪問を受けたことへの感謝とお詫び（本人不在）……… 419
　→74－2　返信（お礼）………………………………… 421
75－1　失礼をおかしたお詫び …………………………… 423
　→75－2　返信（了承・拒絶）………………………… 425

76—1	僭越な具申・忠告	428
→76—2	返信（お礼）	431
77—1	不躾な問い合わせ	433
→77—2	返信（承諾・断り）	437
78—1	約束不履行のお詫び	440
→78—2	返信（了承）	442
79—1	疑いをもたれたときの説明・釈明	444
→79—2	返信（了承・不承知）	449
80—1	約束履行の催促（再度の依頼）	452
→80—2	返信（釈明）	455

附　録　文豪・名家の手紙の実例から学ぶ
用語・言い回し（格上げフレーズ）

○「拝顔の栄を得ておりません」／「これに過ぎる光栄はご
ざいません」（夏目漱石） ……………………………………… 459

○「春暖の候いよいよ欣賀すべき御清適とは」／「下って小
生は碌々無異に」（夏目漱石） ………………………………… 461

○「ご繁栄をご祝福奉ります」／「倍旧のご贔屓を賜ります
よう伏してお願い申し上げます」（永井荷風） ……………… 463

○「この書面を持参する○○○○君を御紹介申し上げます」
／「何卒御引見下されたく」（島崎藤村） …………………… 465

○「実は相変わらず多忙のため連日寸暇なく、御希望に沿い
難いので、悪しからず御諒恕下され度、伏して願い上げま
す」（芥川龍之介） ……………………………………………… 467

○「御高著三部御恵贈くださり、奉謝し申し上げます」／「灯
下炉辺臥遊の楽を縦にせしめました」（森鷗外） …………… 469

目　　次　　　9

○「新歳之御慶御同前　万福目出度申納候」／「恐惶謹言」
　（本居宣長）………………………………………………………………… 471

○「御尊父様御他界の由伝聞仕り」／「未だ貴兄より直接の
　報なく唐突の事も出来ず」（国木田独歩）………………………… 473

○「御令閨様御事先日より御不快の由」／「嘸々御心配の段
　深く御察し奉ります」（福沢諭吉）………………………………… 475

○「少々拝晤を得たく、今月十日頃貴社へ御訪ね致したく存
　じます。御都合御一報頂戴できれば、幸甚これに過ぎるも
　のはございません」（吉田茂）……………………………………… 477

○「拙者病気につき早速御見舞下され名産頂戴仕り、かたじ
　けなく御礼申し上げます」（斎藤茂吉）…………………………… 479

○「この度は分外の御優招に接し、早速拝趨仕りましたとこ
　ろ、数々の御厚配を賜り、近頃稀有の光栄と拝謝奉ります」
　（北原白秋）………………………………………………………………… 481

○「御約束の儀、毎々御催促に預り、誠に恐縮の至りに存じ
　ます」／「御迷惑とは存じますが少し手すきに相成ります
　まで」（尾崎紅葉）……………………………………………………… 483

第 1 章

トップリーダーの
手紙の心得と常識

2

1 トップリーダーの手紙の心得

◆インターネットで探せる文例には限界がある

今や手紙の文例探しに困ることはありません。様々なテーマの文例を、インターネット上で探すことができるようになりました。しかし、それらの文例は玉石混交です。そのまま利用すると失礼になったり、失礼とはいわないまでも、敬意において格式において、物足りない印象となり、マイナスイメージを広める結果になりかねない場合があります。

たとえば、ある文例紹介のウェブサイトは、会社創立記念の挨拶状の書き出しを、次のように示しています。

「拝啓　時下ますますご盛栄のこととお喜び申し上げます。…」

誤りは一つもありませんが、おざなりな印象がぬぐえません。格式を上げるには、このような表現があります。

「謹啓　時下秋冷の候貴社愈々御隆盛の段慶祝の至りと存じ上げます。…」

この程度改まった書き出しにしたほうが、高い社格にふさわしい場合が少なくありません。しかし、残念ながらこうした文例をインターネット上で探すのは困難です。

◆儀礼的な言葉で常識のレベルを証明する

挨拶状の品格とその企業の社格やその企業の業務品質とは、必ずしもパラレルではないかもしれません。挨拶状の品格が低くても業務実績の高い企業はあります。

とはいえ、挨拶状は、企業の社格や業務品質を、しばしば物語るものだという認識が、一般的にあることも事実です。この程度の挨拶状ならこの程度の企業だろうと。そして、十分な評価を得られない挨拶

状の署名は、当然社長やトップリーダーとなるわけですから、手紙の出来栄えから、社長、トップリーダーの能力を想像されるのは必至です。

では、手紙の出来栄えとは、何によって左右されるかといえば、まずは、儀礼の常識です。たとえ創立5周年であれ50周年であれ、どのような企業にとってもとても重要な記念行事ですから、その挨拶を「拝啓」「時下」で始めれば、儀礼の常識を疑われかねません。場合によっては、そのような書き出しの挨拶状をもらった相手が、「自分は軽く見られているのだろうか」と失礼を感じ、侮辱された思いになることさえあり得ます。

◆温かなまごころのこもった儀礼文を

ただし、ただ儀礼的であればよいというものでは、決してありません。温かな心のこもった儀礼である必要があります。これだけ十分な儀礼的語彙を駆使して文案を作り上げたのだから文句はないでしょう、文句があるとすれば、そちらに何か問題があるのでは、といった、開き直った冷淡な構えの感じられる儀礼文が、世の中には多く存在します。

そうした儀礼文が、コミュニケーションを密にし、敬意を交わし合う理想的な関係の構築に、役立つはずはありません。

そこで必要になってくるのは、儀礼文の中に、どのようにして温かなまごころを込めるかという問題です。

たとえば、創立記念の挨拶状を例にとれば、「お陰様でこの度創立15周年を迎えることととなりました」という表現があるとします。このとき、どうしたら、まごころを込められるでしょうか。「お陰様」という漠然とした感謝ではなく、「貴社のこれまでの並々ならぬ御支援、御鞭撻の御陰をもちまして」などとすることにより、より強い感謝のまごころを込めることができるのです。

第1章 トップリーダーの手紙の心得と常識　　5

◆挨拶の部分をほどよく充実させる

　企業イメージに欠かせないのは、成長力とともに安定性です。爆発的な成長力が感じられても、長期的な安定性がイメージできない企業は、周囲からの信頼を十分に得ることが難しいといえます。

　もちろん企業の安定性とは、経営の先見性や他の追随を許さない技術力、社員の仕事力、人間力などのクオリティーの高さを礎とするわけですが、そうした安定性は、手紙からも読み取れる場合があります。

　では、手紙から読み取れる安定性とは何でしょうか。それは、「余裕」という言葉によってあらわされる雰囲気、と言うことができます。そして余裕とは、それとない自信のあらわれであり、また、相手への尊敬、感謝、いたわりの気持ちをも想起させるものです。トップリーダーの手紙には、すべからく余裕が必要です。

　ところが現代は、そのような余裕というものを、できるだけ排除しようとする傾向が止まりません。たとえば件のインターネット上にあった創立記念の挨拶の冒頭、「拝啓　時下ますますご盛栄のこととお喜び申し上げます。…」にしても、まさに余裕を排除した効率的な書き出しです。

　しかし、効率化によって失われる「余裕」は、実はすでに述べたように、企業にとってとても重要なイメージなのです。

　効率を上げるための簡略な書き出しではなく、「謹啓　時下秋冷の候貴社愈々御隆盛の段慶祝の至りと存じ上げます。…」としたり、「お陰様でこの度創立15周年を迎えることとなりました」を、「貴社のこれまでの並々ならぬ御支援、御鞭撻の御陰をもちましてこの度創立15周年を迎えることとなりました」と丁寧にすることにより、余裕のある挨拶状に変えることができます。

　すなわち、本題に入る前の挨拶の部分を、いかにほどよく充実させ

るかということが、余裕ある挨拶状に仕上げるための、一つの重要な
ポイントになるのです。

◆本来の書礼で敬意を際立たせる

　商機、ビジネスチャンスは、情報の先取りによって生まれるだけで
なく、礼儀の充実によっても引き寄せることができます。かつて、欧
米をまたにかけて活躍した、世界企業の国際ビジネスマンは言います。
　「私は欧米各国で、これまで数多くの優秀なビジネスマンと仕事を
して、大きな成果を上げることができましたが、個性豊かで優秀な世
界の国際ビジネスマンに共通した能力を、一つ発見しました。それは、
語学力などではなく、礼儀正しさです」。
　いかにも効率性だけが重視されると思われがちな世界のトップビジ
ネスにおいても、礼儀正しさは仕事のクオリティーを保証する一つの
大切な目安になるようです。
　ゆえに、◆挨拶の部分をほどよく充実させるで紹介した、丁寧な挨
拶が重要性を増すわけですが、そのほかに、「書礼」というものをわき
まえることにより、さらに礼儀正しさが際立ち、敬意を伝えるために
役立ちます。
　たとえば、トップリーダーが手紙文を書くときには、「私」や私の側
に属する事物は、できるだけ行頭に書かないようにします。行頭に来
ないように配慮しながら文章を書きます。しかし、やむなく行頭に来
てしまうときには、改行後の行末に、「私」「当社」などを置き、その
上は空けたままにします（詳しくは11ページ参照）。
　そして、相手や相手の側に属する事物は、行末に書かないように注
意しながら書きます。どうしても行末に来てしまうときは、行の途中
でも改行して、「神田様」「貴社」などを、行頭に書きます（詳しくは
11ページ参照）。

第1章　トップリーダーの手紙の心得と常識　　　7

　自分は下げ、相手は上げる、という儀礼の基本を守ることにより、先方への敬意が色濃く伝わります。

　礼儀正しく手紙を書く上で必要な基本的な書礼を、守ることを心がけます（詳しくは8ページ参照）。

◆用語選びで微妙な距離感を適切に調節する

　一般に効果的な手紙を書くために、最も重要なことの一つは、距離感の適切な調節です。それほど親しくもない相手に、親しげな表現を行えば違和感が生じ、コミュニケーションが滞ります。

　トップリーダーの手紙においても、全く同様のことがいえます。

　たとえば取引企業の社長の趣味の個展に招かれたとき、お礼の文言はどのように書くのがよいでしょうか。

・A案……「かかる栄えある個展の御開催に、数ならぬわたくしまでもわざわざ御招き賜り、恐縮至極に存じ上げます」

・B案……「もう一つのライフワークである御趣味の個展に御招きいただけますのはとても光栄です。喜んで御伺い申し上げます」

　A案、B案どちらがよいかは、相手と自分との親疎の距離によります。B案が適切な手紙となる距離でありながら、A案を採用すれば、遠慮が強すぎて、よそよそしい印象になります。一方A案が適切な手紙となる距離でありながらB案を採用すれば、ややなれなれしく感じられ、無遠慮な印象になりかねません。

　また、手紙の内容によっては、たとえば相手の依頼事を断る場合などは、親しい間柄でも極めて改まった用語選びをする必要があります。

　相手との親疎の距離感を正確に把握し、また、手紙の内容も十分踏まえながら、相手にとって妥当と思える距離感の手紙を、用語や言い回しを厳選することで、実現することが重要です。

2 トップリーダーの手紙のマナー

◆手書き毛筆が一番の敬意の表現

　日本有数の保険会社のセールスに転身した女性が、またたく間に100名余りの社員を率いる支所長の座に上り詰めました。契約数を増やすための様々な努力を重ねたことはいうまでもありませんが、その中で大きな効果を発揮したのが、毛筆による手書きの礼状だったといいます。顧客を訪問した後、必ず手書きで毛筆の手紙をしたためたのでした。

　書道の覚えがない場合、毛筆で手紙を書くことは困難です。けれど、毛筆で書かれた手紙のインパクトは絶大です。上手下手は問題ではありません。書き慣れると、独特の味わいが表現できるのが毛筆です。そして、何よりも一番敬意のこもった手紙になるのです。

　また、毛筆の場合、筆ペンや墨汁を利用するのではなく、墨を磨るところから始めることをお勧めします。墨の匂いが心を落ち着かせ、相手を思う気持ちが整います。そして、磨った墨による毛筆は、筆ペンでは表現できない墨の濃淡により、紙面に趣深いリズムを生み出すことができます。

　毛筆の手紙はひとつの理想です。絶大な効果を発揮します。

　ただし、毛筆手書きの手紙は、原則として挨拶状に限られます。たとえば、問い合わせの手紙など、事務的な傾向の強い内容の場合、毛筆で書くと読みにくく、相手は迷惑に感じることがあるでしょう。

◆付けペン、万年筆、高級ボールペンを使用する

　毛筆の手紙が難しい場合は、付けペンや万年筆で書くのが、トップリーダーの手紙としてはふさわしいといえます。

　インクボテやかすれの出やすいボールペンは避けます。そのような

第1章　トップリーダーの手紙の心得と常識　　9

不体裁が起こらない高級ボールペンであれば、ボールペンでもよいでしょう。

　付けペン、万年筆、ボールペンの太さについては、極端に太いもの、極端に細いものは避けます。太さは力強さを示しますが、粗雑さも表現されます。細さは繊細さを表現しますが、か弱さも示します。いわゆる中字の筆記具で書くのが無難です。

　間違っても、サインペン、シャープペンシル、鉛筆などで書いてはいけません。どんなに内容が整った手紙でも、間違いなく常識を疑われます。

◆印刷で出す場合には書体とレイアウトに注意する

　どうしても手書きに自信がないときには、パソコンで手紙を仕上げます。その際自署名だけは、英文手紙のように手書きにして敬意を表現するのがよいでしょう。

　使用フォント＝書体は、挨拶状なら明朝系か筆字体が基本です。そしていずれの場合も、太すぎたり、細すぎたりしないようにします。穏やかな印象で読みやすい書体を選びます。

　そして、レイアウト、すなわち余白、字間、行間にも注意を払うことが大切です。

　各種挨拶の手紙は、一般に余白を広めに取り、字間、行間も広めにします。逆に通知などは、余白、字間、行間を比較的狭くして、正確性、速報性、客観性を強調します。

　ただし、トップリーダーが署名して書く改まった手紙では、通知などでも、一般の手紙よりは、余白、字間、行間などを、比較的広めにして、格調高さや相手への敬意を強調します。

　なお、余白、字間、行間を広めにするのがよいといっても、常識的な美観を逸脱してはいけません。余白、字間、行間が広すぎれば、間

の抜けた読みにくい手紙となり、逆に失礼になりかねません。

◆文字の色はブラックかブルーブラックが基本

　トップリーダーが書く手紙の文字の色は、筆字なら黒です。ただし、お悔やみなどの不祝儀の手紙は、薄墨を用います。一説によれば、涙が硯に落ちて、墨が薄まるためです。

　パソコンのフォントを用いる場合も黒が基本で、お悔やみなどは灰色にします。

　付けペン、万年筆、ボールペンの場合は、ブラックかブルーブラックのインクを用います。お悔やみなども、ブラックかブルーブラックです。墨の場合は薄墨にするからといって、インクを薄めて用いるケースはありません。

◆原則として縦書きの封書とする

　トップリーダーが書く改まった手紙は、原則として縦書きにします（なお、本書は横組みですが、掲載している各文例は縦書きを想定しているため、各文例中では「左記の」などの表現を用いています。）。ただし、案内状や招待状などの場合、その催しの内容、あるいは企業イメージによっては、横書きのほうが効果的な場合もあります。

　そして、たとえ簡単な内容、短い文章であっても、年賀状以外は封書にするのが基本です。はがきには粗略なイメージがあるので、トップリーダーの手紙としてはふさわしくありません。

　また、病気や怪我や災害のお見舞いなど、プライベートな状況を見舞う際に、公開文書であるはがきを利用すると、先方に迷惑がかかる場合もあるので、十分注意する必要があります。不幸や災禍を人に伝えたくないことも、しばしばあるからです。

第1章　トップリーダーの手紙の心得と常識　　11

◆毛筆の手紙、改まった挨拶には「、」「。」は不要

　毛筆で書く手紙や、改まった儀礼的な手紙では、「、」「。」をつけないのが一般的です。筆字にはもとより「、」「。」はなく、そして、「、」「。」は読みやすくするための記号だからです。尊敬すべき相手を助けるなどといったさしでがましい行為は失礼で、文字ではない記号も不体裁ということになるのです。ただし、毛筆手書き以外の手紙では、「、」「。」を入れる場合がしばしばあります。失礼とは思われません。

◆相手の呼称は上へ、自分の呼称は下へが鉄則

　相手の呼称、または相手側の物や人に関する語は、行末に来ないように工夫して書きます。どうしても来てしまうときは、次のAのように、その行の下部が空いてもよいので、次行の行頭に書いて敬意を表します。

　一方、自分の呼称、または自分側の物や人に関する語は、行頭に来ないようにします。やむをえず来てしまいそうな場合は、次のBのように、行末から書き始めます。

　古風な書式ですが、相手を上に、自分を下に置くという姿勢は、現代にも通じる、敬意が伝わる心がけです。

× 〈相手の呼称を行末に置かない〉
この度無事退院を迎えられましたのは、長谷川様
の御励ましの御陰にほかならず…
○ 〈相手の呼称は行頭に上げる〉
この度無事退院を迎えられましたのは、
長谷川様の御励ましの御陰にほかならず…

B

× 〈自分の側の物を行頭に置かない〉
先日の格別なるおもてなしへのささやかな御礼に
わたくしの別荘に御招き申し上げ…
○ 〈自分の側の物は行末に下げる〉
先日の格別なるおもてなしへのささやかな御礼に
わたくしの別荘に
御招き申し上げ…

◆名詞、氏名、熟語や数字は泣き別れにしない

　名詞、氏名、熟語や数字などは、二行に分かれないように注意して書きます。これはトップリーダーの手紙に限ったことではなく、誰が書くどのような手紙においても、最も基本的な常識です。二行に分けると、読みにくく、読み間違いも起こしかねないからです。

　なお、「は／が／の／を」などの助詞と名詞も、二行に泣き別れにならないように注意します。

　その例を、以下のＡＢＣＤに示します。

第1章　トップリーダーの手紙の心得と常識　13

A
× 〈名詞を二行に分けない〉
今回は十分な御挨拶もできませず申し訳なく、寸書をもって御礼に代えさせて…

○ 〈名詞は同じ行に入れる。「を」などの助詞は行頭に置かない〉
今回は十分な御挨拶もできませず申し訳なく、寸書をもって御礼に代えさせて…

B
× 〈氏名を二行に分けない〉
次回御伺い致しますときは、弊社秘書室の大河内も引き連れ…

○ 〈氏名は同じ行に入れる。「も」などの助詞は行頭に置かない〉
次回御伺い致しますときは、弊社秘書室の大河内も引き連れ…

C
× 〈熟語を二行に分けない〉
先日新装成りました貴店に伺い、文字通りの豪華絢爛な内装は目の保養になり…

○ 〈熟語は同じ行に入れる。「な」などの助詞は行頭に置かない〉
先日新装成りました貴店に伺い、文字通りの豪華絢爛な内装は目の保養になり…

D
× 〈数字を二行に分けない〉
一方ならぬ御助力を賜りました御陰により、二百五十件の新規応募があり…

○ 〈数字は同じ行に入れる。「の」などの助詞は行頭に置かない〉
一方ならぬ御助力を賜りました御陰により、二百五十件の新規応募があり…

◆便箋、封筒選びには細心の注意を

トップリーダーが書く手紙の便箋の色は白が大原則です。趣を添えたい個人的な交際上の挨拶の場合、その内容に応じて、淡い色彩の便箋を用いると効果的なこともあります。ただし、色便箋を用いた際の先方の反応が予測できないときは、白い便箋を用いるのが無難です。

そして、筆記具によって紙質を選ぶことが大切です。毛筆であれば和紙が最適です。ペン字であれば洋紙です。

したがって、当然便箋が和紙なら封筒も和紙を選び、洋紙の便箋なら洋紙の封筒を選びます。便箋は和紙、封筒は洋紙などと、ちぐはぐにならないように注意します。また、いうまでもなく、和紙の便箋であれ洋紙の便箋であれ、縦書きにしたときは、封筒は長い和封筒を選びます。

ただし、役員異動通知をカード印刷する場合などは、縦書きの文書でも洋封筒に入れます。

なお、封筒には袋が二重のものと一重のものとがありますが、丁寧な挨拶状には二重のものを用います。そして、お悔やみなどの不祝儀は、一重の封筒にしなければなりません。不幸が重なることを忌み嫌うためです。

トップリーダーの手紙でも、極めて事務的な内容のときは、一重の封筒を用いるのがよいでしょう。

◆便箋は1枚でもよい

かなり昔には、便箋が1枚になるのは失礼という礼儀がありましたが、今は非礼と思われることは、まずありません。むしろ、何も書かない白い紙が1枚付け足されていると意味が分からず、かえって粗雑ゆえに2枚入れてしまったのかと思われかねません。

1枚ではどうしてもそっけない気がするときには、内容を膨らまし

て2枚としますが、後付け（年月日／自署名／宛名）だけが2枚目になってしまう不体裁は避けます。2枚目に必ず本文が2行は入るように調整します。

◆返信用便箋や封筒は同封しない

案内状などの場合は、出欠のはがきを同封することがありますが、トップリーダーの改まった手紙では、必ず返信を求めたい場合でも、返信用の便箋や封筒を同封しないのが礼儀です。同封は、無理強いを意味することにもなりかねないからです。

返信するか否かは先方の自由、というスタンスで待つのが、基本的な礼儀となります。

◆書き終えたら読み返して誤字脱字を再チェック

手紙を書き終えたら、まず先方の名前に間違いがないかを、十分チェックします。どんなに整った手紙でも、相手の氏名に誤字があれば台無しです。便箋で払った敬意が、何も伝わらなくなってしまいます。そして、便箋の内容についても、誤字脱字はないか、言い回しに失礼はないかなどを、もう一度確認します。

書いた本人が読み返しても、なかなか誤字脱字や決定的なミスに気がつかないことも多いので、何人かの目で校正を行うのが理想です。

◆封締め、切手の貼り方にも心を込める

すべての準備が整い、最後に封をするときにも、十分注意が必要です。やれやれと思い気を抜いて、封締めを曲げて貼り付けてしまったり、切手を曲げて貼り付けたりしないように注意します。

したがって、ガムテープ、セロハンテープ、ホッチキスなどで封筒の封をするのは言語道断。無礼、失礼の極みです。封じ目には封字を

書いて封印しますが、一般的な封字は「〆」です。「緘」と書くことも
あります。あるいは、慶事の案内などでは、封じ目に「寿」のシール
を貼ることもあります。

　封締めや切手貼りは、書く側にとっては最後の仕事ですが、受け取
る側には、最初に目につく場所です。最初に粗雑な印象を受けると、
その印象は尾を引いて、後々まで悪影響を及ぼしかねません。

　したがって、封筒の宛先、宛名書きにも同様の注意が欠かせません。
宛先、宛名は、郵便局へのメッセージであると同時に、相手が最初に
受け取る、いわゆるファーストインプレッションとなります。

　自分の住所や名前がおざなりに書かれているのを見て、愉快な気分
になる人はいません。まず、相手の住所と名前に、最大限の敬意を払
うことが、非常に大切です。

3　トップリーダーの手紙の常識

◆手紙文の基本構成

　手紙文の組み立て方には基本パターンがあります。それは、次表に示した通りです。

　たとえば表に示した文例（栄転祝いの手紙）などは、基本構成通りとなります。そして、お礼、お見舞いなどの手紙では、頭語以外の前文を省くことがあり、お悔やみの手紙では頭語も含めた前文を省きますが、あとは基本構成に従います。

　すなわち、手紙の種類によっては、省くべき構成要素もありますが、原則として、基本構成のフレーム自体を大きく変化させることはありません。

　ただし、トップリーダーが書く手紙は、どのような種類であれ、非常に改まったものとなるので、追って書きが許されるケースは、まずないと考えてよいでしょう。追って書きは、付け足しのメモ的な文で、ふつつかな印象がぬぐえないからです。敬すべき相手に用いることは大変失礼なので厳禁です。手紙を書き終えてから、どうしても付け加えたい内容が出てきてしまったら、最初から書き直すべきです。

①前文	頭語		謹啓
	時候の挨拶		時下春暖の候
	様子を尋ね伝える挨拶	相手の様子	益々御清祥の段賀し奉ります
		自分の様子	当方無事ですので他事ながら御休心くださいませ
	お礼・お詫び		過日はまた格別な御厚情を賜り感謝至極に存じます

	起語	さて
②主文	本文	貴方様にはこの度本店支配人の要職に御栄転との由承り大慶の至りに存じ上げます 多年の御経験により今後益々御手腕を縦横に御揮いになることと誠に欣快の情に堪えぬ次第です　十分御自愛の上　御成功なされますことを御祈り申し上げます　同封の品些少ではございますが　御祝いの御印とさせていただきます
③末文	終結の挨拶	まずは満腔の祝意を本状に託します
	結語	敬具
④後付け	日付	四月三日
	署名	君島信行
	宛名・敬称	東山辰夫様
	脇付け	侍史
⑤副文	追って書き	（トップリーダーの手紙では、追って書きを書くケースはありません）

◆頭語と結語

　頭語と結語の一般的なペアリングは、以下の通りです。「拝啓／敬具」を用いるケースは、ほぼないと言ってよいでしょう。

　また、女性専用の頭語、結語を使うケースは、極めてプライベートな関係にある相手との手紙のときです。たとえ女性でも、ビジネス上の手紙であれば、男性と同じ頭語、結語を用いるのが一般的です。

第1章 トップリーダーの手紙の心得と常識　　19

手紙の種類		頭　　語		結　　語
トップリーダーの一般的な発信	男	謹啓／謹呈／恭啓／粛啓（／拝啓）	男	謹言／頓首／敬白（／敬具）
	女	謹んで申し上げます	女	かしこ／可祝
トップリーダーが初めて出すとき	男	謹啓　突然御手紙を差し上げる失礼を御許しください／謹啓　未だ拝眉の機会を得ませんが、御尊名はかねてより承っております	男	謹言／頓首／敬白（／敬具）
	女	突然御手紙を差し上げる失礼を御許しください／未だ拝眉の機会を得ませんが、御尊名はかねてより承っております	女	かしこ
トップリーダーの時期をおかない重ねての発信	男	再啓／再呈／追啓	男	謹言／頓首／敬白（／敬具）
	女	重ねて申し上げます／度々失礼とは存じますが、御手紙(寸書)を御送り致します／〇月〇日付けの御手紙、御高覧いただけましたでしょうか	女	かしこ
トップリーダーの返信	男	謹復／謹答／御状拝見／御書面拝見	男	謹言／頓首／敬白（／敬具）
	女	御手紙（玉章／芳簡）、ありがたく拝見（拝読）致しました	女	かしこ
トップリーダーの返信が遅れたと	男	謹復　このところの雑用にとりまぎれ…／謹答　折悪しく長期にわたる出張中故…／御	男	謹言／頓首／敬白（／敬具）

き		書状本日拝見　あいにく数日病臥しており…		
	女	御返事が遅れ誠に申し訳ございませんでした	女	かしこ
トップリーダーの緊急の発信	男	急啓／急白／急呈	男	謹言／頓首／敬白（／敬具／草々／不一）
	女	さっそくで恐縮ですが／取り急ぎ申し上げます	女	かしこ
トップリーダーの前文省略の発信	男	前略／冠省／略啓／前略ごめん	男	草々／不一／不備
	女	前略／前略ごめんください／前文御許しください	女	かしこ／あらあらかしこ

◆時候の挨拶

　トップリーダーの手紙では、時候の挨拶は、次表の「フォーマル」に示した例を使用するのが一般的ですが、ときには「カジュアル」の例を利用することもあるので、参考のため紹介しておきます。同じ月でも、寒さや暖かさが異なることがあるので、手紙を出す時期にふさわしい挨拶を選ぶことが大切です。

季節	月	フォーマル	カジュアル
春	3月 弥生	早春の砌（「砌」は頃）／春冷肌に覚える時節／浅春の候（「候」は時節）／軽暖の折柄（「折柄」はちょうどそ	春とは名ばかりにて未だに寒さが肌を刺す毎日です／桜の花芽が色づき始めた今日この頃／暖気加

第1章　トップリーダーの手紙の心得と常識　　21

		の時（だから））／孟春の候（「孟」は初めの意）	わり百花爛漫の期も漸く近づき
	4月 卯月	春暖の候／暖和の節／温暖／陽春の候／清和の砌／春風駘蕩の候（「駘蕩」は春の景色ののどかな様子）／中和好季の折柄／春陽麗和の候／暮春の砌	春色殊のほか麗しくなり／春雨のしめやかに降り注ぐ今日この頃／桜花爛漫と咲き誇る季節／うらくかな日差しが眠気を誘う今日この頃／春日のどかな好季節の到来
	5月 皐月	惜春の砌／晩春の候／新緑の砌／軽暑の折柄／薫風緑樹の候／向暑の砌／老春の候／青葉の節／新樹生い茂る時節	鮮やかな緑が目にしみる好季節の到来となりました／爽快な五月晴れの続く今日この頃／風が心なしか夏めいてまいりました／春風に藤の花房が趣深く揺れる季節です
夏	6月 水無月	初夏の候／孟夏の砌／麦秋の折柄（「麦秋」は麦を刈りとる時期）／梅雨の候／薄暑の節／暑気相催す時節となり／逐日暑気相募る時節（「逐日」は日増しに）／溽暑の節（「溽暑」は蒸し暑いこと）	衣替えの季節となり／梅雨入りが宣言される頃／雨中徒然なるままに文綴り／日々霖雨鬱陶しい折柄／雨中に紫陽花が映える季節の到来となり／夜間蛙の合唱騒がしい今日この頃
	7月 文月	盛夏の候／炎暑の砌／極暑の折柄／甚暑の節（「甚暑」は甚だしく暑いこと）／劇暑の砌（「劇暑」は激しく暑いこと）	炎熱耐えがたき日々となり／早くも梅雨開けの宣言となりました／暑気頓に加わり始めた今日この頃（「頓に」は急に）／日

			毎に炎暑が厳しさをます今日この頃
	8月 葉月 はづき	残暑の候／晩夏の砌／秋暑の候／酷暑の節（「酷暑」はむごいほど暑いこと）／余熱なお未だ退かぬ折柄／秋目睫の間に迫る候といえども未だ残炎去らぬ今日この頃（「目睫の間に迫る」は近づくこと）	立秋とは名のみの猛烈な残暑に閉口する日々／秋立つも暑さ意外に激しく気も塞ぐ今日この頃／驟雨一掃苦熱を洗い去り爽快なる毎日（「驟雨」はにわか雨）／朝夕に限れば大分凌ぎやすくなり
秋	9月 長月 ながつき	初秋の候／孟秋の節／新秋の砌／清涼の候／新涼の砌／涼秋の折柄／賞月の時節（「賞月」はお月見のこと）／逐日秋冷相募る折柄（「逐日」は日増しに）／秋暑漸く退く候	心なしか凌ぎやすい季節の到来となりました／暑さ寒さも彼岸までと申します通り朝夕薄冷を覚える今日この頃（「薄冷」はわずかな寒さ）／残暑漸く過ぎ爽快な新涼の昨日今日
	10月 神無月 かんなづき	仲秋の候／秋容清爽の節（「秋容清爽」は秋の景色がさわやかなこと）／秋冷の砌／紅葉の候／秋雨の節／初霜の折柄／錦秋の候（「錦秋」は木々が錦に染まる秋という意）	錦織の山々に満ちる頃となりました（「錦織」は金糸銀糸を用いた豪華な織物。紅葉のたとえ）／灯火親しむべき候となり／菊花薫る好季節の到来です／味覚の秋、紅葉狩りの時季となりました
	11月 霜月 しもつき	晩秋の候／孟冬の節／向寒の砌／暮秋の候／落葉の折柄／冷雨の候／霜寒の折／秋蕭条の節（「蕭条」は周囲	いつしか寒気次第に加わり炬燵恋しい時節の到来となりました／落葉舞い冬忍び寄る頃となりまし

第1章　トップリーダーの手紙の心得と常識　　23

		の風景に目を楽しませるものがなくもの寂しい様子）	た／日毎に冷気がまして暮れゆく秋を感じさせます／秋老いて眺め寂しくなりました
冬	12月 師走 しわす	初冬の候／寒冷の砌／寒気の節／沍寒の折柄（「沍寒」は寒くてものがちぢこまること。凍って寒いこと）／年末厳寒の候／歳暮御多端の折柄／歳末御多忙の折	年内余日少なくなりました／早くも年の瀬を迎え気忙しい日々の到来となりました／烏兎匆々年内も愈々押し迫りました（「烏兎」は月日、歳月の別称。「匆々」は忙しい様子）
	1月 睦月 むつき	厳寒の候／酷寒の砌／甚寒の折柄／烈寒の候（「烈寒」は非常に寒いこと）／猛寒の節／寒威凛烈の候（「凛烈」は寒さが厳しく身にしみる様子）／謹賀新年／新正／迎春／恭賀新春	一陽来復の春の訪れとなりました／謹んで新春の御慶びを申し上げます／新年の御慶目出度く申し納めます／暖炉炬燵から離れがたき今日この頃／文字通りの大寒となりました
	2月 如月 きさらぎ	晩冬の候／余寒の砌／春寒の候／陽春の節／残寒の折／浅春の節／春寒料峭の折柄（「料峭」は春風が肌に寒く感じられる様子）／残雪の候	余寒未だ退かずなお厳しき今日この頃／寒威未だ去らず閉口の日々／梅一輪一輪ほどの暖かさ／立春とは名ばかりの余寒猶厳しき昨日今日／三寒四温、程無く春の到来となります

24 第1章　トップリーダーの手紙の心得と常識

◆各種挨拶の決まり文句

　時候に続く挨拶には、次のようなものがあります。

・相手の安否（様子）を尋ねる挨拶

・自分の安否（様子）を伝える挨拶

・ご無沙汰の挨拶

・一般的な感謝の挨拶

・お詫びの挨拶

・結びの挨拶

　それぞれの挨拶は、決まり文句の組み合わせによって構成することができます。以下に、それぞれの挨拶の構成要素と組み合わせのためのフローチャートを示します。相手との関係や手紙の内容に応じて、丁寧を極めたり、シンプルにしたりします。

　たとえば、「相手の安否（様子）を尋ねる挨拶」のフローチャートを利用して、丁寧を極める場合と比較的シンプルにする場合、二通りの挨拶を構成することができます。

〈丁寧を極める例〉

御家族の皆様方 ＋ におかれましては ＋ その後 ＋ 益々 ＋ 御機嫌麗しく御過ごし ＋ の御事と拝察致し ＋ 慶賀の至りに存じます

〈シンプルな例〉

皆様 ＋ には ＋ 御健勝 ＋ の事と存じ上げます

　上記の例に示したように、これらの挨拶は、すべて常に使うわけではなく、相手との関係や手紙の内容により、一部省略する場合もあります。

　なお、前段の各種挨拶の後、本文に入るときの「さて」などの起こし言葉も定型化しているので、ここにそのバリエーションを紹介しておきます。

第1章　トップリーダーの手紙の心得と常識

・相手の安否（様子）を尋ねる挨拶

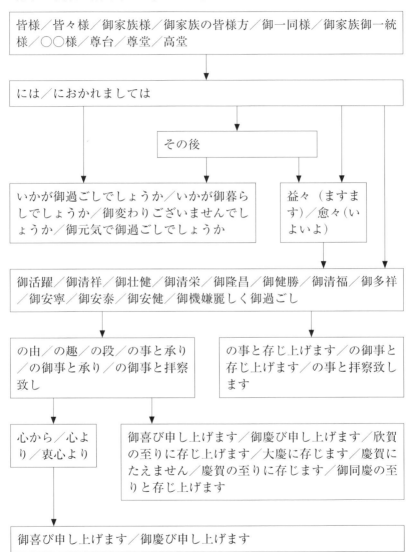

・自分の安否（様子）を伝える挨拶

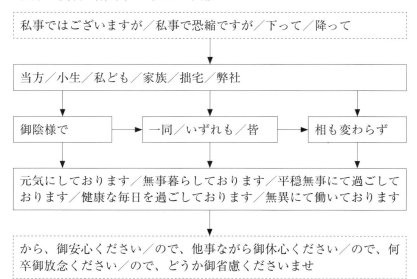

※ 破線囲みの部分は、入れた方が丁寧ですが、入れなくてもかまいません。

・ご無沙汰の挨拶

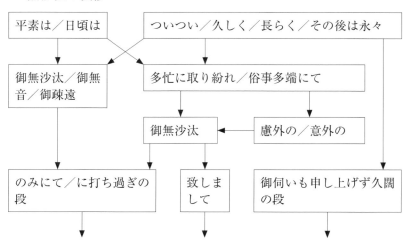

第1章　トップリーダーの手紙の心得と常識

・一般的な感謝の挨拶

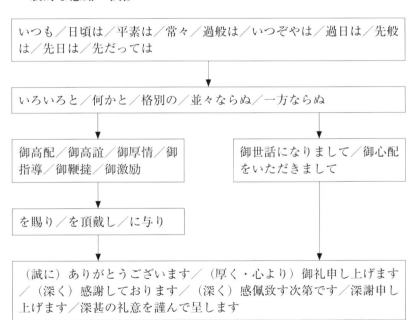

・お詫びの挨拶

28　　第1章　トップリーダーの手紙の心得と常識

（せっかくの）御好意を無にすることになりまして／御無礼を働く仕儀に至り／あろうことか時間に遅れまして／思わぬ長座を決め込みまして／御手数をおかけしてしまい／御迷惑をおかけする結果となり／御厚恩に背くこととなりまして

↓

（心より）深く反省しております／御詫びの申し上げようもございません／誠に申し訳ございません／誠にあいすみません／御合わせする顔がないとはこのことでございます／万死に価します

↓

どうか御許しください／何卒御容赦くださいませ／御海容いただければ幸甚に存じます

・主文の起こし言葉

さて／ところで／ついては／つきましては／実は／この度／早速ですが／突然ですが／いささか／唐突で恐縮ですが／前便で御伝え申し上げました通り／すでに御存じかと思いますが／すでに御耳に達しているとは存じますが／承りますれば／かねて御話のありました〇〇の件につきまして

・結びの挨拶

※　（　）は下線箇所の言い換え、〔　〕は下線箇所の語句の解説を示しています。

| 用件を結ぶ挨拶 | ・まずは、御知らせ（御依頼・御願い・御礼・御祝い・御見舞い・御忠告・御詫び・御悔やみ）まで（のみ）申し上げます
・右取り急ぎ御依頼（御通知・御報告・御返事・御案内）申し上げます
・まずは、御用件のみにて失礼致します（ごめんください） |

第1章　トップリーダーの手紙の心得と常識　29

	・以上、くれぐれも（何卒）宜しく御取り計らいくださいませ ・それでは甚だ勝手（不躾）ではございますが、以上宜しく御願い致します ・では、御越しを心より（楽しみに）御待ち申し上げます ・詳しいことにつきましては御目にかかりました際御伝え致します ・委細は御目もじのうえで〔詳しくは御会いしてから〕御説明させていただきたく存じます ・委細は後便にて〔詳しくは後の手紙で〕申し上げます
健康と無事を祈る挨拶	・時節柄くれぐれも御自愛くださいますように ・天候不順（酷寒・盛夏）の折柄、御体（御身）御大切に御過ごしくださいませ ・末筆ではございますが尚一層の御自愛を祈り上げます ・それでは、益々の御健勝を御祈り申し上げます ・皆様（御家族様御一同様）の御多幸（御多祥）を心より御祈念申し上げます
返事を求める挨拶	・誠に恐縮ですが御返事を御待ち申し上げております ・御多用中恐縮ですが、折り返しの御返事を頂戴できますれば幸いこの上ございません ・会場準備の都合がございますので、誠に恐れ入りますが○月○日までに御返事をいただきたく存じます ・もしよろしければ来週末に御電話を差し上げますので、その際御返事を頂戴できれば幸いに存じます
今後に関する挨拶	・今後とも、何卒宜しく御取り計らいくださいますよう御願い申し上げます ・今後とも宜しく御指導（御鞭撻・御教示・御配慮・御支援・御教導）くださいますよう伏して御願い申し上げます ・この先も倍旧の御厚情を賜りますよう謹んで御懇願申し上げる次第です ・旧に倍する御支援の程、切に願い上げます

伝言を依頼する挨拶	・それでは皆様に宜しく御伝えください（御伝声ください） ・末筆ながら御令閨様に宜しく御伝えくださいませ ・○○様からもその点くれぐれも宜しく御説明いただければ幸甚に存じます ・以上、誠に恐縮ですが先様に御伝声くださるよう御願い申し上げます

◆後付けの書き方

　手紙文の最後に書く後付けは、日付、宛名、脇付けなどです。これらにも各種のパターンがあり、相手との関係や手紙の内容によって使い分けます。以下にその例を紹介しておきます。

・日付の書き方

一般的な書き方	平成三十一年三月二十三日／平成31・4・26／二〇二五年十月八日／2025・6・12
お祝いごとの手紙のとき	平成三十年七月吉日
季節の見舞状のとき	平成三十年盛夏／平成三十年猛夏／平成三十一年極寒
年賀状での書き方	平成三十一年元旦／二〇二八年元旦

・署名の書き方

普通の手紙では	鈴木陽一
親しい人への手紙では	鈴木生（男性の場合「生」の字を加える）
身内への手紙では	姉より／兄より／父／母
連名の手紙では	目下の人の名を先に書く。ただし親子の連

第1章　トップリーダーの手紙の心得と常識　　31

	名は父、母、子供の順。兄弟姉妹は年の順。夫婦は夫が先になる。
代筆したときは	・鈴木陽一　代（代筆者の姓名ではなく差出人の姓名の下に「代」を加える） ・鈴木陽一　内（妻が代筆したときは夫の姓名の下に「内」を加える）

・宛名の書き方

普通の手紙では	・山田和幸様 ・山田様（姓だけで名を書かないのが、本来は正式。ただし、現在はこだわらない）
目上の人への手紙では	・〔目上の人の奥さんへ〕木村令夫人様／木村御令室様 ・〔目上の人の母親へ〕安藤御母堂様／安藤御母君様
親しい人への手紙では	恵子さん／友則さん／父さんへ／父上様／母さんへ／母上様／伯母様／叔父様／敏子さん／学君

・宛名の敬称早見表

一般	様（「殿」は不適当。以下同様）
目下	君／様
友人・同等	兄／大兄／尊兄／仁兄／様
学問・文学上の友	学兄／雅兄／雅賢／詞兄／様
目上	先生／賢台／尊台／老台／様
教師・学者・歌人	先生／大人／様
画家	先生／画伯／様

詩人	詩宗／詩伯／先生／大人／様
俳人・茶人	先生／宗匠／様
書家・作家・議員・弁護士	先生／様
ビジネス・公用	様／部長様／社長様
多人数	各位
会社・団体	御中

・脇付けの種類

一般の人に対して	・〔男性が書くとき〕机下（きか）／机右（きゆう）／座下（ざか）／足下（そっか）／玉案下（ぎょくあんか） ・〔女性が書くとき〕みもとに／御許に（みもと）
父母・舅・姑に対して	膝下（しっか）
学者・詩人に対して	硯北（けんぼく）／研北（けんぼく）（硯の北側、という意味。机は南窓に向くのでその上にある硯の北側は、相手の背後を指すことになる。背後にそっと置きます、という意味）
目上の人に対して	・〔男性が書くとき〕侍史（じし）／御侍史 ・〔女性が書くとき〕御前に（みまえ）／みまえに

※1　昔、手紙は、相手に直接渡さず、机の下や横、あるいは足元に置きました。尊敬すべき相手に直接手紙を渡すのは失礼という感覚があったためです。「机下」「足下」などと便箋や封筒に書いて相手を尊敬するのは、その頃の習慣の名残です。また、さらに尊敬すべき目上に対しては、「侍史」と書きました。侍史とは貴人のお付きの人、召し使いのことで、召し使いを通じて手紙をお渡ししますという意味の最上級の敬意の表現になります。

※2　便箋の宛名に「侍史」と書き、封筒に「親展」「必直披」と書いてはいけません。「侍史」は取次の人が開封して本人に渡すという意味なので矛盾することになります。

4　封筒・便箋・はがきの書き方

　封筒やはがきの宛名、宛先などの書き方にも、一般的な決まり事があります。その決まりを守らないとマイナスの印象が強まり、せっかく内容のすばらしい手紙を書いても、効果が半減してしまいます。

　宛名、宛先は、郵便局に対する事務的な情報にとどまりません。美しさは相手への敬意につながります。手紙の内容を引き立たせるために、封筒やはがきの表書き、裏書きを美しく書くことが大切です。

◆和封筒の書き方

・表書き

〈書き方の注意点〉

① 　破線で示したように、上下のラインが斜めになると美しいです。
② 　宛先は封筒の右端から書き始めますが、極端に右寄りにならないように注意します。
③ 　宛先は1行で収めます。収まらないときは、区切りのよい箇所で2行に分けます。2行目の書き出しは1行目より1字分程度下げ、1行目より少し小さめに書きます。
④ 　宛名は封筒の中央に大きく書きます。宛名の書き出しは郵便番号欄にぴったりくっつけないで空け、ほどよく余裕を持たせて字配りします。
⑤ 　切手はまっすぐに貼り、1枚にするのが礼儀です。

・裏書き（郵便番号欄がある場合）

〈書き方の注意点〉
① 「〆」「緘」「封」などの封字は、封印の意味があるので、書くのが正式です。ただし「〆」がもっとも一般的です。
② 発送した日付は住所より小さめな文字で、左端に書きます。
③ 差出人氏名は住所より大きめに書きます。

・裏書き（郵便番号欄がない場合）

〈書き方の注意点〉
　郵便番号欄のない封筒の場合は、裏面中央に差出人の住所と氏名を書くのが一般的です。

第1章　トップリーダーの手紙の心得と常識　　35

・会社に宛てる表書き

切手

０００３２１０

千葉県〇〇〇市〇〇町六の二の二十五

① 株式会社〇〇　総務部

② 部長　多島　広和　様

〈書き方の注意点〉

① 社名は改行して「株式会社」などを含めた正式名を、住所よりやや小さな文字で書き始めます。社名と部署名の間は1字分空けます。

② 肩書きは名前の上に書くのが原則です。「副部長」など3文字までは1行に書き、「総括部長」など4文字は2行にします。ただし、5字以上なら、宛名の右に小さく書くのが一般的です。

・文字の大きさの目安

　宛名の大きさ（面積）を10とするなら、その他の文字は、次の割合を目安に書くと、よりきれいに見えます。
・宛　　名………10
・宛先1行目……7
・宛先2行目……6
・差出人氏名…7
・差出人住所…5
・日　付………4

◆洋封筒の書き方

洋封筒の表書き、裏書きの書き方は、ほぼ和封筒と同じです。文字の大きさも、35ページで示した文字の大きさの比率を目安にするとよいでしょう。

和封筒は縦書きだけですが、洋封筒の表書き、裏書きは、縦書きにするときと、横書きにするときと、二通りあります。用途に応じて選びます。最近は改まった内容の手紙でも横書きにすることがありますが、トップリーダーが書く手紙は、原則として縦書きですから、洋封筒を用いる場合も、表書き、裏書きともに縦書きにします。

中身が縦書きで封筒が横書き、中身が横書きで封筒が縦書きといったちぐはぐは、不躾で失礼になるので、絶対に避けます。

・縦書きの表書き

〈書き方の注意点〉
　縦書きの場合は、和封筒の書き方と同じです。

・縦書きの一般的な裏書き

〈書き方の注意点〉
　縦書きの一般的な裏書きは、封の舌が右に来るように置いて書きます。

・不祝儀の場合の裏書き

〈書き方の注意点〉
　縦書きの不祝儀の場合の一般的な裏書きは、封の舌が左に来るように置いて書きます。

・横書きの表書き

〈書き方の注意点〉
① 住所番号は、算用数字を用いるほうが読みやすいです。
② 宛名は、中央に大きく書きます。字配りを工夫して、左右の幅もゆったりととるようにします。
③ 切手は、右肩に絵柄の上が封筒の上辺を向くように貼ります。

・横書きの裏書き

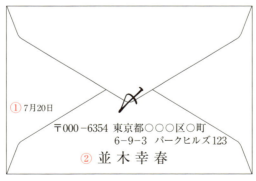

〈書き方の注意点〉
① 発送した日付を入れます。
② 差出人の名前は、左右中央に、住所よりやや大きめに書きます。

・エアメール

（日本から外国に送る場合）

（外国から日本に送る場合）

〈書き方の注意点〉

　エアメールの洋封筒は、次の点に注意します。
① 　受取人氏名は封筒の右中央に、大きめの文字で書きます。敬称、名前、苗字の順に書きます。
② 　受取人住所は大きめの文字で、日本語の書き方とは逆の順序で書きます。番地、町、市、州、郵便番号、国名の順に書きます。国名の下には下線を引きます。
③ 　差出人氏名は受取人氏名より、やや小さめに書きます。
④ 　差出人の住所は氏名の下に2、3行ぐらいに収まるように書きます。受取人住所と同じように、日本とは逆の順番になります。
⑤ 　「AIR MAIL」を目立つように書きます。
⑥ 　外国から日本に送るときは、宛名、宛先は日本式で書きますが、郵

便番号は住所の後に書き、国名「JAPAN」を最後に書いて下線を引きます。

◆便箋の書き方

便箋を書くときにも、習慣化されたいくつかの基本的な決まり事を守ることにより、トップリーダーとしての品格や威厳を保つことができます。しかもその決まり事を知ることにより、手紙文が書きやすくなり、相手も読みやすくなるのです。

・縦書き便箋の書き方

〈書き方の注意点〉

① 「謹啓」などの頭語は行頭から書き始めます。頭を1字空けにしません。頭語の後を1字空けて、本文を始めてもよいです。

② 時候の挨拶は、改行1字下げで開始します。頭語の次を1字空けて時候の挨拶を始めてもよいです。

③ 挨拶の内容が変わるときは、改行1字下げで始めるほうが読みやすいです。

便箋本文（縦書き）:

① 謹啓

② 温暖陽春の候、益々御清栄の段、慶賀の至りに存じ上げます。当方は御陰様をもちまして大過なく過ごしております故御放念下さいませ。

③ 先日は過分なる御高配を賜り、恐縮のほかなく心より御礼を申し上げます。

④ さて、この程当方東京出張所を麹町に開設致しましたので、謹んで御案内申し上げます。

⑤ 詳細は別紙にて御報告致しました通り、貴社本社ビルに程近いエリアでございます。

④ 主文に入るときは、改行1字下げで開始します。

⑤ 主文内でも内容が変わるときは、改行1字下げで始めます。

⑥ 末文も改行1字下げで始めます。

⑦ 結語は、改行して行末から1字上げで書きます。末文の下に余裕が

あるときは、その行の下に結語を入れてもよいです。ただし、頭語の後を改行した場合は結語も改行します。

御多用中誠に恐縮ですが、御都合よき時日に是非御案内申し上げたく存じますので、御手数ですが御一報賜りますよう、くれぐれも宜しく御願い申し上げます。

先ずは御挨拶方々御伺いまで申し上げます。

⑥ ⑦敬白

⑧四月十日 ⑨中里 悦司

⑩芳賀 義彰 様 ⑪侍史

2

⑧ 日付は、改行して主文より1、2字下げて書き始めます。年号まで入れるときは、行頭から書き始めます。

⑨ 署名は、日付の下か次行に、行末より、1字程度上げ、主文と同じ大きさで書きます。

⑩ 宛名は、主文の行頭と頭をそろえ、主文より少し大きめに書きます。

⑪ 脇付けは、敬称の左下に、敬称より少し小さめに書きます。省略してもよいです。

・横書き便箋の書き方

（本文）

5 月26日
高橋健一
篠田 春男 様

5 月26日
篠田 春男 様

（本文）

高橋健一

〈書き方の注意点〉
　トップリーダーの手紙は原則として縦書きにします。ただし、稀に横書きで書く場合もあります。横書き用の便箋に書くときの基本的な注意点は、縦書きの場合とほぼ同じです。ただし、宛名を先に書く場合と、後に書く場合があり、宛名を先に書くときは、日付を書く位置が異なるので注意が必要です。

・便箋の正しい折り方

① 和封筒に三つ折りで入れる場合
　　便箋の下から3分の1を折り上げ、上3分の1を折り下げて三つ折りにします。そして、書き出し部分が封筒の開口部に来るように入れます。相手の名前を、絶対に折らないように注意して調節します。

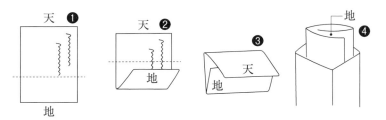

② 洋封筒に四つ折りで入れる場合
　　まず縦に二つ折りしてから、上下を合わせるように横に二つに折り、四つ折にします。折り目が封筒の開口部に来ないようにして入れます。相手の名前を、絶対に折らないように注意して調節します。

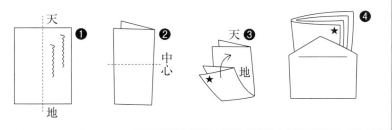

◆ビジネス文書の書き方

　本書で扱うトップリーダーの手紙文は、縦書きを原則とするため、以下に示す通常の横書きのビジネス文書の書式で書くことは稀ですが、皆無ではないので、参考のため、ここに紹介しておきます。

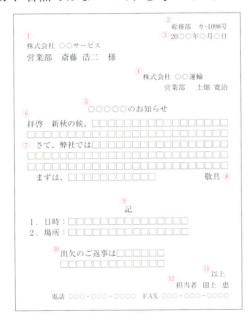

〈書き方の注意点〉
① 　会社名は正式名称を書きます。宛名は略字ではなく正字で書きます。
② 　文書整理のための種別や整理番号が必要なときは、ここにあまり目立たないように書きます。
③ 　発信日を書きます。
④ 　発信人の所属、部署、氏名などを書きます。
⑤ 　表題を書きます。文書のテーマです。手紙の内容によっては、書かないときもあります。挨拶の色彩が強いものはあえて書かない場合もあります。
⑥ 　「拝啓」などの頭語は、行頭から書きます。
⑦ 　主文に入るとき、あるいは主文の内容が変わるとき、そして、末文に入るときは、行頭1字空きの段落にすると読みやすくなります。
⑧ 　「敬具」などの結語は、行末に続けるか、改行して文末に1字上げで書きます。
⑨ 　別記があるときは、箇条書きを利用するとわかりやすいです。
⑩ 　原則として副文はつけないほうがよいですが、出欠の返事などを求めるときは、副文として、本文よりやや小さめの文字で書きます。
⑪ 　別記、副文など、すべての内容が終わることを、「以上」によって示します。

⑫　差出人の他に、連絡事務の担当者などを示すときは、ここに、本文よりも小さめな文字で、氏名、電話、FAX番号などを明記します。

◆はがきの書き方

　はがきは略儀なので、原則としてトップリーダーの手紙としてはふさわしくないといえます。年賀状以外は封書にするのが基本です。ただし、親しい相手に対して、あまり改まる必要のない内容の場合、はがきを利用することもあるので、はがきの書き方を以下に紹介しておきます。

　なお、はがきを書くときも、トップリーダーの場合は、縦書きが原則です。しかし、気軽な内容で、あえて親しみやすさや軽快感を加えたいときは、横書きにしたほうがよい場合もあります。

　本文の書き方については、便箋の場合とほぼ同じです。異なるのは、はがきでは、「後付け」（日付／署名／宛名・敬称／脇付け）を書かないという点だけです。

　また、表書きの書式や、宛名、宛先などを書くときの文字の大きさの比率は、基本的に和封筒の場合と同様です（33ページ参照）。本文が横書きのときは、表書きも横書きにします。

　また、はがきは表面の半分の面積まで本文を書くことができるので、その決まりを利用した絵はがきなどを書く際は、宛先、宛名をはがきの半分のスペースに、コンパクトにまとめることになります。

第1章　トップリーダーの手紙の心得と常識　　45

・縦書きはがきの書き方

謹啓　陽春の節愈々御清祥の趣、慶祝の至りに存じ上げます。

さて、早速で恐縮ですが、既に御案内の通り弊社は、来月十日で創立十五周年を迎える事となりました。

つきましては、同日の記念式典にて、是非ともスピーチを御願いしたく謹んで御依頼申し上げる次第です。改めて後日御電話を差し上げますので、御意向の程御聞かせ頂きたく存じます。

　　　　　　　　　　頓首

〈**書き方の注意点**〉

　はがきに縦書きする場合の注意点も、便箋の場合とほぼ同様です。ただし、あまり文字を詰め込みすぎないように、手書きのときは、以下をおおよその目安として書くとよいです。

・文字数…1行20字～25字
・行間…1/2字分～1字分
・左右の余白…1行分
・天地の余白…1字分

・横書きはがきの書き方

> 謹啓　陽春の節愈々御清祥の御由、衷心より御慶び申し上げます。
>
> 　さて、早速で恐縮ですが、過日御案内の通り弊社は、来月10日で創立15周年を迎える事と相成りました。
>
> 　就きましては、同日の記念式典にて、是非ともスピーチを御願いしたく謹んで御依頼申し上げる次第です。改めて後日御電話を差し上げますので、御意向の程拝聴したく存じます。
>
> 　先ずは謹んで御伺い致します。
>
> 　　　　　　　　　　　　頓首

〈書き方の注意点〉

　はがきに横書きする場合の注意点も、便箋の場合とほぼ同様です。あまり文字を詰め込みすぎないようにして、手書きのときは、以下をおおよその目安として書くとよいです。

・文字数…1行12字〜15字
・行間…1/2字分〜1字分
・左右の余白…1字分
・天地の余白…1行分

第1章　トップリーダーの手紙の心得と常識　　　　47

・縦書きの表書き

〈書き方の注意点〉
① 宛先は、はがきの右端から書き始めますが、極端に右寄りにならないように注意します。
② 宛名は、はがきの中央に大きく書きます。宛名の書き出しは郵便番号欄にぴったりくっつけないで少し空け、ほどよく余裕を持たせて字配りします。
③ 発送した日付は、住所より小さめな文字で、左端に書きます。
④ 差出人氏名は、住所より大きめに書きます。

・横書きの表書き

〈書き方の注意点〉
　横書きの場合も宛名は、はがきの中央に大きく書きます。宛先と差出人の住所番号は、算用数字で書くほうが読みやすいです。

・絵はがきの表書き（国内）

〈書き方の注意点〉
　基本的な注意点は、普通のはがきの縦書きの表書きの書き方と同じです。表面の上半分に、宛先、宛名、差出人住所、氏名をコンパクトに収めます。

・絵はがきの表書き（海外⇔国内）
　（海外から日本への絵はがき）

〈書き方の注意点〉
① 　旅先からなら、発信地の地名を入れます。
② 　宛先、宛名は日本語でよいです。ただし、「JAPAN」を書き、下線を引きます。
③ 　「AIR MAIL」を必ず目立つように書きます。

（日本から海外への絵はがき）

〈書き方の注意点〉

① 差出人住所は日本語でよいですが「JAPAN」を書き、下線を引きます。

② 1行目に宛名、2行目から住所を書き、行頭をそろえます。そして国名を大きく書き、下線を引きます。

③ 「AIR MAIL」を必ず目立つように書きます。

5 敬語の注意点

　トップリーダーが書く改まった手紙、あるいは格上げするための手紙の完成度を高めるには、敬語が重要なポイントとなります。たとえば、通常の手紙であれば、「尊家ますますご清福のこととお喜び申し上げます」とするところを、格上げの手紙では、「御尊家益々御清福の御事大賀至極と存じ上げます」などとしたほうが、ふさわしい場合があります。

　「尊家」自体、相手の家に敬意を示している言葉なのに、格上げでは「御」を加え「御尊家」としたり、「〜のことと」を「〜の御事」とし、「事」にまで「御」を付けたりするのは、通常の手紙では過剰敬語となりますが、格上げの手紙では、相手との距離感を適切に保ち、相手への最大限の敬意を示すために、妥当な言い回しとなることがあるのです。

　ついては、敬語を相手に合わせて自由に駆使するために、平成19年2月2日文化審議会答申「敬語の指針」を踏まえて、敬語の基本を、おさらいしておくことにします。

　まず、「敬語」とは何かというと、「尊敬語」と「謙譲語（謙譲語Ⅰ／謙譲語Ⅱ）」と「丁寧語（丁寧語／美化語)」の総称です。いずれも結果的に相手を敬う（＝立てる）ことになるので、敬語と称します。

・尊敬語……「いらっしゃる」「おっしゃる」など、相手側や第三者の行為・ものごと・状態などについて、その人物を立てることにより、相手を敬う語です。
・謙譲語Ⅰ……「伺う」「申し上げる」など、自分の側から相手の側または、第三者に向かう行為・ものごとなどについて、その向かう先の人物を立てて述べることにより、相手を敬う語です。
・謙譲語Ⅱ（丁重語）……「参る」「申す」など、自分の側の行為・も

第1章　トップリーダーの手紙の心得と常識　　51

のごとなどを、話や文章の相手に対して丁重に述べることにより、
相手を敬う語です。

・丁寧語……「です」「ます」を用いて、話や文章の相手に対して丁寧
に述べることにより、相手を敬う気持ちを表現する語です。

・美化語……「お酒」「お料理」など、ものごとを美化して述べること
により、相手を敬う語です。

敬語でしばしば間違えやすいケースは次のとおりです。

①　尊敬語を謙譲語にしてしまうケース

　　上位に置いて尊敬すべき相手を、逆に下げてしまう間違いです。
相手を謙遜させてしまうといったことになり失礼です。たとえば、
「ご覧いただく」を「ご拝見いただく」、「おっしゃった」を「申し
上げられた」などとしないよう十分注意します。

②　謙譲語を尊敬語にしてしまうケース

　　本来へりくだるべきところを、逆に自分を立てて、上げてしまう
ミスで、自分を敬うといったおこがましく滑稽な結果となります。
たとえば、「私がお伺いします」を「私がいらっしゃいます」、「私が
いただきます」を「私が召し上がります」などとすれば、失礼とい
うより、笑いものになってしまうでしょう。

◆敬語の種類と作り方

	種類	作り方
敬語	尊敬語	相手側または第三者の行為・ものごと・状態などについて、その人物を立てて述べる語。 ・名詞に「お・ご・芳・貴・尊」などをつける。（例：お顔／貴家） ・独特の形の動詞の尊敬語を使う。（例：おっしゃる／いらっしゃる）

		・「お～になる」「お～なさる」「お～ください」の形にする。（例：お使いになる／お稽古なさる／お送りください）
		・尊敬の助動詞「れる・られる」をつける。（例：休まれる／始められる）
		・尊敬語＋丁寧語の形にして敬意を強める。（例：行かれますか／いらっしゃいます）
謙譲語	謙譲語Ⅰ	自分側から相手側、または第三者に向かう行為・ものごとなどについて、その向かう先の人物を立てて述べる語。 ・独特の形の動詞の謙譲語を使う。（例：申し上げる／伺う） ・次の型に動詞を入れる。「お～する」「お～致す」「お～申す」「お～申し上げる」（例：お伝えする／お伺い致す／お送り申し上げる） ・謙譲語＋丁寧語の形にして敬意を強める。（例：お送り致します） ・立てるべき人物へのものごと・行為に、「お」「ご」をつける。（例：お手紙／ご説明）
	謙譲語Ⅱ	自分側の行為・ものごとなどを、話や文章の相手に対して丁重に述べる語。 ・名詞に「拙・卑・愚・小・粗」などをつける。（例：拙文／小宅） ・独特の形の動詞の謙譲語を使う。（例：申す／参る／致す／おる）
丁寧語	丁寧語	話や文章の相手に対して丁寧に述べる語。 ・「～です／～ます」の形にする。（例：明日です／行きます） ・さらに丁寧さの度合いを高めるときは、「～（で）ございます」の形にする。（例：明日でございます）
	美化語	ものごとを美化して述べる語。 ・名詞に「お・ご」をつける。（例：お酒／お料理）

第1章　トップリーダーの手紙の心得と常識　　53

◆敬語の例

普通の表現	敬　　語		
	尊敬語	謙譲語	丁寧語
手紙	お手紙・貴書・芳書・玉章・貴墨	拙書・卑簡・寸書・拙墨	お手紙
家（家族）	お宅・貴家・尊宅・尊邸	拙宅・拙家・小宅	おうち
意見	ご高見	卑見	ご意見
聞く	お聞きになる	伺う・拝聴する	聞きます
言う	おっしゃる	申す・申し上げる	言います
来る	いらっしゃる	参る	来ます
行く	いらっしゃる	伺う・参る	行きます
会う	お会いになる	お目にかかる・お会いする	会います
食べる	召し上がる	いただく・頂戴する	食べます
読む	お読みになる	拝読する	読みます
見る	ご覧になる	拝見する	見ます
推察	ご賢察・お察しになる	拝察・恐察・お察し致す	推察します・察します

◆間違いやすい敬語の例

※　「誤用や不自然な例」欄の下線部分が誤用・不自然な箇所です。

誤用や不自然な例	適切な敬語表現	解　　説
祝賀会には来られますか	いらっしゃいますか	「れる・られる」は、尊敬・可能・受身に使われ、紛らわしいので避ける。
小宴に参りませんか	おいでになりませんか	「参る」は謙譲語。相手の動作には使わない。

お聞きになられたはずです	お聞きになった	二重敬語は慇懃無礼。ただし、格上げ手紙にはふさわしい場合もある。
ご時間がなければ結構です	お時間	時間に「ご」はつけない。暇には「お」がつく。
小雨が降っております	降っています	誤用ではないが、「おります」は本来自分の動作につける謙譲語。
ご骨折されたとか	骨折したとか	マイナスイメージの言葉を尊敬表現にすると不自然で滑稽になる場合がある。
ご拝見になってください	ご覧になって	「拝見」は謙譲語。相手に拝見させてはいけない。
おほうれんそうはいかが	ほうれんそう	語数の多い言葉に「お・ご」をつけると不自然になることがある。
愚妻が選んだ粗品	妻が選んだ品	謙譲表現が過ぎると卑屈な印象になってしまう場合があるので注意する。
悪しかりませずご了承	悪しからずご了承	成句を敬語表現すると、ぎこちなくなるので避けたほうがよい。
そう思いますです	思います	「ます」+「です」の表現は一般的ではない。
祭日ですから休業です	祭日なので休業です	「です」の多用には要注意。ただし、格上げ手紙にはふさわしい場合もある。
猫に餌をあげたところ	やったところ	誤用ではないが、「あげる」は本来謙譲表現。猫にへりくだるのは奇妙。
お食べになってください	召し上がって	間違いではないが、よりこなれた、適切な敬語を選んで使うのがよい。
先日申されたように	おっしゃった	「申す」は謙譲語。相手の動作には使えない。
お花よりお団子	花より団子	ことわざを敬語表現すると、奇妙でこっけいになってしまう。

第1章　トップリーダーの手紙の心得と常識　　　55

現地でお待ちしてください	お待ちになって	「お〜する」は謙譲表現。尊敬表現は、「お〜になる」。
俳句もおやりになるそうで	なさる	「やる」は、自分の動作を表す語。「お〜になる」で挟んでも、敬語にならない。
私の部下に伺ってください	お尋ねになって	「伺う」は「聞く」の謙譲表現。

◆尊称と謙称

	尊　称	謙　称
父	御父上様・御尊父様	父・老父
母	御母上様・御母堂様	母・老母
妻の父	御外父様・御岳父様	外父・岳父・義父・舅
妻の母	御外母様・御岳母様	外母・岳母・義母・姑
祖父	御祖父様	祖父
祖母	御祖母様	祖母
夫	御主人様・御夫君	夫・主人・宅
妻	御奥様・御令閨様	妻・愚妻・荊妻・拙妻・女房
兄	御令兄様・御兄上様	兄・愚兄・舎兄・長兄・次兄
弟	御令弟様	弟・愚弟・舎弟・小弟
姉	御令姉様・御姉上様	姉・愚姉
妹	御令妹様	妹・愚妹・小妹
息子	御令息様・御子息様	息子・愚息・倅・豚児・子供
娘	御令嬢様・御嬢様	娘・愚女・拙女・子供
おじ	御叔父様・御伯父様	叔父・伯父
おば	御叔母様・御伯母様	叔母・伯母
甥	甥御様・御令甥様	甥・愚甥・小甥
姪	姪御様・御令姪様	姪・愚姪・小姪
孫	貴孫・御高孫・御愛孫	孫・小孫
先生	○○先生・御師匠様	吾師・師匠

弟子	御門弟・御弟子	門下・門弟・門下生
友人	御朋友・御友達	友人・友達
多人数	諸賢	私ども
親族	御一門・御親族	親戚・親族
家族	皆々様・御一統様	一同・一統
上役	貴社社長・御上司・貴局局長・貴部部長	社長・上司・専務・部長・課長・係長
あなた	貴台・尊台・貴方様	
わたし		小生・野生

第 2 章
挨拶状＆返信

58

第2章 挨拶状＆返信 59

1－1 新会社設立の挨拶

一般的な文例

拝啓　春暖の候①、ますますご隆昌のことと存じます②。日頃は格段のご芳情を賜り③厚く御礼申し上げます。

　さて、弊社におきましては、かねてよりスポーツサプリメント業界への参入を計画④してまいりましたが、お陰様で⑤この程別紙の通り⑥、「株式会社○○」を設立することとなりました⑦。

　今後も弊社をご支援くださる皆様のご期待に添い、皆様とともに歩むために、より一層の情熱をたぎらせ全社一丸となって精励する⑧所存でございますので、何卒倍旧のご支援、ご鞭撻⑨を賜りますようお願い申し上げます。

　まずは略儀ではございますが⑩、書中にて⑪ご挨拶を⑫申し上げます。

敬具①

（「別紙」　省略）

格上げのポイント

① 　より改まった印象になるよう、「拝啓・敬具」より丁寧な「謹啓・謹言」「粛啓・謹白」などを用います。また、「春暖の候」でも悪くありませんが、「陽春清和の候」などとするほうが、格式が上がります。

② 　「貴社益々御隆昌の段大賀の至りに存じます」と変え、挨拶部分を充実させます。「ますます」は「益々」と漢字にして、重厚感を醸

し出します。「段」は、〜とのこと、という意味の改まった言い方。
「大賀」は、大きな喜び。

③　トップリーダーとして相手のトップリーダーに挨拶するときに
は、「平素は…貴重な御指導忝く」などと、日頃のアドバイスに対す
る感謝の言葉などがあると、より丁寧な印象となります。「忝（かたじけな）く」
は、恐れ多くも〜していただく、という意味。

④　「参入を計画」でもかまいませんが、「参入を企図準備」などとし、
臨場感をさらに高めて迫力を添えると、より生き生きとしたフレッ
シュな挨拶になる場合があります。

⑤　これまでの支援を深く感謝している気持ちを伝える必要がありま
す。「お陰様で」だけではなく、「佐藤様の御指導御厚庇によりまし
て、御陰様で」などとします。「厚庇（こうひ）」は、手厚い支援、という意味
で、丹野吉五郎『講話文範　模範商用書簡文』（誠文堂、大正6年）等の
模範文例集にみられる表現です。

⑥　「別紙の通り」は「別紙に御示し致しました通り」に変え、より
丁寧な印象にします。

⑦　丁寧さが不足している印象なので、ここは、「「株式会社○○」の
設立が叶いましたので、謹んで御報告申し上げる次第です」に変え
ます。

⑧　「皆様とともに歩むために」などと、漠然と共存共栄を願うので
はなく、「貴社とともに目覚ましい成長を遂げる」とするほうが、よ
り強く信愛の情が伝わります。

⑨　「何卒倍旧のご支援、ご鞭撻」は、いささかありきたりな表現で
新鮮味がありません。「何卒旧に倍する御支援、御教導、御鞭撻」な
どとするのも一案です。「鞭撻」は、ムチ打つこと。励ますこと。

⑩　「まずは略儀ではございますが」より、さらに丁寧な印象を醸し
出すために、「先ずは以上略儀甚だ失礼ながら」などとします。

第2章 挨拶状&返信　　61

⑪　「書中にて」は「書中をもって」に変え、改まった印象を強めます。「〜をもって」は、〜によって、という意味。

⑫　「ご挨拶を」を「御挨拶まで」とし、重みをつけます。「まで」は、のみ、という意味。

☆　「一般的な文例」にある、敬意を強めるために用いた「お」「ご」は、格上げの際には「御」に変更しました。「御」を用いるほうが、改まった印象や格式の高さを強調するのに効果的だからです。

格上げ後の文例

謹啓　陽春清和の候、貴社益々御隆昌の段大賀の至りに存じます。平素は格別な御支援御芳情並びに貴重な御指導忝く、衷心より厚く御礼申し上げます。

　さて、弊社におきましては、かねてよりスポーツサプリメント業界への参入を企図準備してまいりましたが、佐藤様の御指導御厚庇によりまして、御陰様でこの程別紙に御示し致しました通り、「株式会社○○」の設立が叶いましたので、謹んで御報告申し上げる次第です。

　今後も貴社並びに佐藤様の御期待に違わず、貴社とともに目覚ましい成長を遂げるべく、より一層日々怠らず、全社一丸となって精励を誓う所存でございますので、何卒旧に倍する御支援、御教導、御鞭撻を賜りますようくれぐれも宜しく御願い申し上げます。

　先ずは以上略儀甚だ失礼ながら、書中をもって御挨拶まで申し上げます。　　　　　　　　　　　　　　　　　　　　　謹言

（「別紙」　省略）

1－2　返信（お祝い）

模 範 文 例

謹復　只今誠に慶ばしい①御吉報に接し、胸躍り筆走る思いに存じます。新会社の御設立、誠におめでとうございます。心より満腔②の祝意を謹んで捧げる次第でございます。

　かねて御宿願③は伺っておりましたし、オリンピックを控えてスポーツ熱の高まりを見せる昨今、好機到来とは存じ上げておりましたが、本年早くも実現されるとは、さすがに機を見て敏なる御才腕のほど、改めて敬服の極みと存じ上げる次第④です。さしてお役に立てることはございませんが、申し上げるまでもなく、これまでにも増して最大限のお力添えをさせていただく所存ですので、御希望御遠慮なくお申し越しくださいませ。

　改めて御祝賀に拝趨⑤する心算⑥ではございますが、まずは書面をもちまして、御慶祝⑦の微衷⑧をお伝え申し上げます。

敬白

語 句 の 解 説

① 「喜ばしい」より「慶ばしい」のほうが、よりおめでたい印象となる。
② 「満腔（まんこう）」は、体中の、の意。
③ 「宿願（しゅくがん）」は、以前からの願い。
④ 「次第（しだい）」は、～というわけ。
⑤ 「拝趨（はいすう）」は、急ぎ伺うこと。
⑥ 「心算（しんさん）」は、心づもり。
⑦ 「慶祝（けいしゅく）」は、喜び祝うこと。
⑧ 「微衷（びちゅう）」は、自分の気持ちをへりくだっていう言い方。

第2章　挨拶状＆返信　　　　　63

２－１　支店開設の挨拶

［一般的な文例］

拝啓①　うっとうしい梅雨の季節となりましたが、ご活躍のことと
お喜び致します②。

　　　　　　　　　　　　　　　　　　　　　　　　　　弊社は
山内社長のご支援によりまして③、このところ④日増しに
業績が好調となり⑤、本社だけでは到底対応できない状況となって
しまいました⑥。

　そこで、この度別紙にお示しした通り⑦、名古屋市○○区○○町
○丁目に支店を開設し、同地区のお取引先の皆様方、そして
お客様方の便利を図ることとなりましたので、ご報告申し上げる
とともに⑧、新支店に対しましても、本社同様格別の御指導、
御鞭撻を賜りたく、心よりお願い⑨申し上げる次第です。

　そのうち⑩同支店支店長横田孝信と共に、ご挨拶に伺うつもり
ではございますが、取りあえず書中にて、支店開設のご報告だけ
お伝えします⑪。　　　　　　　　　　　　　　　　　　敬具①

（「別紙」　省略）

格上げのポイント

①　「拝啓・敬具」より丁寧な「謹啓・謹言」「粛啓・謹白」などを用
います。

②　謹厳な印象に乏しいので、「時下梅雨の砌益々御隆盛の段大賀の

至りと存じ上げます」とします。「砌」は、ちょうどその頃、という意味。「御隆盛」は「ご隆盛」でもかまいませんが、相手との関係で厳粛な印象を強くしたいときは、「御隆盛」とします。

③　「ご支援によりまして」では、敬意と感謝が不足している印象なので、「格別なる御高庇の御陰をもちまして」などとします。「高庇」は、他人の庇護＝援助を敬って言う語。

④　「このところ」は「近来」とし、厳粛で改まった印象を強めます。

⑤　この部分に、もう少し重みをつけるために、「業績好調に赴き」などとします。

⑥　改まった印象が不足しているので、この部分を、「本社のみにては到底対応しかねる状況となりました」に変えます。

⑦　この部分は、「就きましては、今般別紙御案内の通り」に変えます。「そこで」は「就きましては」と、「この度」は「今般」としたほうが、改まった印象になります。

⑧　「ご報告申し上げるとともに」の前に、「謹んで」を一言入れるだけで、さらに丁寧な印象となります。

⑨　ここを「伏して御願い」に変えると、さらに改まった印象が際立ちます。

⑩　「そのうち」は、なれなれしい印象なので、「追って」という古風な表現で重みを加えます。「追って」は、間もなくという意味。

⑪　失礼な要素は何一つありませんが、改まった印象が薄いので、「ご報告」を「御報告」に、「だけ」を「まで」に、「お伝えします」を「申し上げます」に変えます。

☆　「一般的な文例」にある、敬意を強めるために用いた「お」「ご」は、格上げの際には「御」に変更しました。「御」を用いるほうが、改まった印象や格式の高さを強調するのに効果的だからです。

第２章　挨拶状＆返信　　65

格上げ後の文例

謹啓　時下梅雨の砌益々御隆盛の段大賀の至りと存じ上げます。
　　　　　　　　　　　　　　　　　　　　　　　　　　弊社は
山内社長様の格別なる御高庇の御陰をもちまして、近来
日増しに業績好調に赴き、本社のみにては到底対応しかねる状況と
なりました。
　就きましては、今般別紙御案内の通り、名古屋市○○区○○町
○丁目に支店を開設し、同地区の御取引先の皆様方、並びに御客様
各位の便利を図ることとなりましたので、謹んで御報告申し上げる
とともに、新支店に対しましても、本社同様格別の御指導、
御鞭撻を賜りたく、伏して御願い申し上げる次第に存じます。
　追って同支店支店長横田孝信と共に、親しく御挨拶に御伺い
する所存ではございますが、取りあえず書中にて、支店開設の
御報告まで申し上げます。　　　　　　　　　　　　　　謹言

（「別紙」　省略）

２－２　返信（お祝い）

模　範　文　例

謹復　御宿願①叶いこの度の○○支店御開設、誠に御同慶の至り②と
存じ上げ、衷心より③御祝い申し上げます。

66　　　　　　　第2章　挨拶状&返信

　加藤専務様はもとより、草創期より血涙を流され御尽力されて
こられた皆様方には、さぞかし御喜びも一入④の御事と、遙察する
次第でございます。

　内外の商況いよいよ不安定の度を強め、積極的な経営に挑み
にくい状況となりましたが、貴社におかれましては、近年の
飛躍的な御増収御増益を背景に、この程御支店開設、御業務拡張
という経営方針を取られました勇猛果敢⑤な御姿勢は、もって範と
すべき御英断と実に頭が下がる思いでございます。

　今後も微力⑥ではございますが、貴社並びに貴支店の御発展に
寄与すべく、旧に倍する⑦最大限の御協力を致したく存じます
ので、これまで同様、格別なる御高配を賜りますよう、くれぐれも
宜しく御願い申し上げます。

　御支店開設の御知らせに接し、取り急ぎ御祝詞⑧を一言呈し
ます。　　　　　　　　　　　　　　　　　　　　　　　　謹言

語 句 の 解 説

① 「宿願」は、以前からの願い。
② 「同慶の至り」は、同じように嬉しいことの極限。
③ 「衷心より」は、心より、という意味の改まった言い方。
④ 「一入」は、一層、ひときわ、という意味。
⑤ 「勇猛果敢」は、勇ましくて力強く、決断力のある様子。
⑥ 「微力」は、わずかな力。自分の力をへりくだっていう言い方。
⑦ 「旧に倍する」は、以前にも増して、という意味。
⑧ 「祝詞」は、お祝いの言葉。

第2章　挨拶状＆返信　　67

3－1　新社屋落成の挨拶

一般的な文例

謹啓　涼秋の候貴方様にはご健勝のことと存じます①。私は元気にしておりますのでご安心ください②。

　さて、一昨年着工しました新社屋建設工事が無事終了しましたので③、ご報告致します④。

　新宿の一等地に念願の新社屋ビルを得ましたことは、私どもにとりまして大きな喜びであり、貴方様⑤を始めとする、お取引先各社のご支援、ご教導のお陰と、心より感謝致します⑥。

　創業以来三十年余慣れ親しんだ社屋には、少なからぬ愛着がございますが、何分この数年来の業務拡大に伴い、各種機能性の点で不足が生じておりました。今後はスタイリッシュなインテリジェントビルをさらなる業務推進の原動力として活用し、関係各社のために⑦、尚一層存在感のある企業として成長を遂げる決意でございますので、引き続きお力添えをいただきますよう、お願いを申し上げます⑧。

　本来出向きましてご報告すべきとは存じますが、取り急ぎ本状によりご挨拶まで⑨。　　　　　　　　　　　　　　　　敬白

格上げのポイント

①　さらに改まった印象になるよう、「粛啓　涼秋の折柄尊台におかれましては愈々御健勝にて御消光の御事と御慶び申し上げます」などとします。「折柄」は、ちょうどその時。「貴方様」は、「尊台」に

変えます。

② 「私は元気に〜」という表現は軽々しいので、トップリーダーの書簡にふさわしくありません。ここは、「降って当方頗る快調故御放念賜りたく存じます」などとします。「降って」は、相手の位置より降りて申し上げます、というニュアンスを込める言葉です。「降って〜」以降の文を改行すると、より丁寧な印象となりますが、改行しなくてもかまいません。「ご安心ください」も、「御放念賜り（＝お忘れいただき）」として、謙虚さを示します。

③ この部分は、丁寧さが不足しているので、「さて、一昨年着工しました新社屋建設工事が、今月末には全ての工程が完了し、無事落成を迎える事となりましたので」に変えます。下線部が、補足、改変箇所です。「終了」は、忌み言葉の範疇なので避けて、「完了」「落成」という表現を用います。

④ 「ご報告致します」をより丁寧に言うために、「謹んで御報告を申し上げます」とします。

⑤ 「大きな喜びであり」を「正に望外の喜びであり」に、「貴方様」を「尊台」に変え、よりかしこまった印象を加えます。

⑥ この部分は、丁寧さが不足しているので、「御支援、御教導の賜物と、心より感謝御礼申し上げる次第です」に変えます。下線部が、改変箇所です。

⑦ 「関係各社のために」と、漠然とした対象を示すだけでなく、「尊台並びに関係各社のために」と、相手を十分意識した姿勢を示すことが、敬意や礼儀を強めるために役立ちます。

⑧ いま一つ平凡で淡泊な表現なので、「今後とも」「格段の」「御厚情」などの語を補い、丁寧さを強めます。たとえば、「引き続き今後とも、格段の御厚情、御力添えを頂戴したく、改めて御願いを申し上げます」といった具合にします。

第2章　挨拶状＆返信　　　69

⑨　通常の手紙文では、文末の締めくくりの挨拶では、「～お礼まで」
「～ご案内まで」と、後の言葉を省く場合がしばしばありますが、
トップリーダーの格上げ手紙では、省略形で済ませるのではなく、
最後まで丁寧に挨拶するのが礼儀です。「本来拝趨の上親しく御報
告を致すべきとは存じますが、取り急ぎ本状をもちまして御挨拶ま
で申し上げます」などとします。「出向きまして」を「拝趨の上親し
く」などと表現することも大切です。「拝趨」は、出向くことをへり
くだっていう言い方で、急いでお伺いする、参上するという意味。
「親しく」は、直接に、という意味。

☆　「一般的な文例」にある、敬意を強めるために用いた「お」「ご」
は、格上げの際には「御」に変更しました。「御」を用いるほうが、
改まった印象や格式の高さを強調するのに効果的だからです。

格上げ後の文例

粛啓　涼秋の折柄尊台におかれましては愈々御健勝にて御消光の
御事と御慶び申し上げます。
　降って当方頗る快調故御放念賜りたく存じます。
　さて、一昨年着工しました新社屋建設工事が、今月末には全て
の工程が完了し、無事落成を迎える事となりましたので、謹んで
御報告を申し上げます。
　新宿の一等地に念願の新社屋ビルを得ましたことは、私どもに
とりまして、正に望外の喜びであり、これも偏に尊台を始めと
する、御取引先各社の御支援、御教導の賜物と、心より感謝御礼申し
上げる次第です。
　創業以来三十年余慣れ親しんだ社屋には、少なからぬ愛着が
ございますが、何分この数年来の業務拡大に伴い、各種機能性の
点で不足が生じておりました。今後はスタイリッシュなインテリ

ジェントビルをさらなる業務推進の原動力として活用し、尊台並びに関係各社のために、尚一層存在感のある企業として成長を遂げる決意でございますので、引き続き今後とも、格段の御厚情、御力添えを頂戴したく、改めて御願いを申し上げます。

　本来拝趨の上親しく御報告を致すべきとは存じますが、取り急ぎ本状をもちまして御挨拶まで申し上げます。　　　敬白

３－２　返信（お祝い）

模 範 文 例

御丁寧な御書状を拝見致し感無量に存じ上げます①。

　貴社御創業当時より長年御愛顧を賜り②、先代社長の御父上の格別なる御教導にも浴し③、商道の奥義に触れさせて頂きましたわたくし④と致しましては、僭越⑤ながら我が事と同様の慶び⑥に打ち震える思いでございます。

　貴社新社屋の御落成を、心より御祝い申し上げます。

　確かに旧御社屋への深い思いは中々消し難い事とは存じますが、「新しい酒は新しい革袋に盛れ⑦」という言葉もございます。貴社新時代を拓くための「新しい革袋」としての新宿一等地の新社屋ビルを拠点に、さらなる御躍進を遂げられますよう、陰ながら御祈念申し上げる次第です。

　本来早速御祝賀に拝趨すべきとは存じますが、取り敢えず寸書⑧に御祝いの微衷⑨を託すことと致します。　　　敬白

第2章 挨拶状＆返信　　71

語 句 の 解 説

① 「謹復／謹答」などの代わりに、このように書き始めるのも、新鮮で心のこもった書状を整えるための一つの方法。

② 「愛顧を賜り」は、目をかけ引き立てていただき、ひいきにしてくださり、という意味。

③ 「浴し」は、良いものとして身に受けること。

④ 「わたくし」は、「わたし」より厳粛で丁寧な印象となる。「私」と書けば「わたし」と読まれる可能性もあるので、わたくし、と読ませたいときには、あえて「わたくし」と書く場合がある。

⑤ 「僭越」は、身分や権限などを越えて、さしでがましいこと。

⑥ 「慶び」は、単に喜ばしいだけでなく、おめでたく喜ばしいときにこの漢字を用いる。

⑦ 「新しい酒は新しい革袋に盛れ」は、新しい内容や思想を表現するためには、それに応じた新しい形式や方法が必要、という意味のことわざ。

⑧ 「寸書」は、取るに足りない手紙、という意味。自分の手紙をへりくだっていう言い方。

⑨ 「微衷」は、自分の本心をへりくだっていう言い方。

72　　　　第2章　挨拶状＆返信

4−1　新工場竣工の挨拶

一 般 的 な 文 例

謹啓　春寒の候ますますご発展のこととお慶び申し上げます。新規事業の好調なスタートも、誠に喜ばしい限りです①。

　本日はほかでもなく②、当社山梨工場がお陰様で左記の通り、来月の○月○日に竣工となりますので、ご報告致します③。

　山梨工場起工前に頂戴したありがたいお言葉により④、丹念に地域の行政並びに地元住民の方々とのコミュニケーションを深めた結果⑤、地域の皆様の多大なご期待に支えられた、極めてスムーズな操業開始を迎えることとなり、一同大変喜んでおります。改めて村上様にお礼を申し上げます⑥。

　今後は所期の生産目標を着実に達成すると共に、安全操業を絶対の条件に掲げ、日々細心の注意を払うつもりです⑦。

　今後も格別なるご芳情並びにご指導を賜りたくご懇願申し上げ、山梨工場竣工のご挨拶とさせていただきます⑧。　謹言

（「記」　省略）

格上げのポイント

①　この部分は全体に威厳と丁寧さに欠けるので、「春寒の候」を「春寒料峭」とし、「お慶び」の前に「衷心より」を挿入し、「喜ばしい限り」を「御同慶の至り」に変えるなどします。「料峭（りょうしょう）」は、春風が肌に寒く感じられる様子です。

第2章　挨拶状＆返信　　　73

② 「本日はほかでもなく」は、ややぞんざいな印象なので、「本日御便り申し上げましたのはほかでもなく」と丁寧に伝えます。

③ 「ご報告致します」の前に、「謹んで」を補い、改まった印象を強くします。

④ どのような言葉だったのか、具体的な言葉を入れると、さらに印象深い、感謝のこもったフレーズになります。

⑤ 「深めた結果」をより丁寧に言うために、「深めた結果によりまして」とします。

⑥ 淡泊で敬意が不十分な感じがするので、「これに如く幸いはなきものと、一同心より喜び、村上様に改めて深甚の感謝を捧げる次第でございます」などと、少々大げさに感謝します。「これに如く」は、これに匹敵する、という意味。

⑦ 決意の強さがあまり伝わってこないので、「日々細心の注意を傾注していく所存です」などと、やや厳めしく言い換えます。

⑧ この前に、「不束ながら」を挿入し、「不束ながら山梨工場竣工の〜」として、謙虚な印象を強めます。「不束ながら」は、整わず失礼ですが、という意味。

☆ 「一般的な文例」にある、敬意を強めるために用いた「お」「ご」は、格上げの際には「御」に変更しました。「御」を用いるほうが、改まった印象や格式の高さを強調するのに効果的だからです。

格上げ後の文例

謹啓　春寒料峭の候、益々御発展の段衷心より御慶び申し上げます。新規御事業の御好調なスタートに関しましても、誠に御同慶の至りと存じ上げます。

　本日御便り申し上げましたのはほかでもなく、当社山梨工場が

74　　第2章　挨拶状＆返信

　御陰様で左記の通り、来月の〇月〇日に竣工となりますので、謹んで御報告致します。
　「工場はその機能性を追求するだけではいけない、地域の理解と認知と協力が必要欠くべからざる条件」との御教えに従い、丹念に地域の行政並びに地元住民の方々とのコミュニケーションを深めた結果によりまして、地域の皆様の多大な御期待に支えられた、極めてスムーズな操業開始を迎えることとなり、これに如く幸いはなきものと、一同心より喜び、村上様に改めて深甚の感謝を捧げる次第でございます。
　今後は所期の生産目標を着実に達成すると共に、安全操業を絶対の条件に掲げ、日々細心の注意を傾注していく所存です。
　今後も格別なる御芳情並びに御指導を賜りたく、改めて御懇願申し上げ、不束ながら山梨工場竣工の御挨拶とさせていただきます。　　　　　　　　　　　　　　　　　　　　　　　　謹言

（「記」　省略）

4－2　返信（お祝い）

模 範 文 例

　謹復　今しがた貴信①に接し、欣喜雀躍②の思いにて拝読させていただきました。おめでとうございます。御同慶の至りとは、正にこの事と存じ上げます。
　昨今の不確実な商況におきましては、新工場の設立計画の

第2章　挨拶状＆返信　　　75

御実行に至るまでには、さぞかし御議論があったことと愚察③
致しますが、卑見によれば、かかる④時代には英断を以て突き進む
事こそ、貴社本来の御姿勢の真髄と、高く御評価させていただき
ます。
　また、かつて御進言申し上げた片言隻語⑤を長く御記憶くだ
さり、地元とのコンセンサスを十分に確保されました事は、誠に
喜ばしき事と存じ上げ、必ずや将来に多大なる幸いをもたらす
ものと確信致します。
　誠に微力にして何も御役に立つ御力添えは叶いませんが、
陰ながら貴社のさらなる御隆昌と新工場の安全操業を礎とする
順調な御発展を御祈願申し上げる次第です。
　略儀⑥ではございますが、本状をもちまして、
貴社新工場の御落成の御祝いの御挨拶に代えさせて頂きます。
　　　　　　　　　　　　　　　　　　　　　　　　　　　頓首

語 句 の 解 説

① 　「貴信」は、相手の手紙を敬っていう言い方。
② 　「欣喜雀躍」は、雀がぴょんぴょん跳ねるように、小躍りするほ
　ど喜ぶ様子。
③ 　「愚察」は、愚かな推察。自分の推察をへりくだっていう言い方。
④ 　「かかる」は、かくある、このような、という意味。古風な改ま
　った言い方。
⑤ 　「片言隻語」は、ほんのちょっとした言葉。片言隻句という言い
　方もある。
⑥ 　「略儀」は、略式、という意味。では、正式は何かというと、出
　向いて挨拶すること。

5－1　会社移転の挨拶

一般的な文例

謹啓　時下貴店ますますご隆昌の事とご慶賀致します①。

　さて、弊社平素より格別のご支援を賜り②お陰様で③業績日増しに増大しました④事は、誠にありがたく存じます⑤。

　つきましては⑥、従来の社屋では⑦いかにも⑧手狭にして、お客様⑨にもご迷惑をお掛けする状況となってまいりましたので、この程左記の通り○○区○○丁目市役所前の○○ビルに移転する事となりました。

　同ビル新社屋は、交通至便にしてスペースもこれまでの二倍となります。この際業務を大幅に刷新致し、
貴店並びに関係各位の多年のご厚恩に報いるつもり⑩でございます。今後とも末永く倍旧のご愛顧を賜りたく⑪、謹んでこの件、ご案内申し上げる次第です。

　尚、同ビル社長室は最上階二十階に位置し、市内を見下ろす眺望をお愉しみ頂けますので、お近くにお越しの際は、是非一度お立ち寄り賜りますようお願い申し上げます。

　お待ち申し上げております⑫。

　先ずは移転のご案内のみ、以上申し上げます。　　　　謹言

（「記」　省略）

第2章　挨拶状＆返信　　77

格上げのポイント

① 淡泊で敬意が浅い印象があるので、「時下」を「時下薄暑」などとして季節感を加え、「ご隆昌」を「御佳勝」などといった新鮮な用語に変え、また、「～の事」を「～の御事」と丁寧にするなどします。

② 「ご支援を賜り」を「御恩眷に浴し」などとすると、新鮮さが増し、より敬意が感じられるようになります。「恩眷」は、恵みや情けをかけること。目をかけていつくしむこと。

③ 「お陰様で」でもかまいませんが、より丁寧に印象深くするには、「御陰を以て」などと、古風な言い回しを用いるのも効果的です。

④ 重厚感を加えるために、「増大しました」を「増大に赴きました」などとします。

⑤ 「誠にありがたく存じます」を、より丁寧な印象にするために、「誠に有り難く感銘この上なく存じ上げます」とするのも一案です。

⑥ 「つきましては」を「然る次第故に」などとすると、より改まった印象になります。

⑦ 「社屋では」を「社屋にては」とすると、格調高い印象が生まれます。

⑧ 「いかにも」を「如何にも」とすると、改まった印象が強まります。

⑨ 「お客様」を「御華客様」に変えると、新鮮なインパクトが加わり、しかも丁寧さが増します。「華客」は、お得意の客、買いつけの人。

⑩ 「ご厚恩に報いるつもり」を「御高庇に報いる決意」とし、厳粛で強い意志を強調するのが効果的です。「高庇」は、他人の庇護＝援助を敬って言う語。

第2章 挨拶状＆返信

⑪ 「ご愛顧を賜りたく」を「御愛顧を蒙りたく」とすると、やや新鮮で改まった印象になります。

⑫ 「お待ち申し上げております」の前に、「鶴首して」を挿入すると、来訪への熱望が強く伝わり、より丁寧な印象となります。「鶴首して」は、鶴のように首を長くして待つ様子。

☆ 「一般的な文例」にある、敬意を強めるために用いた「お」「ご」は、格上げの際には「御」に変更しました。「御」を用いるほうが、改まった印象や格式の高さを強調するのに効果的だからです。

格上げ後の文例

謹啓　時下薄暑の折柄貴店益々御佳勝の御事と御慶賀申し上げます。

　さて、弊社平素より格別の御恩眷に浴し御陰を以て業績日増しに増大に赴きました事は、誠に有り難く感銘この上なく存じ上げます。

　然る次第故に、従来の社屋にては如何にも手狭にして、御華客様にも御迷惑を御掛けする状況となってまいりましたので、この程左記の通り○○区○○丁目市役所前の○○ビルに移転する事となりました。

　同ビル新社屋は、交通至便にしてスペースもこれまでの二倍となります。この際業務を刷新致し、貴店並びに関係各位の多年の御高庇に報いる決意でございます。今後とも末永く倍旧の御愛顧を蒙りたく、謹んでこの件、御案内申し上げる次第です。

　尚、同ビル社長室は最上階二十階に位置し、市内を見下ろす眺望を御愉しみ頂けますので、御近くに御越しの際は、是非一度

第2章　挨拶状＆返信　　79

御立ち寄り賜りますよう御願い申し上げます。

　鶴首して御待ち申し上げております。

　先ずは移転の御案内のみ、以上申し上げます。　　　　　謹言

（「記」　省略）

5－2　返信（お祝い）

模　範　文　例

謹復　御貴簡①謹んで拝受致しました。この程御無事に御移転なされました由②、慶賀至極③に存じます。当社こそ貴社に御依存申し上げ、長年の経営の安定を得ており、今回貴社が御発展の証として、○○区の第一等地に新たなる拠点を得られましたことは、当社にとりましても等しく慶びの極みと申し上げることができます。

　かかる御吉事④の実現は、偏に⑤吉岡社長の御経営の御手腕、さらには、時代を予見する御卓見⑥があればこそと、改めてわたくしはもとより社員一同、敬服の念を強くする次第でございます。

　これを機に、県下随一の企業に留まることなく、関西地区随一、さらには日本一の企業を目標に、果てしなき御発展を期していただきとう存じます。

　承りますれば移転先の○○ビル最上階の社長室、天守閣からは、

眼下に絶景が広がる由、是非一度目の保養に伺いたく存じますので、その節は何卒宜しくお願い申し上げます。

　寸簡⑦での御挨拶、甚だ御無礼とは存じますが、取りあえず格別なる慶祝の胸中を託させていただきます。　　　　　　謹白

語 句 の 解 説

① 　「御貴簡」は、相手の手紙を敬っていう言い方。
② 　「由」は、〜とのこと。
③ 　「至極」は、限界、極み、という意味。
④ 　「吉事」は、縁起の良い出来事。
⑤ 　「偏に」は、それに尽きる様子。もっぱら。
⑥ 　「卓見」は、優れた意見、見識のこと。
⑦ 　「寸簡」は、自分の手紙をへりくだっていう言い方。

第2章　挨拶状&返信　　81

６－１　営業所開設の挨拶

一般的な文例

謹啓　秋暑の候貴方様にはますますご隆盛のこととお慶び申し上げます①。弊社にはいつも②格別のお引き立て並びにご芳情を賜り③、深く感謝致します④。

　さて、今般貴地○○地区の住宅開発に伴う人口増加に即応すべく、左記の地に営業所を開設致しますので、何卒またご用命賜りますよう⑤お願い申し上げるとともに、引き続き格段のご厚情を賜りますれば幸いです⑥。

　同営業所所長は、貴方様に以前⑦お世話になりました山岡徹が任に当たりますので⑧、やがてご挨拶に伺わせるつもりです⑨。

　何卒野生同様貴方様のご指導を仰ぎたく存じますので、末永くお引き立てを賜りますよう、くれぐれも宜しくお願い申し上げます。

　先ずは右取り敢えず、ご案内方々ご挨拶まで申し上げます。

謹言

（「記」　省略）

格上げのポイント

① これでも失礼にはなりませんが、より改まった印象にするには、「秋暑の折柄尊堂愈々御隆盛の段賀し奉ります」などとします。「折柄」は、ちょうどその時、という意味。「尊堂」は、「貴方様」より、さらに改まった印象になります。「段」は、〜のこと。「賀す」は、

祝う、祝福する、という意味。

② 相手を立てる印象を強めるには、「弊社」の前に「降って」という一語を加えます。

③ 「ご芳情を賜り」で十分ですが、あえてさらにへりくだった印象を強めるには、「御芳情忝く」などとするのが効果的です。

④ ここを引き締めて、さらに格調高くするには、「深謝申し上げます」とするのが適当です。

⑤ 「またご用命賜りますよう」という平凡な表現ではなく、「続々御用命賜りますよう」などとすると、印象深さが強まります。

⑥ 「賜りますれば幸いです」の格式をもう一段上げるには、「蒙りますれば幸甚に存じます」などとします。

⑦ 「以前」というより「かつて」とするほうが、改まった感じになります。

⑧ 「ので」は「故」にしたほうが、厳粛な印象になります。

⑨ 「やがてご挨拶に伺わせるつもりです」より、さらに丁寧でかしこまった気持ちを伝えるには、「追々御挨拶に差し向ける所存です」などとします。「所存」は、考え、という意味。

☆ 「一般的な文例」にある、敬意を強めるために用いた「お」「ご」は、格上げの際には「御」に変更しました。「御」を用いるほうが、改まった印象や格式の高さを強調するのに効果的だからです。

格上げ後の文例

謹啓　秋暑の折柄尊堂愈々御隆盛の段賀し奉ります。降って弊社儀毎々格別の御引き立て並びに御芳情忝く、深謝申し上げます。

　さて、今般貴地○○地区の住宅開発に伴う人口増加に即応すべく、左記の地に営業所を開設致しますので、何卒続々御用命

第2章　挨拶状＆返信　83

賜りますよう御願い申し上げるとともに、引き続き格段の御厚情を蒙りますれば幸甚に存じます。

同営業所所長は、尊堂にかつて御世話になりました山岡徹が任に当たります故、追々御挨拶に差し向ける所存です。

何卒野生同様尊堂の御指導を仰ぎたく存じますので、末永く御引き立てを賜りますよう、くれぐれも宜しく御願い申し上げます。

先ずは右取り敢えず、御案内方々御挨拶まで申し上げます。

謹言

（「記」　省略）

6−2　返信（お祝い）

模　範　文　例

謹復　いよいよ当地区にて、貴社営業所オープンとの御吉報①を賜り、我が事の如き喜悦②、胸中に満ちます。持ちつ持たれつ一蓮托生③の間柄にて艱難④を乗り越えたわたくしどもですので、当地区における営業所の御開設により、貴社がさらなる飛躍を遂げられることは、実に慶びに堪えません⑤。

さしたる御手伝いはできませんが、当地の商況につきましては、多少の知識と卑見⑥がございますので、御役に立てることもあろうかと存じます。所長の山岡様の御来訪を楽しみに御待ち申し上げることに致します。

84　　　　　第2章　挨拶状＆返信

> 　取り敢えず略儀⑦ながら書面にて、営業所御開設の御慶びを
> 謹んで申し上げる次第⑧です。　　　　　　　　　　敬白

語 句 の 解 説

① 　「吉報」は、おめでたい知らせ。

② 　「喜悦」は、心から喜ぶこと。

③ 　「一蓮托生」は、行動、運命を共にすること。

④ 　「艱難」は、辛いこと。

⑤ 　「堪えない」は、感情などを抑えることができない、という意味。

⑥ 　「卑見」は、自分の意見をへりくだっていう言い方。

⑦ 　「略儀」は、略式、という意味。

⑧ 　「次第」は、〜というわけ、という意味。

第２章　挨拶状＆返信　　85

７－１　創立記念の挨拶・招待

一般的な文例

謹啓　秋涼の候ますますご隆昌のことと大慶に①存じ上げます。日頃は格別な②ご高配を賜り改めてお礼申し上げます③。

　さて、当社は④平成○○年○月○日⑤、お陰様で創立十周年を無事迎えることになり⑥、慶びで一杯です⑦。

　これも高橋社長⑧ならびに貴社より長年にわたり頂戴しておりますご芳情、ご支援⑨あればこそと、感謝の念胸中に満ち溢れます。

　ついては⑩、創立十周年を記念するとともに、
高橋社長様を始めとする関係各位に謝意を表すために⑪、別紙⑫のご招待状の通り、小宴を張る所存です。

　ご多用中恐縮ですが、ご来臨くださるようお願い申し上げます⑬。

　略儀ご無礼ながら取り敢えず書面にて、ご挨拶方々ご案内を謹んで申し上げます。　　　　　　　　　　　　　　謹白

（「別紙」　省略）

格上げのポイント

①　平凡な時候の挨拶なので、格上げ手紙としてのインパクト不足の感が否めません。「秋涼弥増す候益々御隆昌の御事大慶至極に」などと、「弥増す」「至極」を加えます。「弥増す」は、いよいよ程度が激しくなる、という意味。「至極」は、究極、マックスという意味。

86　　　　第2章　挨拶状＆返信

② 　「日頃は格別な」は、一般的な表現なので、印象深くするために、「平素は並々ならぬ」に変えます。

③ 　「お礼申し上げます」の前に「厚く」を補い、丁寧な印象を強めます。ちなみに、お礼は「厚く」、感謝は「深く」行います。「深くお礼」「厚く感謝」は誤りです。

④ 　「当社は」を「当社こと」とすると、改まった印象になります。

⑤ 　重厚感を加えるには、「平成〇〇年〇月〇日」を「来る平成〇〇年〇月〇日をもちまして」とします。

⑥ 　「ことになり」を厳粛な印象にするには、「ことと相成り」とします。

⑦ 　「慶びで一杯です」は稚拙な感じがするので「欣幸の至りと存じ上げます」などとします。「欣幸」は、幸せに思って喜ぶこと。

⑧ 　「偏に」という言葉を補い、「これも偏に高橋社長様」とすると、感謝がより深まります。「偏に」は、全く、ただただ、という意味。また、「高橋社長様」と「様」を加えたほうがよい場合と、加えないほうがよい場合とがあるので、注意が必要です。「様」をつけるとよそよそしく感じられたり、「様」がないとなれなれしく感じられたりすることがあります。

⑨ 　いささか淡泊な印象なので、「ご芳情」と「ご支援」を、「一方ならぬ御芳情、格別なる御支援」などとし、感謝の気持ちを強めます。

⑩ 　「ついては」を「就きましては」とし、丁寧な印象を強めます。

⑪ 　感謝と厳粛さの程度を強めるために、「謝意を表すために」を「満腔の謝意を表すべく」とします。「満腔」は、全身、体全部、という意味。

⑫ 　「別紙」と平凡に言うのではなく「別添え」として、新鮮さを加えます。

⑬ 　あっさりとして恐縮や敬意が伝わりにくいので、「誠に」「至極」

第2章　挨拶状＆返信　　87

「何卒」「〜の栄」「伏して」「御懇願」などの語を加えて、「御多用中誠に恐縮至極に存じますが、何卒御来臨の栄を賜りますよう、伏して御懇願申し上げる次第です」などとするのが効果的です。

☆　「一般的な文例」にある、敬意を強めるために用いた「お」「ご」は、格上げの際には「御」に変更しました。「御」を用いるほうが、改まった印象や格式の高さを強調するのに効果的だからです。

格上げ後の文例

謹啓　秋涼弥増す候益々御隆昌の御事大慶至極に存じ上げます。平素は並々ならぬ御高配を賜り改めて厚く御礼申し上げます。

　さて、当社こと来る平成○○年○月○日をもちまして、御陰様で創立十周年を無事迎えることと相成り、欣幸の至りと存じ上げます。

　これも偏に高橋社長様ならびに貴社より長年にわたり頂戴しております一方ならぬ御芳情、格別なる御支援あればこそと、感謝の念胸中に満ち溢れます。

　就きましては、創立十周年を記念するとともに、高橋社長様を始めと致します関係各位に満腔の謝意を表すべく、別添えの御招待状の通り、小宴を張る所存です。

　御多用中誠に恐縮至極に存じますが、何卒御来臨の栄を賜りますよう、伏して御懇願申し上げる次第です。

　略儀御無礼ながら取り敢えず書面にて、御挨拶方々御案内を謹んで申し上げます。　　　　　　　　　　　　　　　謹白

（「別添え」　省略）

7-2　返信（お祝い・出欠）

模　範　文　例

　謹復　御書状拝読致しました。この度の御吉事、誠に御目出度く①、衷心より謹んで御祝詞②を申し上げます。

　記念すべき十周年の金字塔の御建立③が叶いますことは、紛れもなく④大山社長様の卓抜な御手腕の賜物であり、かつまた優秀な従業員の皆様方の日々の弛まぬ御努力の成果に他なりません。

　今後も大山社長様の御才覚と御高徳に牽引され、末永く未来永劫貴社が社会的使命を果たし続け、益々御発展することを御祈念申し上げる次第です。

　なお、記念式典への御伺いにつきましては、生憎先約ある故に、誠に遺憾⑤ながら出席が叶いません⑥。代理に副社長児玉をさし向けさせていただきますが、わたくしからの御祝いは、追って後日直々に御伺い致し、親しく御挨拶を致したく存じますので、御海容⑦賜りますれば幸甚⑧に存じます。

　先ずは書面にて一言御祝い方々御返事まで申し上げます。

　　　　　　　　　　　　　　　　　　　　　　　　　頓首

語　句　の　解　説

① 　「御目出度く」と、漢字にすると、新鮮な印象となる。
② 　「祝詞」は、お祝いの言葉。
③ 　「建立」は、建てること。

第2章　挨拶状＆返信　　89

④　「紛れもなく」は、明らかに、絶対に、という意味。

⑤　「遺憾」は、残念なこと。

⑥　「出席が叶いません」とするのは、「欠席します」と書くと、冷淡
で失礼な印象となるため。

⑦　「海容」は、大きな度量で人の罪や過ちを許すこと。

⑧　「幸甚」は、非常に幸せなこと。

90　　　第2章　挨拶状＆返信

8－1　社長就任の挨拶

┌─────────────┐
│　一 般 的 な 文 例　│
└─────────────┘

謹啓　秋冷の節いよいよご多祥の由慶賀①の至に存じます。

　さて早速ですが②、この度小生は③別紙の通り、日野康友に代わり④、代表取締役社長に就任することとなりましたので、謹んでお知らせ申し上げます。

　つきましては、微力非才を自覚しつつも、経験と叡智を以て社業のさらなる発展を期す決意でございます⑤。

　また、県下随一の企業へと成長を遂げる目標を掲げ⑥、社内団結のもと、日々鋭意努力を怠らず、邁進する所存故、今後とも従前にも増すご支援、ご鞭撻を賜りますよう、何卒宜しくお願い申し上げます。

　取り急ぎ書中にてご挨拶を申し上げます⑦。　　　　謹言

（「別紙」　省略）

格上げのポイント

①　「ご多祥の由慶賀」を「御安祥欣賀」などと、見慣れない古風な言い方をすることにより、逆に新鮮な印象を演出できる場合もあります。

②　「さて早速ですが」をより丁寧に言うには、「さて早速恐縮ですが」とします。

③　「小生は」を格上げするには「小生儀」とします。「儀」は、〜は、

という意味になります。

④　「日野康友に代わり」を「日野康友の後を受け」とすると、さらにこなれた味わい深い印象になります。

⑤　決意にしては、力弱い印象なので、「さらなる発展を期す決意でございます」を「さらなる発展を期すべく心血を注ぐ決意でございます」とします。「心血を注ぐ」とは、心身の力のすべてを使い取り組むという意味。

⑥　独りよがりな挨拶になることを避けるには、「県下随一の企業へと成長を遂げる目標を掲げ」の前に「貴社と歩みを共にしつつ」などと、協調する姿勢をあえて明確に示すほうがよい場合があります。

⑦　締めくくりをさらに充実させると、書状全体が丁寧な印象に包まれ効果的です。「取り急ぎ書中にてご挨拶を申し上げます」の前に、「本来拝趨の上親しく御知らせ致すべきとは存じますが、」の一文を加えます。

☆　「一般的な文例」にある、敬意を強めるために用いた「お」「ご」は、格上げの際には「御」に変更しました。「御」を用いるほうが、改まった印象や格式の高さを強調するのに効果的だからです。

格上げ後の文例

謹啓　秋冷の節愈々御安祥欣賀の至に存じます。

　さて早速恐縮ですが、この度小生儀別紙の通り、日野康友の後を受け、代表取締役社長に就任することとなりましたので、謹んで御知らせ申し上げます。

　就きましては、微力非才を自覚しつつも、経験と叡智を以て社業のさらなる発展を期すべく心血を注ぐ決意でございます。

　また、貴社と歩みを共にしつつ県下随一の企業へと成長を

第2章　挨拶状＆返信

遂げる目標を掲げ、社内団結のもと、日々鋭意努力を怠らず、邁進する所存故、今後とも従前にも増す御支援、御鞭撻を賜りますよう、何卒宜しく御願い申し上げます。

　本来拝趨の上親しく御知らせ致すべきとは存じますが、取り急ぎ書中にて御挨拶を申し上げます。　　　　　　　　謹言

（「別紙」　省略）

８－２　返信（お祝い）

模　範　文　例

謹復　逐日①秋冷相募る折柄益々御清適②の段③大慶に存じ上げます。

　さて、この程は代表取締役社長に御就任の由承り、誠に慶祝の至りと存じます。

　異例の大抜擢との御噂も耳にするものの、類稀なる統率力と卓抜④な御手腕、さらには確かな御実績を総合しますれば、何ら驚きを伴うことのない、当然の御就任と拝察致しますのは、小生一人でしょうか。否、万人の暗黙の推挙⑤を確信する次第です。

　前途の多難が予想される時世となりましたが、和田様の天性のリーダーシップと抜群の企画力によりまして、貴社は当業界の雄⑥としての地位を、さらに盤石なものとされるものと大いに期待させていただきます。

第２章　挨拶状＆返信　　93

　　今後は尚一層の激務が予想される故、御健康に御留意されます
よう、くれぐれも宜しく御願い申し上げます。
　　先ずは略儀⑦御無礼ながら、書面にて御祝詞を申し上げます。

敬白

語 句 の 解 説

① 「逐日」は、日増しに。

② 「清適」は、心身すがすがしく安らかなこと。

③ 「段」は、〜とのこと、という意味。古風で厳粛な言い方。

④ 「卓抜」は、他のものよりはるかに優れていること。

⑤ 「推挙」は、その人をその地位につけるように勧めること。

⑥ 「雄」は、特にすぐれた人、団体。

⑦ 「略儀」は、略式という意味。手紙での挨拶は、どんなに丁寧に
書いても、すべて略式。正式なのは、出向いて挨拶すること。

94　　第2章　挨拶状＆返信

9－1　役員異動の挨拶

一般的な文例

拝啓　時下ますますご清栄のことと拝察申し上げます①　平素は
格別のご高配を賜り有り難く厚くお礼申し上げます②

　さて　去る○月○日開催の弊社定時株主総会において左記役員が
退任され③　その後の取締役会において④左記の通り担当職務が
決定致しました⑤

　つきましては役員一同ここに決意を新たにし　社業の一層の
発展を期し　精励努力する所存でございますので⑥　何卒ご高承の
上　ご支援ご鞭撻を賜りますようお願い申し上げます⑦

　まずは略儀ながら書中をもってご挨拶申し上げます⑧

敬　具⑨

記

（「就任役員名列記」　省略）

　　なお　○月○日付をもって大島寛太　小暮太陽は取締役を
加島信彦は監査役を退任致しました

　　在任中のご厚誼を深謝致しますとともに今後ともご芳情を
賜りますようお願い申し上げます⑩

格上げのポイント

①　不備はありませんが、さらに格上げするには、「拝啓・敬具」を「粛

啓・敬白」に、「時下ますます」を「時下甚暑の節益々」に、「ご清栄のことと」を「御清栄の御事と」に、さらには、「拝察申し上げます」を「拝察致し御慶び申し上げます」とします。なお、「甚暑」はとても暑いことで、7月の時候です。

② 「ご高配を賜り有り難く厚くお礼申し上げます」の部分も、「御高配に与り有り難く衷心より厚く御礼を申し上げます」などとすると、改まった印象が強まります。「賜り」ではなく「与り」とすることで、新鮮味を出します。「与り」は、～に関与する、いただく、という意味。

③ 「退任され」は敬語なので不適切です。「退任し」が適当です。

④ 「おいて」が前の行と重複するので、ここは「経て」とします。

⑤ 「決定致しました」だけでは、ややぞんざいな印象なので、「決定致しましたので謹んで御知らせ申し上げます」として、丁寧を極めます。

⑥ 「社業の一層の発展を期し　精励努力する所存でございますので」の部分を、相手のことも視野に入れた決意表明に変えるとすれば、「関係各位各社の皆様方との協調をさらに強固なものと致し　社業の一層の発展を期すべく　誠心誠意努力する所存でございますので」などとするとよいでしょう。なお、「精励」と「努力」は非常に近い意味なので、意味の強調というより、意味の重複と思われる可能性もあるため、避けるのが賢明です。

⑦ 「ご支援ご鞭撻を賜りますようお願い申し上げます」は、あっさりとした印象です。「今後とも旧に倍する御支援御鞭撻御教導を賜りますよう伏して御願い申し上げる次第でございます」などとすると、より一層丁寧になります。

⑧　この部分の前に、「本来拝趨の上親しく御挨拶すべきとは存じますが」を加えて、さらに謙虚な姿勢を強調するほうが効果的な場合もあります。

⑨　「敬具」を「敬　具」と書く習慣は、一部に引き継がれています。明治以来の書簡文の書法の歴史を調べても、どちらが正式、ということはなく、むしろ「敬具」とするほうが一般的です。ただし、相手が「敬　具」「謹　言」などとする場合は、その形式に合わせるほうが無難な場合もあるでしょう。

⑩　旧役員についての言及を、このように追記的に書く場合が少なくありません。間違った記載方法とはいえませんが、そもそも論から言えば、正式な書簡においては、追記は避けるべきなので、文末に記すとしても、本文と同じ大きさの文字で記し、結語も加えるのが本来の形です。

☆　「一般的な文例」にある、敬意を強めるために用いた「お」「ご」は、格上げの際には「御」に変更しました。「御」を用いるほうが、改まった印象や格式の高さを強調するのに効果的だからです。

☆　この項目の「一般的な文例」にも「格上げ後の文例」にも句読点を用いないのは、非常に改まった手紙では未だに句読点を用いない、という習慣が残っているためです。句読点は読み方を助けて、読みやすくするための記号です。尊敬すべき相手を「助ける」などという不遜な行為は失礼に当たるので、句読点を書かないことが、本来の礼儀となります。ただし、句読点に相当する部分は、一字空きにするのが一般的です。これも「助ける」行為になりますが、すべてつなげてしまうと、読みにくくなるので、それもまた失礼となるため、分かち書きは、行うのが一般的です。

第2章　挨拶状&返信　　　　　　97

格上げ後の文例

粛啓　時下甚暑の節益々御清栄の御事と拝察致し御慶び申し上げます　平素は格別の御高配に与り有り難く衷心より厚く御礼を申し上げます

　さて　去る○月○日開催の弊社定時株主総会に於いて左記役員が退任し　その後の取締役会を経て左記の通り担当職務が決定致しましたので謹んで御知らせ申し上げます

　つきましては役員一同ここに決意を新たにし　関係各位各社の皆様方との協調をさらに強固なものと致し　社業の一層の発展を期すべく　誠心誠意努力する所存でございますので　何卒御高承の上　今後とも旧に倍する御支援御鞭撻御教導を賜りますよう伏して御願い申し上げる次第でございます

　本来拝趨の上親しく御挨拶すべきとは存じますが　まずは略儀ながら書中をもって御挨拶まで申し上げます　　　　敬白
　　　　　　　　　　　　　記
（「就任役員名列記」　省略）
　○月○日付をもって退任しました役員は　次の三名です
　取締役　大島寛太　取締役　小暮太陽　監査役　加島信彦
　在任中に頂戴しました格別な御厚誼御支援に改めて深謝致しますとともに　今後とも末永く御芳情を賜りますよう謹んで御願い申し上げます

9-2 返信（お礼）

模 範 文 例

謹復　劇暑の砌①貴社皆様方におかれましては益々御隆昌の段御慶び申し上げるとともに、毎々②の格別な御芳情御支援に心より深謝申し上げます。

さて、この度も御丁寧な御知らせを賜り恐縮至極に存じます。旧知の大島様始め御三方が目出度く御大任を全うされましたことに、先ずは心よりの御祝いと御礼を申し上げます③。貴社草創期を盤石④なものにされた御功労は、わたくしども御取引を頂く側と致しましても御同様に感謝の念を禁じ得ません。厚く御礼申し上げる次第です。

また、この度の御異動、錚々たる皆様の御顔ぶれを拝見するだに、貴社今後のさらなる御躍進を確信し、胸躍る高揚感を覚えます⑤。

微力ではございますが、わたくしどもにおきましても、これまで以上に御協力の態勢を整えたく存じます故、末永く御高配を賜りますよう、くれぐれも宜しく御願い申し上げます。

先ずは御知らせを頂戴し、御礼の御挨拶まで申し上げます。

敬白

第2章　挨拶状＆返信　　99

語 句 の 解 説

① 「劇暑の砌（げきしょ みぎり）」は、とても暑い、ちょうどその時、という意味。

② 「毎々」は、いつも。

③ このように、相手の会社の功労者に焦点をあて敬意を払うと、より丁寧な印象の挨拶になる。

④ 「盤石（ばんじゃく）」は、極めて堅固なこと。

⑤ 祝い状はお祝いのご祝儀の一つなので、明るい未来をイメージする。

100　第2章　挨拶状&返信

10−1　支店長交代の挨拶

一 般 的 な 文 例

謹啓　秋涼の候いよいよご清祥のことと①存じ上げます。

　さて、開店以来富岡様始め各位のお引き立てに預かりました○○支店長師岡強は②、この程一身上の都合により退店することになりました③。

　今後はこれまでの副支店長河野安正を後任と定めその任に当たることとなりましたので、お知らせ致します④。

　新支店長河野も師岡同様、関係各位の尚一層のご発展、ご躍進を願い、各種環境整備に当たる所存でございますので、前任師岡同様、ご懇情ご支援を賜りますよう宜しくお願い申し上げます⑤。

　先ずは略儀ではございますが、書面にて右ご披露まで申し上げます⑥。

　　　　　　　　　　　　　　　　　　　　　　　　　　敬白

格上げのポイント

①　「いよいよご清祥のことと」の部分を格上げするとすれば、「愈々御安祥欣賀の極みと」などとします。「安祥」は、物事の状態が穏やかであること。「欣賀」は、喜び祝うこと。

②　この部分をさらに丁寧に言うには、「開店以来今日迄永きにわたり、富岡様始め各位の御懇篤なる御眷顧御引き立てに預かりました○○支店長師岡強儀」などとします。下線部が補足、改変箇所です。なお、「儀」は、〜は、という意味の改まった言い方。「眷顧」は、特別に目をかけること。ひいき。

第2章　挨拶状＆返信　　101

③　「退店することになりました」を「退店帰国の事に決定致しました」とし、格上げします。「帰国」はこの場合、故郷に帰ることです。

④　「お知らせ致します」の前に「謹んで」を補うと、より心のこもった挨拶になります。

⑤　ここは、「新支店長河野も師岡同様、誠心誠意関係各位の尚一層の御発展、御躍進を願い、同支店ならびに当方本店の総力を尽くし、鋭意各種環境整備に当たる所存でございます故、前任師岡同様、格段の御懇情御支援を賜りますよう何卒宜しく御願い申し上げます」に変えます。より丁寧な印象を加えるためです。下線部が、補足、改変箇所です。

⑥　この部分を格上げするには、「先ずは略儀ではございますが、書面にて永年の御芳情に改めて拝謝致しますとともに右御披露迄此の如く申し上げます」などとします。下線部が挿入語句です。「拝謝」は、心から感謝すること。「此の如く」は、この通りに、という意味。

☆　「一般的な文例」にある、敬意を強めるために用いた「お」「ご」は、格上げの際には「御」に変更しました。「御」を用いるほうが、改まった印象や格式の高さを強調するのに効果的だからです。

格上げ後の文例

謹啓　秋涼の候愈々御安祥欣賀の極みと存じ上げます。

　さて、開店以来今日迄永きにわたり、富岡様始め各位の御懇篤なる御眷顧御引き立てに預かりました○○支店長師岡強儀、この程一身上の都合により退店帰国の事に決定致しました。

　今後はこれまでの副支店長河野安正を後任と定めその任に当たることとなりましたので、謹んで御知らせ申し上げます。

　新支店長河野も師岡同様、誠心誠意関係各位の尚一層の御発展、

102　　第2章　挨拶状＆返信

御躍進を願い、同支店ならびに当方本店の総力を尽くし、鋭意
各種環境整備に当たる所存でございます故、前任師岡同様、格段の
御懇情御支援を賜りますよう何卒宜しく御願い申し上げます。
　先ずは略儀ではございますが、書面にて永年の御芳情に改めて
拝謝致しますとともに右御披露迄此の如く申し上げます。敬白

10−2　返信（お礼）

模　範　文　例

謹復　只今師岡支店長御退任の報に接し、大変驚いております①。
さぞかし大事な御事由②による御退店と拝察致しますが、
師岡様には公私にわたり何かと一方ならぬ③御支援を賜りました
ので、誠に残念至極に存じます。
　しかしながら御後任の河野様におかれましても、
師岡様同様御信頼を置ける御高徳と卓越した御手腕を兼ね備えた
方と御見受けします故、貴行のさらなる御発展は、尚一層約束
されたものと御慶び申し上げます。
　当社は引き続き、貴行の御支援御教導のもと、健全なる経営を
持続する所存ですので、従前④にも増して御厚情を賜りますよう
御願い申し上げます。
　先ずは寸簡⑤をもって御知らせの御礼迄⑥申し上げます。
　　　　　　　　　　　　　　　　　　　　　　　謹答⑦

第2章　挨拶状＆返信　　　103

語 句 の 解 説

① 　このように時候などの挨拶を省き、いきなりリアクションから入ると、相手の知らせに対する関心の高さを強調することができ、時候などの挨拶を書くより、かえって敬意を強められる場合がある。

② 　「事由」は、物事の理由、原因。

③ 　「一方ならぬ」は、一通りではない、普通ではない、という意味。

④ 　「従前」は、以前（から今まで）、という意味。

⑤ 　「寸簡」は、取るに足らない自分の手紙という意味。自分の手紙をへりくだっていう言い方。

⑥ 　「迄」は、だけ、という意味。

⑦ 　「謹答」は、謹んでお答えします、という意味で、謹復・謹答のセットで使われるのが一般的。

104　　第2章　挨拶状＆返信

11—1　業務提携の挨拶

一 般 的 な 文 例

謹啓　初冬の候ますますご多祥のこととお慶び申し上げます①。
平素格別のお引き立てに預かり御礼申し上げます。

　さて、弊社はこの程○○販売株式会社との間に業務提携契約を
締結しましたのでご報告致します②。

　弊社は関係各位のお力添えにより③、創業以来販売好調の一途を
辿り、昨今△△地区における販売量も飛躍的に増大致しました。

　しかしながら、人員不足により△△地区の顧客対応に苦慮して
いたところ、手塚様のお口添えを賜り④、○○販売株式会社との
業務提携が叶い、△△地区の営業業務並びに販売対応が完全に
整う事となりました。

　なんとお礼を申し上げるべきか言葉が見つかりません⑤。

　これを機に私ども⑥これまでにもまして専心し、ご厚情に
報いる⑦覚悟ですので、尚一層お引き立ての程、偏にお願い申し
上げます。

　先ずはお知らせ方々深甚の感謝を申し述べます。　　　敬白

格上げのポイント

① 　平凡な挨拶なので、「益々御多祥の御事恭賀の至りと存じ上げま
す」とします。下線部が変更箇所です。「ますます」を「益々」に、
「ご多祥」を「御多祥」に、「こと」を「御事」にと漢字にすると、

第2章　挨拶状&返信　　　105

重厚感が増します。また、「お慶び」も平凡なので、「恭賀の至り」と新鮮な表現を使うことで、感謝をより強く伝えることができる場合もあります。「恭賀」は、うやうやしく祝うことです。

② ここを「締結致しましたので、謹んで御報告申し上げます」と変えることで、格上げできます。下線部が変更箇所です。「〜致す」は、謙譲語を作り、「謹んで」も謙虚な姿勢を示す語です。

③ ここに、あえて相手の名前など（下線部）を入れたほうがよい場合もあります。「弊社は手塚様を始めとする関係各位の御力添えにより」として、相手への感謝の念を強調します。

④ この部分をより丁寧にするため、「今回もまた手塚様の御懇篤なる御口添えを賜り」と変えます。下線部が補足、変更箇所です。「懇篤」は、懇切丁寧で心がこもっていること。

⑤ 格上げ挨拶としの品質を上げるために、「御厚恩に相応する御礼の言辞を探しあぐね、唯ひたすら三拝九拝するのみと存じます」などとするのも効果的です。「厚恩」は、心のこもった深い恩。「三拝九拝」は、何度も頭を下げ、頼み事をしたり、敬意や謝罪の意志を示したりすること。

⑥ 「私ども」は「わたしども」と読まれる可能性もあるので、「わたくしども」と書き、丁寧な印象を強めます。

⑦ 「これまで」は「従前」と、改まった印象のある言葉に変えます。「従前」は、今より前。これまで。以前。また、「まして」は「増して」、「専心し」は「専心奮励致し」に、「ご厚情に」は「御厚恩に」に変え、丁寧を極めます。

☆ 「一般的な文例」にある、敬意を強めるために用いた「お」「ご」は、格上げの際には「御」に変更しました。「御」を用いるほうが、改まった印象や格式の高さを強調するのに効果的だからです。

格上げ後の文例

謹啓　初冬の候益々御多祥の御事恭賀の至りと存じ上げます。平素格別の御引き立てに預かり厚く御礼申し上げます。

　さて、弊社はこの程○○販売株式会社との間に業務提携契約を締結致しましたので、謹んで御報告申し上げます。

　弊社は手塚様を始めとする関係各位の御力添えにより、創業以来販売好調の一途を辿り、昨今△△地区に於ける販売量も飛躍的に増大致しました。

　しかしながら、人員不足により△△地区の顧客対応に苦慮していたところ、今回もまた手塚様の御懇篤なる御口添えを賜り、○○販売株式会社との業務提携が叶い、△△地区の営業業務並びに販売対応が完全に整う事となりました。

　御厚恩に相応する御礼の言辞を探しあぐね、唯ひたすら三拝九拝するのみと存じます。

　これを機にわたくしども従前にも増して専心奮励致し、御厚恩に報いる覚悟ですので、尚一層御引き立ての程、偏に御願い申し上げます。

　先ずは右御知らせ方々深甚の感謝を申し述べます。　　　敬白

第2章　挨拶状＆返信　　107

11－2　返信（お祝い）

模 範 文 例

謹復　この度の御提携誠におめでとうございます。

貴社の昨年度の飛躍的な御増益①に比肩する②大きな御吉事③の御知らせに接し、慶賀④の至りと存じます。

後先の考慮もなく御提携先の御口添えを申し上げ、御迷惑があればと心配しておりましたところ、本日かような⑤御知らせを賜り、安堵の胸を撫で下ろしております。

○○販売株式会社は、当社とも長年にわたる信頼関係を築いております故、貴社△△地区における御業務の推進に、必ずや多大なる貢献をするものと確信する次第です。

貴社の更なる御発展、御躍進を御祈念⑥申し上げます。

以上、御丁寧な御知らせへの御礼方々御祝いまで申し上げます。

拝具

語 句 の 解 説

① 　「御増益」と「御」をつけた方が、改まった印象になる。
② 　「比肩する」は、肩を並べること。匹敵すること。
③ 　「吉事」は、めでたい事。縁起がいい事。
④ 　「慶賀」は、喜び祝うこと。
⑤ 　「かような」は、このような。格調高い印象になる。
⑥ 　「祈念」は、祈り願うこと。

108　　　第2章　挨拶状＆返信

12－1　代理店契約の挨拶

一般的な文例

> 謹啓　寒冷の候益々のご隆昌①慶賀の至りに存じ上げます。
>
> 　さて当社は②永年特別のご芳情を賜り③おかげさまで毎年④業績隆盛に向かい続けておりますことを、改めて感謝致します⑤。
>
> 　ついては⑥今回建設最大手の株式会社○○建設と代理店契約を結び、△△地区の住宅販売業務を行う事となりましたので、ご報告致します⑦。
>
> 　今後は尚一層関係各位のご期待に添うよう努力を惜しまず業務に専心するつもりですので⑧、この先も倍旧のご厚情ご指導を賜りますようご懇願申し上げます。
>
> 　右取りあえずご披露かたがたご挨拶まで申し上げます。謹言

格上げのポイント

①　この部分をさらに改まった印象にするには、「寒威凛烈の節愈々御隆昌の段」などとします。「寒威凛烈」は、寒さの程度が強く、寒さが厳しく身にしみる様子。「段」は、〜のこと。「ご」を「御」にすることによっても、改まった謹厳な印象となります。

②　この部分を「降って当社儀」とすると、非常にへりくだり、厳粛な感じになります。「降って」は、自分に関する挨拶を書き始めるときに用います。「儀」は、〜は、という意味。

③　十分改まった表現ですが、さらに新鮮な敬意を示すのであれば、「御眷顧を蒙り」などとします。「眷顧」は、特別に目をかけること。

第2章　挨拶状＆返信　　109

ひいき。「蒙り」は、受ける、という意味。

④　この部分を「御陰様を以て逐年」などとして、格上げすることもできます。漢字を使い改まった印象を強め、年々という意味の「逐年」を用います。

⑤　「おりますことを」を改まった印象にするために、「おります事」とします。「感謝致します」は平凡なので、「万謝を捧げます」などと、新鮮に表現します。「万謝」は、深く感謝すること。

⑥　「ついては」を「就きましては」として、丁寧さと厳粛さを増します。

⑦　ややぞんざいな印象があるので、「謹んで御報告申し上げます」とします。

⑧　この部分は、やや丁寧さと力強さが不足している印象があるので、「今後はこれまでの実績を礎に、新たに冠した知名度の高い大看板に力を借りまして、層一層関係各位の御期待に添うべく、粉骨砕身の努力を惜しまず業務に専心する所存ですので」とします。下線部が挿入、変更箇所です。「層一層」は、一層を強めて言う語。さらに一段と。もっともっと。「べく」は、〜が可能になるよう、といった意味。「粉骨砕身」は、骨を粉にし身を砕くようにして、力の限りを尽くすこと。「所存」は、考え。意見。

☆　「一般的な文例」にある、敬意を強めるために用いた「お」「ご」は、格上げの際には「御」に変更しました。「御」を用いるほうが、改まった印象や格式の高さを強調するのに効果的だからです。

格上げ後の文例

謹啓　寒威凛烈の節愈々御隆昌の段慶賀の至りに存じ上げます。
　降って当社儀永年特別の御眷顧を蒙り御陰様を以て逐年業績

隆盛に向かい続けております事、改めて万謝を捧げます。

　就きましては今回建設最大手の株式会社○○建設と代理店契約を結び、△△地区の住宅販売業務を行う事となりましたので、謹んで御報告申し上げます。

　今後はこれまでの実績を礎に、新たに冠した知名度の高い大看板に力を借りまして、層一層関係各位の御期待に添うべく、粉骨砕身の努力を惜しまず業務に専心する所存ですので、この先も倍旧の御厚情御指導を賜りますよう御懇願申し上げます。

　右取り敢えず御披露方々御挨拶迄申し上げます。　　　謹言

12－2　返信（お祝い）

模　範　文　例

謹復　甚寒①の折柄益々の御清栄の御事と存じ上げます。

　貴信②謹んで拝読致しました。承りますればこの度は又、益々の御発展の趣、大慶の至りに存じ上げます。

　貴社におかれましては既に県下随一の御実績を誇り、同業他社の追随を許さぬ③盤石④の御経営を築かれ、勇名を轟かせ⑤ておられましたが、この度の株式会社○○建設との代理店契約の御締結は、さらに貴社の未来を盤石なものとし、限りない可能性の拡大を確信させる欣快事⑥と申し上げることが出来ると存じ上げます。

　今後も順風に大きな帆を揚げ、貴社の大望の実現に向け、さらに

第2章　挨拶状&返信　　　111

速力を上げて突き進んでいただきますよう御願い申し上げます。

　当方は貴社益々の御発展を範として、後に続き隆昌⑦を期す所存ですので、この先も変わらぬ御厚情に預かり⑧ますよう宜しく御願い申し上げます。

　先ずは書面にて略儀⑨御祝いまで申し上げます。　　　敬白

語 句 の 解 説

① 「甚寒」は、とても寒いこと。

② 「貴信」は、相手の書状を敬っていう言い方。

③ 「追随を許さぬ」は、追いつくことを許さない、大きく先行しているという意味。

④ 「盤石」は、極めて堅固なこと。

⑤ 「勇名を轟かせ」は、名声を広く世間に知らせること。

⑥ 「欣快事」は、非常に嬉しい出来事。

⑦ 「隆昌」は、栄えること。

⑧ 「預かり」は、目上からのおほめや志を受けること。

⑨ 「略儀」は、略式、という意味。

112　　第２章　挨拶状＆返信

13－1　社名変更の挨拶

一 般 的 な 文 例

拝啓① 　軽暖の候貴社ますますご繁栄のこととお喜び申し上げます②。先日お伺いした際は、いろいろおもてなしくださりありがとうございました③。

　さて④弊社は⑤業務の拡大多角化に伴い、この程⑥別紙ご挨拶の通り社名を改め「株式会社○○」と変更することとなりましたので、お知らせ申し上げます⑦。

　旧社名△△商事は、初代鶴田亀次郎の大業を記念するために⑧、現代に至るまで大切に受け継いできましたが⑨、このところ⑩弊社売上の大半を占めつつあるＩＴ分野の業務においては、関係各位からも旧社名に違和感を覚えるとご感想をいただき⑪、このような⑫変更となった次第でございます。

　各種お手間をおかけすることとなり恐縮ですが、以後社を挙げて尚一層関係各位のご要請にお応えする所存ですので、ご理解を賜りますよう宜しくお願い申し上げます⑬。

　先ずは社名変更のご挨拶のみお伝え申し上げます。　　敬白

（「別紙」　省略）

格上げのポイント

① 　「拝啓」ではなく、「謹啓」「粛啓」で始めるのが改まった挨拶状の原則です。「粛」も謹む、という意味。

第2章　挨拶状＆返信　　113

② 　ここを、「軽暖の折柄貴社益々御繁栄の趣衷心より御慶び申し上げます」などと変えることで、より丁寧な印象にすることができます。下線部が変更箇所です。ひらがなを漢字にすることで、重厚感を加えることもできます。「折柄」は、ちょうどその時。「趣」は、〜とのこと。「衷心より」は心から、という意味。また、「お喜び」を「御慶び」とし、おめでたい印象を強めることも、格上げのために役立ちます。

③ 　ここは、次のようにすっかり改めることで、謹厳な雰囲気を醸し出します。「先日参堂の節は何かと御歓待に預かり万謝申し上げます」。「参堂」は、相手の家に伺うこと。「万謝」は、深く感謝すること。

④ 　「さて」を「偖」と漢字にして、改まった印象にします。

⑤ 　「弊社は」は「弊社儀」に変え、改まった印象を強めます。「儀」は、「〜は」という意味。

⑥ 　「この程」を「此の程」にすると、改まった印象が強まります。

⑦ 　この前に、「工藤様に謹んで」と添えると親密感と恐縮の姿勢が強まり、より訴求力の高い書状になります。

⑧ 　「するために」を「すべく」に変えると、スピード感が増し清潔な印象が強まり、重厚さも増します。

⑨ 　ここを「継承して参りましたが」と変えると、謙虚さが増す分、丁寧な印象が色濃くなります。

⑩ 　「このところ」を「此の所」と漢字にすると、改まった感じが増します。

⑪ 　「いただき」を「賜り」に変更し、厳粛さを醸し出します。

⑫ 　「このような」を「かかる」に変えることも格上げに役立ちます。

⑬ 　この部分は、以下のように変更することで、改まった印象を強め

ます。「貴社に対しましても各種御手間を頂戴する事となり甚だ恐縮に存じますが、以後社を挙げて層一層工藤様を始めとする関係各位の御要請に御応えする所存故、かかる事情御賢察の上、御理解を賜りますよう何卒宜しく御願い申し上げます」。下線部が挿入、変更箇所です。「貴社に対し〜」「工藤様〜」と、あえて名指すことで、強い感謝を表現します。「甚だ」は、非常に。「層一層」は、一層を強めて言う語。さらに一段と、もっともっと、という意味。「賢察」は、相手の推察を敬っていう言い方。「何卒」は、どうか。

☆ 「一般的な文例」にある、敬意を強めるために用いた「お」「ご」は、格上げの際には「御」に変更しました。「御」を用いるほうが、改まった印象や格式の高さを強調するのに効果的だからです。

格上げ後の文例

粛啓 軽暖の折柄貴社益々御繁栄の趣衷心より御慶び申し上げます。先日参堂の節は何かと御歓待に預かり万謝申し上げます。

　偖弊社儀業務の拡大多角化に伴い、此の程別紙御挨拶の通り社名を改め「株式会社○○」と変更する事となりましたので、工藤様に謹んで御知らせ申し上げます。

　旧社名△△商事は、初代鶴田亀次郎の大業を記念すべく、現代に至るまで大切に継承して参りましたが、此の所弊社売上の大半を占めつつあるＩＴ分野の業務においては、関係各位からも旧社名に違和感を覚えると御感想を賜り、かかる変更となった次第でございます。

　貴社に対しましても各種御手間を頂戴する事となり甚だ恐縮に存じますが、以後社を挙げて層一層工藤様を始めとする関係各位の

第2章　挨拶状＆返信　　　115

御要請に御応えする所存故、かかる事情御賢察の上、御理解を賜りますよう何卒宜しく御願い申し上げます。
　先ずは社名変更の御挨拶のみ御伝え申し上げます。　　　敬白

（「別紙」　省略）

13－2　返信（お祝い）

模　範　文　例

謹復　この度の秀逸な御社名の御変更の御知らせを承り①、御同慶②の至りに存じ上げます。
　もとより大変縁起のよい御社名で、しかも御創業者の御名前が残る貴い屋号であります故、さぞかし御変更に際しては、御迷いになった事と愚察③する次第です。
　しかしながら今回果敢に御社名を御変更されました事により、貴社御発展の御方向が飛躍的に多様となり、更なる御躍進が約束されたものと拝察④する次第です。
　非力ではございますが、当社もこの機に際して、更なる御協力の体制を整え、貴社と共に共栄の途をひた走る所存ですので、倍旧の御厚情並びに御支援を賜りますよう御懇願⑤申し上げます。
　略儀ながら書中にて、御慶び方々⑥御願いを申し上げます。
　　　　　　　　　　　　　　　　　　　　　　　　頓首

第2章　挨拶状＆返信

語 句 の 解 説

① 「承り」は、謹んで聞くこと。

② 「同慶」は、自分にとっても喜ばしいこと。

③ 「愚察」は、自分の推察や観察をへりくだっていう語。

④ 「拝察」は、人の心中などを推測することをへりくだって言う語。

⑤ 「懇願」は、強く頼み願うこと。

⑥ 「方々」は、〜を兼ねて、〜がてら、という意味。

第2章　挨拶状＆返信　　　117

14－1　年賀の挨拶

一般的な文例

謹賀新年
新春を迎え平素のご芳情に深謝申し上げ　皆様のご多幸をお祈り
申し上げます

賀正
本年も宜しくお願い申し上げます

賀春
旧年中は格別のお引き立てを賜り厚く御礼申し上げます　本年も
尚一層の御愛顧の程お願い申し上げます

頌春
旧年中はお世話になりました　本年もご支援いただきますれば
幸いです

迎春
新春のお慶びを申し上げます

格上げのポイント

☆　「謹賀新年」は、丁寧な年賀状の賀詞ですが、その他「賀正」以
下は、いささかぞんざいな印象のある賀詞なので、格上げ年賀状に

はふさわしくありません。

☆ 「一般的な文例」で示した本文も、極めて月並みなため、殊更に改まった雰囲気や厳粛で格調高い印象がありません。下記の「格上げ後の文例」を参考にして、大切な方への年賀状を仕上げてみてください。

☆ 「一般的な文例」にある、敬意を強めるために用いた「お」「ご」は、格上げの際には「御」に変更しました。「御」を用いるほうが、改まった印象や格式の高さを強調するのに効果的だからです。

格上げ後の文例

謹迎新春
新年を御寿ぎ①目出度く申し納めます

謹賀新年
新年の御慶②目出度く申し納めます　旧年中は格別の御引き立てを蒙り③有り難く御礼申し上げます　今後益々の御便利を相計ります故一層の御愛顧④を垂れ賜り⑤ます事を偏に⑥希い⑦上げます

謹みて旧年中の御愛顧を謝し奉り⑧
併せて本年一層の御引き立てを希い上げます

謹んで新春を賀し奉ります
旧年中は一方ならざる御引き立てに与り有り難く厚く御礼申し上げます　猶本年相変わらず御愛顧の程　偏に願い奉ります

第2章　挨拶状＆返信　　119

謹賀新年　　赤心慶福⑨
貴家様の御繁栄を御祈り申し上げ併せて本年も倍旧の御愛顧を
仰ぎたく伏して御願い申し上げます

謹賀新正
新春を迎え弊社一同心より皆様の御繁栄を祈り謹んで御祝詞⑩を
申し上げます

恭賀新年
併せて貴家の万福⑪を祈り上げます

恭賀新暦
旧年中は特殊の御恩顧⑫を蒙り千万⑬有り難く鳴謝⑭申し上げ
ます　尚本年も倍旧の御愛雅⑮あらんことを伏して御懇願⑯申し
上げます　　　　　　　　　　　　　　　　　　　　　　敬白

語 句 の 解 説

① 「御寿ぐ」は、お祝いを述べる。
② 「御慶」は、お喜び。
③ 「蒙る」は、受ける。いただく。
④ 「愛顧」は、ひいきにして目をかけて引き立てること。
⑤ 「垂れ賜る」は、頂戴する、という意味。
⑥ 「偏に」は、全く。ただただ。
⑦ 「希う」は、強く願い望むこと。
⑧ 「謝し奉る」は、感謝申し上げる。
⑨ 「赤心慶福」は、嘘偽りのないありのままの心で、素直に他人の

幸せを喜ぶこと。

⑩　「祝詞」は、お祝いの言葉。

⑪　「万福」は、数えきれないほどさまざまな幸福。

⑫　「恩顧」は、情けをかけること。

⑬　「千万」は、この上ないこと。甚だしいこと。

⑭　「鳴謝」は、厚く礼を述べること。

⑮　「愛雅」は、愛していとおしむこと。

⑯　「懇願」は、折り入って頼み願うこと。

14－2　返信（遅れて出すとき）

模 範 文 例

新年の吉慶目出度く申し納めます。

先ず以て①貴家御一同様には御揃い御清福②の間に御迎春遊ばされ③ましたこと、誠に大賀至極に存じ上げます。

降って弊社儀④、旧年中は一方ならざる御厚情並びに御愛顧を蒙り、御陰をもちまして日に月に繁栄に赴きました事、万々⑤忝く⑥深謝申し上げます。本年も一段の精励を加え、多年の御眷顧⑦に報謝⑧の微意⑨を表したく存じます故、何卒一層の御引き立てを賜りたく幾重にも願い上げます。

尚、年末不意の繁忙により、御無礼にも何方にも年始の御挨拶を遅れて御発送申し上げました。失礼の段御寛恕⑩賜りますよう謹んで御願い申し上げます。　　　　　　　　恐惶謹言⑪

第2章　挨拶状＆返信　　121

語 句 の 解 説

① 「先ず以て」は、まず第一に。

② 「清福」は、他人の幸福を指す丁寧な言い方。

③ 「御迎春遊ばされ」は、春をお迎えになられる、という意味。「遊ばす」は、最上級の敬語を作る語。

④ 「儀」は、〜は、という意味。改まった儀礼的な文で使われる。

⑤ 「万々」は、程度が甚だしい様子。

⑥ 「忝く」は、身に過ぎてありがたい。

⑦ 「眷顧」は、相手のひいき、目をかけることを敬って言う語。

⑧ 「報謝」は、恩に報い徳に謝すこと。

⑨ 「微意」は、わずかな志。自分の意志をへりくだって言う語。

⑩ 「寛恕」は、過ちなどをとがめずに、広い心で許すこと。

⑪ 「恐惶謹言」は、恐れ謹んで申し上げるという意味の結語。

15－1　中元・歳暮の挨拶

一 般 的 な 文 例

〈お中元〉

謹啓　盛夏の候貴社益々ご繁栄のことと存じます①。いつもお引き立ていただき感謝致します②。お陰様で弊社業績好調を堅持しております③。

　つきましては、日頃のご芳情に深謝すべく④、フルーツ数種の詰め合わせをご進呈申し上げます。何卒お納め⑤くださいませ。フルーツ各種個々の名産地の一級品を取り揃えました。お口に叶えば幸甚です⑥。

　今後とも格別のご支援ご鞭撻の程、くれぐれも宜しくお願い申し上げます。

　先ずはご送付のご挨拶のみ申し上げます。　　　　謹言

〈お歳暮〉

謹啓　歳晩の候いよいよご繁忙のことと存じます⑦。本年も格別のご贔屓を賜り喜びに堪えません⑧。

　つきましては⑨、些少ですが⑩、本年の感謝のお印までに、松茸牛肉巻を呈上致します。ご笑味くださるようお願い申し上げます。

　来る年は湾岸開発が本格化する模様にて、各種コンペティションへの参加を計画しております。是非ともまた山室先生のお知恵を拝借したく存じ上げます。格別のご厚情ご指導を賜りますよう

第2章　挨拶状＆返信　　123

宜しくお願い申し上げます⑪。
　先ずは歳末のご挨拶を謹んで申し上げます。　　　　敬白

格上げのポイント

① 　この部分を「御繁栄の段賀し奉ります」とすると、さらに改まった雰囲気を醸すことができます。「段」は、〜とのこと。「奉る」は、申し上げるの意。

② 　一層丁寧にするには、「平素御懇情溢れる御引き立てに預かり御厚謝申し上げます」とします。「平素」は、いつも。「御懇情溢れる」を挿入します。「懇情」は、相手の親切な心遣い。

③ 　この部分の前に「昨今の商況にもかかわらず」などと挿入すると、さらに感謝がこもります。

④ 　この部分をさらに丁寧に言うために、「日頃の御芳情に対します感謝の微意を表すべく」とします。「微意」は、自分の気持ちをへりくだっていう言い方。

⑤ 　「お納め」を「御笑納」とすると、へりくだった印象が強まります。「笑納」は、つまらないものなので笑ってお受け取りください、という意味。納めることを謙遜していう言い方。

⑥ 　「幸甚です」を「幸甚の極みに存じます」とし、さらに謙虚な印象を加えます。

⑦ 　時候をさらに改まった印象にするには、「歳晩の折柄愈々御繁忙の御事と拝察致します」とします。一般的な「候」を「折柄」とし、「いよいよ」を「愈々」、「ご」を「御」と漢字に変え、「ことと」を「御事と」し、「存じます」を「拝察致します」に変更しました。「折柄」は、ちょうどその時、折しも、という意味。「拝察」は、推察することをへりくだっていう言い方。

124　第2章　挨拶状＆返信

⑧　この部分を以下に変え、丁寧さと厳粛さを強めます。「本年も非常の御贔屓に預かり御陰様で業績好調に推移致しました事喜びに堪えず心より甚謝申し上げます」。下線部が変更、補足箇所です。「格別」は「非常」に変更し、新鮮さを表現します。この場合の「非常」は、程度が甚だしい、という意味。「甚謝」は、とても感謝すること。

⑨　「つきましては」を「就きましては」に変え、改まった印象を強めます。

⑩　「些少ですが」をさらに丁寧に言うには、「些少にて御恥ずかしく存じますが」などとします。

⑪　この部分をさらに格調高くし、熱意を込めるには、「格別の御厚情を以て御指導賜りますようくれぐれも宜しく御願い申し上げます」などとします。

☆　「一般的な文例」にある、敬意を強めるために用いた「お」「ご」は、格上げの際には「御」に変更しました。「御」を用いるほうが、改まった印象や格式の高さを強調するのに効果的だからです。

格上げ後の文例

〈お中元〉

謹啓　盛夏の候貴社益々御繁栄の段賀し奉ります。平素御懇情溢れる御引き立てに預かり御厚謝申し上げます。御陰様で弊社昨今の商況にもかかわらず業績好調を堅持しております。

　つきましては、日頃の御芳情に対します感謝の微意を表すべく、フルーツ数種の詰め合わせを御進呈申し上げます。何卒御笑納くださいませ。フルーツ各種個々の名産地の一級品を取り揃えました。御口に叶いますれば幸甚の極みに存じます。

第2章　挨拶状＆返信　　　　125

　　今後とも格別の御支援御鞭撻の程、くれぐれも宜しく御願い
申し上げます。
　　先ずは御送付の御挨拶のみ申し上げます。　　　　　謹言

〈お歳暮〉

　　謹啓　歳晩の折柄愈々御繁忙の御事と拝察致します。本年も
非常の御贔屓に預かり御陰様で業績好調に推移致しました事喜びに
堪えず心より甚謝申し上げます。
　　就きましては、些少にて御恥ずかしく存じますが、本年の感謝の
御印までに、松茸牛肉巻を呈上致します。御笑味くださるよう
御願い申し上げます。
　　来る年は湾岸開発が本格化する模様にて、各種コンペティション
への参加を計画しております。是非ともまた山室先生の御知恵を
拝借したく存じ上げます。格別の御厚情を以て御指導賜ります
ようくれぐれも宜しく御願い申し上げます。
　　先ずは歳末の御挨拶を謹んで申し上げます。　　　　　敬白

15−2　返信（お礼）

模　範　文　例

　　謹復　貴社愈々御繁栄の由①慶賀②の至りに存じます。本日は
また御心尽しの御品を御恵与③下さり有難く心より感謝申し上げ
ます。

早速家族で拝味させていただき口々に美味絶賛、色、形、風味、食味、あらゆる角度から堪能④させていただきました。

かかる⑤格別なる御高配に叶う御力添えができず心苦しいばかりではございますが、今後も貴社のさらなる御発展に微力⑥を尽くす所存ですので、末長く御交誼⑦に預かり⑧ますれば幸いこの上なく存じます。

炎暑の砌折角⑨御自愛専一に御過ごしくださるよう御願い申し上げます。

先ずは御礼の微衷⑩を本状に認め⑪ます。　　　　　敬白

語 句 の 解 説

① 「由」は、〜とのこと。

② 「慶賀」は、喜び祝うこと。

③ 「恵与」は、めぐみ与える。いただくことをへりくだっていう言い方。

④ 「堪能」は、満ち足りること。

⑤ 「かかる」は、このような、の意。

⑥ 「微力」は、自分の協力をへりくだっていう言い方。

⑦ 「交誼」は、心が通い合う交際。

⑧ 「預かり」は、目上からのおほめや志を受けること。

⑨ 「折角」は、努力して動作をする様子を表す語。

⑩ 「微衷」は、自分の気持ちをへりくだっていう言い方。

⑪ 「認め」は、文章を書き記すこと。

第2章　挨拶状＆返信　　127

16－1　社長退任の挨拶

一 般 的 な 文 例

謹啓　盛夏の候①ますますご健勝の由②慶賀の至りに存じます。お陰様で弊社今日の隆盛を見るに至りましたことを深謝申し上げます③。

　さて、謹んでご報告致します④。

　　　　　　　　　　　　　　　　　　　　　　　私こと、

来月〇月〇日をもちまして取締役社長を退任致すこととなりました。

　就任以来、大過なく職責を全うできましたことは、村上様のご交誼、ご厚情の賜物と、感謝申し上げる次第です⑤。

　今後はしばらく⑥の間休養を取り、その後はいずれかの形にて社会貢献の仕事に就ければと漠然と計画しております。

　尚後任は黒崎健一が務めます。小生同様ご懇情お引き立ての程お願い申し上げます。

　先ずは永年の格別なるご厚情に感謝⑦申し上げるとともに退任のご挨拶を申し上げます⑧。　　　　　　　　　　　謹白

格上げのポイント

① 時候をさらに丁寧にするには、「盛夏凌ぎ難き折柄」などと変えます。「折柄（おりから）」は、ちょうどその時。

② 「ますます」を「益々」と漢字に変え、改まった印象を強めます。「由（よし）」の代わりに「趣（おもむき）」とすると、新鮮な格調高さを演出できる場合があります。いずれも、〜とのこと、という意味。

128　第2章　挨拶状&返信

③　この部分は、やや丁寧さが不足している感があるので、「御陰様で弊社儀尊堂を始めとする各位の御懇情御引き立てにより今日の隆盛を見るに至りました事誠に忝く万謝申し上げます」などとします。下線部が補足、改変箇所です。「儀」は、〜は、という意味の改まった言い方。「尊堂」は、相手を尊敬して言うときの人称代名詞。「懇情<small>じょう</small>」は、相手の親切な心遣い。「忝<small>かたじけな</small>く」は、もったいない、恐れ多い。「万謝<small>ばんしゃ</small>」は、深く感謝すること。

④　あっさりしすぎているきらいもあります。丁寧に言うなら、「本日御便り申し上げましたのは他でもなく、以下を謹んで御報告致します」などとします。下線部が補足、改変箇所です。もってまわった言い方となりますが、その余裕が格調高さを醸す場合があります。

⑤　月並みで格調高さが不足しているので、「就任以来、大過ない職責遂行が叶いました事は、尊堂の公私分け隔てなき御交誼、御厚情の賜物と、改めて茲に深甚の感謝を呈する次第です」とします。下線部が補足、改変箇所です。「賜物」は、他者から受けた恩恵。「深甚」は、程度がとても深いこと。

⑥　「しばらく」は「暫く」とすると、改まった印象が増します。

⑦　「感謝」は月並みなので、「拝謝」を使い新鮮さを出します。

⑧　あっさりしすぎているので、この部分を「退任の御挨拶をかくの如く申し上げます」とします。下線部が補足、改変箇所です。「かくの如く」は、このように、という意味の古風な言い方。

☆　「一般的な文例」にある、敬意を強めるために用いた「お」「ご」は、格上げの際には「御」に変更しました。「御」を用いるほうが、改まった印象や格式の高さを強調するのに効果的だからです。

第2章　挨拶状＆返信　　　129

格上げ後の文例

謹啓　盛夏凌ぎ難き折柄益々御健勝の趣慶賀の至りに存じます。
御陰様で弊社儀尊堂を始めとする各位の御懇情御引き立てにより
今日の隆盛を見るに至りました事誠に忝く万謝申し上げます。

　さて、本日御便り申し上げましたのは他でもなく、以下を
謹んで御報告致します。

　　　　　　　　　　　　　　　　　　　　　　　　　私こと、

来月〇月〇日をもちまして取締役社長を退任致すこととなりました。
　就任以来、大過ない職責遂行が叶いました事は、
尊堂の公私分け隔てなき御交誼、御厚情の賜物と、改めて茲に
深甚の感謝を呈する次第です。

　今後は暫くの間休養を取り、その後はいずれかの形にて
社会貢献の仕事に就ければと漠然と計画しております。

　尚後任は部下の黒崎健一が務めます。小生同様御懇情
御引き立ての程御願い申し上げます。

　先ずは永年の格別なる御厚情に拝謝申し上げるとともに退任の
御挨拶をかくの如く申し上げます。　　　　　　　　　　謹白

16－2　返信（答礼）

模　範　文　例

謹復　御丁寧な御書状拝受致しました。貴方様とは若年より

春秋を重ね①てまいりましたためか、互いに年嵩②の増加を意識する機会なく過ごし、今回御退任の報に接し、驚き入っております。

御挨拶中の「大過ない」とは、余りに月並みにして御謙遜の過ぎる御言葉と存じます。

貴方様は草創期から御躍進に向かわれた貴社の堅固な地歩を築かれた立て役者の御一人で、その御活躍の数々は、貴社御社歴に明記され、未来永劫③口承④されるべき栄誉ある御功績に他なりません。

貴社社友の末席を汚す⑤身として、貴方様が去られることは誠に残念至極に存じます。

永年の御芳情、御支援に改めて拝謝致すとともに、今後も変わらぬ御厚誼⑥を賜りますよう希う⑦次第です。

右取り敢えず御答礼⑧まで申し上げます。　　　　　拝具

語 句 の 解 説

① 「春秋を重ね」は、歳月を経ること。

② 「年嵩」は、年齢。

③ 「永劫」は、極めて長い年月。

④ 「口承」は、口づてに伝承すること。

⑤ 「末席を汚す」は、仲間に加わることをへりくだっていう言い方。

⑥ 「厚誼」は、心からの親しいつきあい。

⑦ 「希う」は、強く願い望むこと。

⑧ 「答礼」は、相手の礼に答えて礼をすること。

第2章　挨拶状＆返信　　131

17－1　役員退任の挨拶

一般的な文例

謹啓　時下益々ご隆昌のこととお慶び申し上げます①。

　さて②、就任以来ご厚情ご教導を賜り③、お陰様で④大過なく任期を全うしました専務取締役を、〇月〇日付で退任致しましたので、お知らせ申し上げます⑤。

　在任中は公私にわたり一方ならぬご厚情を賜り、感謝申し上げる次第です⑥。

　今後の身の振り先は幾通りかの選択肢がございますが、日を改めてご挨拶に伺い、ご意見を賜りたく存じますので、その節は宜しくお願い申し上げます⑦。

　先ずは書面にてご挨拶申し上げます⑧。　　　　　　　頓首

格上げのポイント

① 　簡素で丁寧さに欠ける印象なので、「時下炎暑甚だしきところ、貴社におかれましては益々御隆昌の御事心より恭賀申し上げます」などとするのが効果的です。下線部が補足、改変箇所です。「隆昌」は、栄えること。「恭賀」は、謹んで祝うこと。

② 　「さて」を「偖」と漢字にすると、改まった印象になります。

③ 　この部分の「厚情」を「高庇」に、「賜り」を「忝く」に変えると、さらに格調高くなります。「高庇」は、他人の庇護＝援助を敬って言う語。「忝く」は、恐れ多くも～していただく、という意味。

④ 　「お陰様で」は月並みなので、「御陰様をもちまして」と、少し丁

132　第2章　挨拶状＆返信

寧に言ったほうが、誠意が伝わる場合があります。

⑤　この部分の前に、「謹んで」を一言入れるだけで、改まった印象が強まります。

⑥　あっさりとした印象で格調に欠けるので、「在任中は公私にわたり一方ならぬ御眷顧に預かり御懇情有り難く、幾重にも多謝申し上げる次第です」などとします。下線部が補足、改変箇所です。「眷顧」は、特別に目をかけること。ひいき。「預かり」は、目上からのおほめや志を受けること。「懇情」は、相手の親切な心遣い。「多謝」は、厚く礼を述べること。

⑦　淡泊で敬意がいま一つ感じられないので、「日を改めて親しく御挨拶に御伺い致し、御高見など賜りたく存じますので、その節は又御教導の程くれぐれも宜しく御願い申し上げます」などとします。下線部が補足、改変箇所です。「親しく」は、直接に。「高見」は、相手の意見の尊敬表現。「〜の程」は、敬語的に、直接の表現を避けて、その状態であることを示します。「くれぐれも」は、何度も心を込めて依頼・懇願したり、忠告したりする様子を表す語。

⑧　より丁寧に締めくくるには、「先ずは略儀御無礼ながら書面をもって御挨拶のみ申し置きます」とします。下線部が補足、改変箇所です。「略儀」は、略式。「もって」は、手段、方法を示す語。

☆　「一般的な文例」にある、敬意を強めるために用いた「お」「ご」は、格上げの際には「御」に変更しました。「御」を用いるほうが、改まった印象や格式の高さを強調するのに効果的だからです。

格上げ後の文例

謹啓　時下炎暑甚だしきところ、貴社におかれましては益々御隆昌の御事心より恭賀申し上げます。

第2章　挨拶状＆返信　　133

　偖、就任以来御高庇御教導忝く、御陰様をもちまして大過なく任期を全うしました専務取締役を、○月○日を以て退任致しましたので、謹んで御知らせ申し上げます。

　在任中は公私にわたり一方ならぬ御眷顧に預かり御懇情有り難く、幾重にも多謝申し上げる次第です。

　今後の身の振り先は幾通りかの選択肢がございますが、日を改めて親しく御挨拶に御伺い致し、御高見など賜りたく存じますので、その節は又御教導の程くれぐれも宜しく御願い申し上げます。

　先ずは略儀御無礼ながら書面をもって御挨拶のみ申し置きます。　　　　　　　　　　　　　　　　　　　　頓首

17-2　返信（慰労）

模　範　文　例

謹復　溽暑①の節益々御健勝の段②御慶び申し上げます。

　さて、この程は御大任満期に達し、貴社専務取締役を退かれる由承り③、心より御慰労と御祝福を申し上げます。

　内外ともに予測困難な乱気流吹き荒れる商況において、さぞかし舵取りに御苦労されたことと拝察致しますが、景気冷え込みの最中にありながらも、御任期中見事御増益を継続されました御功労は感嘆のほかなく、心より御称揚④申し上げる次第です。

　今後は多年の御疲労を癒す時期かと愚察⑤致しますが、

第2章 挨拶状＆返信

高橋様の御実績と御手腕を、今後も社会は希求しております故、近々また御面会の上、種々御相談をさせていただきますれば幸甚⑥に存じます。

とまれ⑦誠に御疲れ様でございました。

先ずは略儀ながら御挨拶に対しましての御礼と栄誉ある御退任の御慰労を申し送ります。　　　　　　　謹言

語句の解説

① 「溽暑（じょくしょ）」は、蒸し暑いこと。

② 「段（だん）」は、〜のこと、という意味。

③ 「由承り（よしうけたまわり）」は、〜とのこと謹んで拝聴する、という意味。

④ 「称揚（しょうよう）」は、その価値を認めて、ほめたたえること。

⑤ 「愚察（ぐさつ）」は、自分の推察をへりくだっていう言い方。

⑥ 「幸甚（こうじん）」は、とても幸せ、満足なこと。

⑦ 「とまれ」は、「ともあれ」の音変化。いずれにせよ。ともかく。

第 3 章
祝い状＆返信

136

第3章　祝い状&返信　　137

18-1　出張所の開設祝い

一般的な文例

謹啓　孟春の候ますますご清栄の段大賀に存じます①。

　さて②、今回東京駅に程近い○○町に、貴出張所ご開設とのこと③、誠におめでたく④心よりお祝い申し上げます。

　十年前の事⑤、お一人で独立起業されて後、長足のご発展に目を見張る⑥ばかりでしたが⑦、貴地大阪地区でのご経営を万全のものとされ、いよいよ東京に商圏を広げるご準備を開始される⑧ご計画、ご同慶に存じます⑨。

　東京の地に過ごし半世紀を超える小生、ビジネス上の多少のネットワークもございますので⑩、何かとお力添えも可能かと存じます。お気兼ねなくいろいろお申し越し⑪くださるようお願い致します。

　貴出張所のご開設を契機に、営業所、支店へと見事ご成長、ご発展されます事をご祈念申し上げます⑫。

　先ずはご祝意を謹んで申し上げます⑬。　　　　　　　謹白

格上げのポイント

①　「ますます」を「益々」に、「ご清栄」を「御清栄」にするなど、ひらがなを漢字にするだけでも、改まった印象になります。また、「存じます」より「存じ上げます」のほうが、ワンランク上の敬意の表現となります。「孟春(もうしゅん)」は、春のはじめ。早春。「清栄」は、相

手の健康、繁栄を祝う挨拶。「段」は、〜とのこと。

② 「さて」を「承りますれば」とすると、とても丁寧な印象になります。「承りますれば」は、伝え聞くところによりますと、という意味。

③ 「とのこと」を「趣」にすると、格式が高まります。

④ 「おめでたく」を「御目出度く」と漢字にして、新鮮な印象を強めます。

⑤ 「事」を「御事」と丁寧に言います。

⑥ 「目を見張る」を「瞠目」にすると、引き締まった厳粛な印象になります。「瞠目」は、感心して目を見張ること。

⑦ 「ばかりでしたが」を「ばかりでございましたが」とすると、過剰敬語の印象も生じますが、過剰気味のほうが、より効果的な場合もあります。

⑧ 「開始される」を「開始されます」と、より丁寧に表現します。

⑨ 「ご同慶に存じます」で一向に差し支えありませんが、さらに格上げするには、「御同慶この上なく存じ上げます」などと言葉を補います。

⑩ 「ので」を「故」とし、改まった印象を強めます。

⑪ 「いろいろお申し越し」を「種々御下命」にすると、へりくだった印象が強まります。「お申し越し」は、相手が言ってよこすことを丁寧にいう言い方。「下命」は、命令を下すこと。

⑫ あっさりした印象なので、「御発展の途を歩まれます事を御祈念申し上げる次第です」とします。下線部が補足、改変箇所です。「ご」は「御」に変え、厳粛さを強調し、「発展される」だけでなく、「発展の途を歩まれ」と、より丁寧に表現します。「次第です」の補足は、語調を整える効果があります。語調の調整は、敬意のグレードアップにつながります。「次第」は、〜というわけ、という意味。

第3章　祝い状＆返信　　139

⑬　この部分も「本来拝趨の上御祝い致すべきとは存じますが、先ず
は本状にて御祝意の微衷のみ謹んで御伝え申し上げます」と変え、
締めくくりの格式を高めます。下線部が補足、改変箇所です。「拝
趨（はいすう）」は、出向くことをへりくだっていう言い方。急いでお伺いする
こと。参上。「微衷（びちゅう）」は、自分の気持ちをへりくだっていう言い方。

☆　「一般的な文例」にある、敬意を強めるために用いた「お」「ご」
は、格上げの際には「御」に変更しました。「御」を用いるほうが、
改まった印象や格式の高さを強調するのに効果的だからです。

格上げ後の文例

謹啓　孟春の候益々御清栄の段大賀に存じ上げます。

　承りますれば、今回東京駅に程近い○○町に、
貴出張所御開設の趣、誠に御目出度く心より御祝い申し上げます。

　十年前の御事、御一人で独立起業されて後、長足の御発展に
瞠目するばかりでございましたが、貴地大阪地区での御経営を
万全のものとされ、いよいよ東京に御商圏を広げる御準備を
開始されます御計画、御同慶この上なく存じ上げます。

　東京の地に過ごし半世紀を超える小生、ビジネス上の多少の
ネットワークもございます故、何かと御力添えも可能かと存じます。
御気兼ねなく種々御下命くださるよう御願い致します。

　貴出張所の御開設を契機に、営業所、支店へと見事御成長、
御発展の途を歩まれます事を御祈念申し上げる次第です。

　本来拝趨の上御祝い致すべきとは存じますが、先ずは本状にて
御祝意の微衷のみ謹んで御伝え申し上げます。　　　　謹白

18－2　返信（お礼）

模範文例

謹復　この度の弊社出張所開設に際しまして、早速過分①なる
御祝詞②を忝く③し唯々有り難く厚謝④申し上げます。

　今回東京○○町に出張所を開設させていただきました事由⑤は、
大阪よりの出張に至便であることに加え、やはりビジネスの
中心に進出する大望⑥によるもので、一部には蛮勇⑦との御批判も
ございますが、大東京の喉元に敢えて挑み、東国への堂々たる
進出の端緒を開く⑧ことができれば幸甚⑨と存じます。

　つきましては、東京の商況⑩に精通する宮本様の御指導を仰ぎ⑪、
商圏拡大の戦略の充実を図りたく存じます故、何卒倍旧の
御高配御教導を蒙り⑫ますよう、伏して⑬願い上げる次第です。

　近日御都合を見計らい参堂⑭拝眉⑮の上、改めて御挨拶
致しますが、先ずは書面にて御祝い状に対する御礼を謹んで申し
述べます。
　　　　　　　　　　　　　　　　　　　　　　　　　　謹白

語句の解説

① 　「過分」は、程度が過ぎること。へりくだった言い方。
② 　「祝詞」は、お祝いの言葉。
③ 　「忝く」は、恐れ多くも〜していただく、という意味。
④ 　「厚謝」は、厚く礼を言うこと。深謝。
⑤ 　「事由」は、物事の理由、原因。
⑥ 　「大望」は、大きな望み。また、野望。「たいぼう」とも読む。

第3章　祝い状＆返信　　141

⑦　「蛮勇」は、むやみやたらに発揮する勇気。向こう見ずの勇気。

⑧　「端緒を開く」の「端緒」は、物事の始まり。糸口。手がかり。
　「たんちょ」とも読む。「端緒を開く」で糸口をつかむ、という意味。

⑨　「幸甚」は、非常に幸せなこと、満足なこと。

⑩　「商況」は、商売の状況。景気。

⑪　「仰ぎ」は、教え、援助などを求める。請う。

⑫　「蒙り」は、受ける、という意味。

⑬　「伏して」は、ひれ伏して。切に願う様子。くれぐれも。謹んで。

⑭　「参堂」は、人の家を訪問することのへりくだった言い方。

⑮　「拝眉」は、会うことをへりくだって言う語。拝顔。

142　　　　　第3章　祝い状&返信

19－1　研究所の開設祝い

一般的な文例

謹啓　新樹の候貴社いよいよご発展のこととお慶び申し上げます①。

　さて②、このほど貴社のご念願が実現し③、埼玉○○の地に、建築資材の研究所をご開設の由④、お祝い致します⑤。

　地球温暖化を因とする気象大変動、さらには大震災以来の地震頻発など、各種自然災害が激甚化する状況下にあり、尚一層強靭な建築工法並びに建築資材が希求される昨今、まさに貴研究所のご開設は時宜を得たご誕生と存じます⑥。

　今後貴研究所が果たされる役割は際限なく大きなものとなると拝察致します⑦。

　人々の命を守り幸福の礎となる堅固にして安全なる建築資材と工法のご探究を、宜しくお願い申し上げます⑧。

　⑨取りあえず寸書にてご祝詞まで申し上げます。　　　　敬白

格上げのポイント

①　さらに改まった印象にするために、「新樹生い茂る時節貴社愈々御発展の段慶賀の至りに存じます」などとします。下線部が補足、改変箇所です。「いよいよ」「ご」などを漢字にして、「のことと」を「の段」とすると、重厚感が増します。「慶賀の至り」とは最高に喜び祝うということで、大袈裟な表現により敬意の強さを示します。

②　「さて」を「拝承致しますれば」に変えると、かしこまった印象

第3章　祝い状＆返信　　　143

になります。

③　「このほど」を「此の程」に、「ご念願が実現し」を「多年の御宿願叶い」に変えると、改まった雰囲気が増します。「宿願<ruby>しゅくがん</ruby>」は、前々から抱いていた願い。

④　「ご開設の由」を「御開設の由誠に御目出度く」とすると、さらに丁寧で敬意のこもった表現になります。

⑤　「お祝い致します」はそっけないので、「衷心よりの御祝意を呈上致します」と、丁寧さを加えます。「衷心<ruby>ちゅうしん</ruby>」は、心からという意味。改まった言い方。「呈上」は、差し上げること。

⑥　いくぶんそっけない印象なので、重みを加え、敬意を強調するために、「御誕生と申し上げることができると存じます」とします。

⑦　研究所の価値の高さをさらに強調するために、この文の前に、「我が国のみならず全世界にとりましても」などという文を補います。

⑧　この部分の前に「何卒」を補い、強い願いを示すことで、相手への敬意を強めます。

⑨　もし、近々訪問する予定があるなら、「何れ近日参上致し親しく御祝い申し上げる所存です。余は拝眉の際申し上げます」などの一文を挿入し、さらに丁寧な印象を植え付けます。「親しく」は、直接に。「所存<ruby>しょぞん</ruby>」は、考え。「余」は、その他のこと。「拝眉<ruby>はいび</ruby>」は、会うことを敬っていう言い方。

☆　「一般的な文例」にある、敬意を強めるために用いた「お」「ご」は、格上げの際には「御」に変更しました。「御」を用いるほうが、改まった印象や格式の高さを強調するのに効果的だからです。

格上げ後の文例

謹啓　新樹生い茂る時節貴社愈々御発展の段慶賀の至りに存じます。

拝承致しますれば、此の程貴社多年の御宿願叶い、埼玉〇〇の地に、建築資材の研究所を御開設の由誠に御目出度く、衷心よりの御祝意を呈上致します。

地球温暖化を因とする気候大変動、さらには大震災以来の地震頻発など、各種自然災害が激甚化する状況下にあり、尚一層強靭な建築工法並びに建築資材が希求される昨今、まさに貴研究所の御開設は時宜を得た御誕生と申し上げることができると存じます。

我が国のみならず全世界にとりましても、今後貴研究所が果たされる役割は際限なく大きなものとなると拝察致します。

人々の命を守り幸福の礎となる堅固にして安全なる建築資材と工法の御探究を、何卒宜しく御願い申し上げます。

何れ近日参上致し親しく御祝い申し上げる所存です。余は拝眉の際申し上げます。

取りあえず寸書にて御祝詞まで申し上げます。　　　　　敬白

19−2　返信（お礼）

模　範　文　例

謹復　この程は弊社研究所の開設に就きまして御高聞に達し①、早速御懇篤②なる御祝章③を頂き、千万④忝く⑤深謝⑥申し上げます。

今回の研究所開設に就きましては、いみじくも⑦御指摘いただき

第3章　祝い状＆返信　　145

ました通り、台風、集中豪雨、洪水、地震等々、正に破格の
スケールで激甚化⑧する自然災害にも耐えうる、強靱⑨な建築資材の
開発と工法の探究により、社会貢献致すべく設立させていただき
ました。

　　　　　　　　　　　　　　　　　　弊社研究所は、
想定外を禁句とし、資材開発と工法研究に全力を尽くして勤しむ⑩
決意でございます。

　是非とも大島様の長く貴重な御経験に裏打ちされた偉大な
御英知の御力添えを賜りたく存じますので、今後も何卒宜しく
御願い申し上げます。

　過分なる御祝詞を賜り拝謝⑪の微意⑫を寸書⑬にて御伝え申し
上げます。　　　　　　　　　　　　　　　　　　頓首

語 句 の 解 説

①　「高聞に達し」は、お聞きになり。「高聞」は、その人が聞くこと
を敬っていう語。

②　「懇篤」は、心がこもっていて手厚いこと。

③　「祝章」は、お祝いの文章、お祝い状のこと。

④　「千万」は、いろいろ。甚だ。

⑤　「忝く」は、ありがたい。

⑥　「深謝」は、非常に感謝すること。

⑦　「いみじくも」は、誠に良く。適切に。巧みに。

⑧　「激甚化」は、非常に激しい状態に変化すること。

⑨　「強靱」は、柔軟で粘り強いこと。

⑩　「勤しむ」は、一生懸命に励むこと。

⑪　「拝謝」は、心から感謝すること。

⑫　「微意」は、自分の気持ちをへりくだっていう言い方。

⑬　「寸書」は、自分の手紙をへりくだっていう言い方。

146　　　　第3章　祝い状＆返信

20－1　保養所の完成祝い

一般的な文例

拝啓　激暑の節いよいよご清穆のこととお喜び申し上げます①。

　さて、かねてご建設中の貴社保養所、ご完成の由、お祝い申し上げます②。

　北海道○○湖畔の丘陵絶景の地に、広大なラベンダー畑を備えた貴社保養所は、実にお羨ましい限りと存じ上げる次第です③。

　貴社皆様のお心の保養を促進し、ご英気を高めるものと拝察致します④。

　⑤

　この度の貴社保養所のご完成を機に、貴社には⑥尚一層⑦のご発展をお迎えになるものと存じます⑧。

　先ずはご祝意を申し上げます⑨。　　　　　　　　　　敬白

格上げのポイント

① 前文を格上げするには、「謹啓　激暑の砌愈々御清穆の御事賀し奉ります」などとします。「拝啓」を「謹啓」に、「節」を「砌」に、「いよいよ」を「愈々」に、「ご」を「御」に、「ことと」を「御事」に、「お喜び申し上げ」を「賀し奉り」に変えます。「砌」は、時節、頃。「清穆」は、清らかでやわらいでいること。相手の健康、幸福を祝う語。「賀す」は、祝うこと。「奉る」は、〜申し上げる、の意。

② この部分を「先頃無事御完成の由承り、御慶祝の極みと存じ上げ

第3章　祝い状＆返信　　147

ます」と変え、厳粛な表現にします。下線部が補足、改変箇所です。「承り」は、謹んで聞くこと。「慶祝」は、喜び祝うこと。

③　この部分はそっけない印象なので、「広大なラベンダー畑を備えた貴社保養所は、恰もスイス、レマン湖畔の別荘の如き趣をも備える高貴麗美な御建築と、御写真にて御見受けし、実に御羨ましい限りと存じ上げる次第です」と下線部のような内容を補うなどして、丁寧な印象を強めます。

④　ここもおざなりな印象です。「貴保養所からは眼下に穏やかな湖水が広がり、カルデラ中央には緑の中之島が浮かび、はろばろとした大自然が、まさに貴社皆様の御心の保養を促進し、御英気を高めるものと拝察致します」などと、下線部のような内容を補います。「拝察」は、人の心中などを推測することをへりくだっていう言い方。

⑤　以下を補うと、一層心のこもったお祝いになります。「またさらには、今世界のスキーヤーが注目する△△も程近い地利により、ウインターレジャーの拠点としても、さぞかし今後大いに活躍し、貴社御関係の海外の御客様の御招待にも最適の施設となるに相違ございません」。

⑥　「には」をさらに丁寧に言うには、「におかれましては」とします。

⑦　「尚一層」を「層一層」と変えると、新鮮で改まった印象が強まります。「層一層」は、一層を強めて言う語。さらに一段と、もっともっと、という意味。

⑧　「存じます」を「確信致します」にすると、信頼感が力強く表現され、敬意が強まります。

⑨　ここをかしこまった締めくくりにするには、「先ずは本状にて衷心よりの御祝意を申し上げます」などとします。下線部が補足、改変

箇所です。

☆ 「一般的な文例」にある、敬意を強めるために用いた「お」「ご」は、格上げの際には「御」に変更しました。「御」を用いるほうが、改まった印象や格式の高さを強調するのに効果的だからです。

格上げ後の文例

謹啓　激暑の砌愈々御清穆の御事賀し奉ります。

さて、かねて御建設中の貴社保養所、先頃無事御完成の由承り、御慶祝の極みと存じ上げます。

北海道○○湖畔の丘陵絶景の地に、広大なラベンダー畑を備えた貴社保養所は、恰もスイス、レマン湖畔の別荘の如き趣をも備える高貴麗美な御建築と、御写真にて御見受けし、実に御羨ましい限りと存じ上げる次第です。

貴社保養所からは眼下に穏やかな湖水が広がり、カルデラ中央には緑の中之島が浮かび、はろばろとした大自然が、まさに貴社皆様の御心の保養を促進し、御英気を高めるものと拝察致します。

またさらには、今世界のスキーヤーが注目する△△も程近い地利により、ウインターレジャーの拠点としても、さぞかし今後大いに活躍し、貴社御関係の海外の御客様の御招待にも最適の施設となるに相違ございません。

この度の貴社保養所の御完成を機に、貴社におかれましては層一層の御発展を御迎えになるものと確信致します。

先ずは本状にて衷心よりの御祝意を申し上げます。　　敬白

第3章　祝い状＆返信　　149

20－2　返信（お礼）

模　範　文　例

謹復　御玉章①有り難く拝受致しました。この度の弊社保養施設落成に際しましては、早速御丁重②なる御祝いの御言葉並びに御懇情③溢れる御祝いの御品を御恵贈④下され感謝に堪えません⑤。

　日々激務に勤しむ社員の福利厚生に益する施設をと長年計画し、此度⑥落成に漕ぎ着けましたことは、平素⑦多大なる御支援に預かり⑧ます湯山様始め関係各位の御厚情⑨、御支援の賜物と、深甚⑩の感謝を捧げる次第に存じます。

　なるほど○○湖畔は△△のスキーゲレンデにも程近く、同施設は、弊社海外取引先の接待にも十分高い利用価値が見出せます事、御祝章⑪により改めて気づきました。誠に有難う存じます。

　湯山様の御都合を伺い、同施設への御来遊を煩わし⑫その節万々⑬御礼申し上げたき所存でございますが、先ずは取りあえず書面にて、御礼までかくの如く⑭申し上げます。　　　　　敬白

語　句　の　解　説

①　「玉章（ぎょくしょう）」は、相手の手紙を敬っていう言い方。

②　「丁重（ていちょう）」は、礼儀正しく注意も行き届き、態度が丁寧な様子。

③　「懇情（こんじょう）」は、相手の親切な心遣い。

④　「恵贈（けいぞう）」は、相手の贈る行為を敬っていう言い方。

⑤　「感謝に堪（た）えません」は、感謝の気持ちを抑えることができない、という意味。

150 第3章 祝い状＆返信

⑥ 「此度」は、この度。今度。

⑦ 「平素」は、いつも。

⑧ 「預かり」は、目上からのおほめや志を受けること。

⑨ 「厚情」は、思いやりの深い相手の気持ち。

⑩ 「深甚」は、程度がとても深いこと。

⑪ 「祝章」は、お祝いの手紙。

⑫ 「御来遊を煩わし」は、わざわざ遊びに来ていただく、という意味。「煩わす」は、骨を折らせること。面倒をかけること。

⑬ 「万々」は、程度が甚だしい様子。

⑭ 「かくの如く」は、この通り、という意味。

第3章　祝い状＆返信　　151

21－1　会長銅像の完成祝い

一般的な文例

謹啓　時下ますますご繁栄のことと存じます①。

　さてこの度は、会長友山和弘様のご銅像がご完成、いよいよ除幕の式典をお迎えになるとのこと②、お喜び申し上げます③。

　友山様の偉大なご功績、さらには、ご高潔にして温厚篤実なお人柄より、ご声望はその後も高まるばかりでございます④。

　このような⑤友山様の栄誉⑥を銅像として記念し、顕彰し続けます⑦ことは、貴社はもとより当業界⑧にとりましても、大きな慶び⑨であると申し上げることができます。

　なお当日は残念ですが所要によりお伺いできません。代理の専務の藤岡に私のご祝意を託させていただきます⑩。

　どうかご理解くださいませ⑪。

　先ずはお祝いの気持ちをお伝え申し上げます⑫。　　　　　謹白

格上げのポイント

① このように変え、改まった印象を強めます。「時下秋涼弥増す候益々御繁栄の由承り御同慶の至りに存じます」。下線部が補足、改変箇所です。「弥増す」は、数や程度がどんどん増すこと。「ますます」「ご」を漢字にします。「由承り」は、～とのことを伺い、という意味。「同慶」は、自分のことのようにめでたく喜ばしい、という意味。

② 「とのこと」を「由拝承し」として、改まった印象にします。「由」

は、〜とのこと。「拝承」は、聞くこと、または承知することを、へりくだっていう言い方。

③　この部分を「慶祝の念に堪えません」などとすると、改まった印象になります。

④　この部分は、丁寧さに欠ける印象があるので、次のように下線部の言葉を補います。「友山様の貴社に於ける多大なる御貢献につきましては、今更わたくしが申し上げるまでもなく、貴社御独りの御繁栄のみならず、斯業界を牽引する主要な御立場を見事築き上げた偉大な御功績、さらには、御高潔にして温厚篤実な御人柄より、御声望はその後も高まるばかりでございます」。「斯業界」は、この業界。「温厚篤実」は、誠実で優しさに満ちていること。

⑤　「このような」を「かかる」にしてかしこまった印象を強めます。「かかる」は、かくある、このような、という意味。

⑥　「栄誉」の前に「偉大な」を補うと敬意が増します。

⑦　この語句の前に、「未来永劫」を補い、崇敬の念を強めます。「永劫」は、極めて長い年月。

⑧　「当業界」を、「斯業界」と漢字にすると、改まった印象になります。「斯」は、この、という意味。

⑨　この語句の前に「甚だ」を補い、まごころを強めます。「甚だ」は、程度が大きく、激しいこと。非常に。

⑩　この部分は、幾分そっけない印象なので、「尚誠に遺憾に存じますが当日は所要により拝趨が叶わず代理の専務の藤岡にわたくしの御祝意を託させていただきます」として、丁寧さを増します。下線部が補足、改変箇所です。「拝趨」は、こちらから先方へ出かけて行くことをへりくだっていう言い方。参上。

⑪　重厚感が足りないので、「何卒御海容賜りますよう御願い申し上げます」などとします。「何卒」は、どうか。「海容」は、海のよう

第3章　祝い状&返信　　153

に広い心で相手の過ちや無礼などを許すこと。

⑫　ここは簡素な印象なので、「略儀御無礼とは存じますが寸簡にて御慶祝の微意を御伝え申し上げる次第です」などとして、丁寧さと厳粛さを加えます。「略儀」は、略式。「寸簡」は、自分の手紙をへりくだっていう言い方。「慶祝」は、喜び祝うこと。「微意」は、取るに足らない小さな気持ち。自分の気持ちをへりくっだていう言い方。

☆　「一般的な文例」にある、敬意を強めるために用いた「お」「ご」は、格上げの際には「御」に変更しました。「御」を用いるほうが、改まった印象や格式の高さを強調するのに効果的だからです。

格上げ後の文例

謹啓　時下秋涼弥増す候益々御繁栄の由承り御同慶の至りに存じます。

　さてこの度は、会長友山和弘様の御銅像が御完成、いよいよ除幕の式典を御迎えになる由拝承し、慶祝の念に堪えません。

　友山様の貴社に於ける多大なる御貢献につきましては、今更わたくしが申し上げるまでもなく、貴社御独りの御繁栄のみならず、斯業界を牽引する主要な御立場を見事築き上げた偉大な御功績、さらには、御高潔にして温厚篤実な御人柄より、御声望はその後も高まるばかりでございます。

　かかる友山様の偉大な栄誉を銅像として記念し、未来永劫顕彰し続けますことは、貴社はもとより斯業界にとりましても、甚だ大きな慶びであると申し上げることができます。

　尚誠に遺憾に存じますが当日は所要により拝趨が叶わず代理の

専務の藤岡にわたくしの御祝意を託させていただきます。

何卒御海容賜りますよう御願い申し上げます。

略儀御無礼とは存じますが寸簡にて御慶祝の微意を御伝え申し上げる次第です。　　　　　　　　　　　　　　　　　謹白

21－2　返信（お礼）

模　範　文　例

謹復　この度の弊社会長友山の銅像除幕式に就いて、はからずも①御高聞に達し②、御繁忙中にも拘わらず御懇篤③なる御祝詞④を頂戴致し、恐縮至極に存じ上げます。

除幕式と申しましても社内内々⑤の儀式に留め、遠方の関係各位には御知らせを控えておりました故、御報告が後先になりましたことを、謹んで御詫び申し上げます。

御丁寧な御祝章⑥にて御評価に預かり⑦ました通り、弊社の繁栄のみならず斯業界⑧の発展に私利私欲を捨て精励⑨し、社内はもとより社外におきましても多くの信奉者を得る友山は、憚りながら⑩斯業界の宝と申し上げることができると存じます。

今回かような⑪形で友山の功績を永遠に銘記⑫することができましたことは、偏に⑬高山様を始めとする皆様方の平素の御力添えの御陰と、改めて深甚⑭の感謝を捧げる次第です。

なお、専務藤岡様に御来駕⑮いただけますことは望外⑯の喜びにて、心より感謝申し上げます。

第3章　祝い状＆返信　155

来月の定例会で御会いした際万々⑰謝意を表したく存じますが、取りあえず書面にて、謹んで御礼を申し上げます。　　　頓首

語句の解説

① 「はからずも」は、思いがけないことに。
② 「高聞に達し」は、相手が聞くことを敬っていう言い方。
③ 「懇篤」は、親切で手厚いこと。
④ 「祝詞」は、お祝いの言葉。
⑤ 「内々」は、表立てずに、内輪で。
⑥ 「祝章」は、お祝いの文章、手紙。
⑦ 「預かり」は、目上からのおほめや志を受けること。
⑧ 「斯業界」は、この業界。「斯」は、この。
⑨ 「精励」は、精力を出し尽して励むこと。
⑩ 「憚りながら」は、恐縮ですが。
⑪ 「かような」は、このような。
⑫ 「銘記」は、心に深く刻みつけて忘れないこと。
⑬ 「偏に」は、全く。ただただ。
⑭ 「深甚」は、意味・気持ちが非常に深いこと。
⑮ 「来駕」は、来訪を敬っていう言い方。
⑯ 「望外」は、望んでいた以上に良いこと。
⑰ 「万々」は、程度が甚だしい様子。

156　　　　　　第3章　祝い状＆返信

22－1　社史の発刊祝い

一 般 的 な 文 例

粛啓　烈寒の候皆様にはますますご清祥のこととお喜び申し上げ
ます①。

　さて、この程貴社のご社史、目出度くご上梓の由、ご慶祝申し
上げます②。

　以前から③大河原専務④が仰っていた通り⑤、
貴社ご創業以来の十年は怒涛の日々であり⑥、振り返る暇なく
日夜奮励され続けたご様子⑦、弊社全員の範とすべき企業像と、
崇敬の念を以て拝見しておりました⑧。

　しかし、歳月は過ぎ⑨貴社は業界のトップ⑩として、不動の地位を
確立された⑪今日、ご社史のご編纂により過去の事跡を振り返り⑫、
新たなる尚一層のご発展に臨む時期が訪れたものと思われ⑬、
ご同慶の至りです⑭。

　なお、残部などございましたら、是非一冊ご恵送賜りますよう
お願い申し上げます。

　先ずはご社史発刊のお祝いとお願いを申し上げます⑮。謹言

格上げのポイント

①　前文をさらに改まった印象にするために、「烈寒の候御一同様に
おかれましてはその後益々御安健の御事と拝察致し欣賀の至りに存
じ上げます」と変更します。下線部が補足、改変箇所です。「皆様に
は」を「御一同様におかれましては」、「ご清祥」を「御安健」、「こ

第3章　祝い状＆返信　　157

とと」を「御事と」などと古風な言い方にすると、重厚感が増します。「拝察」は、推測することをへりくだっていう言い方。「欣賀」は、喜び祝うこと。

② 　この部分は、重厚感や厳粛な印象が不足しているので、「拝承致しますれば此の程貴社御宿願の御社史、目出度く御上梓の御運びとなりました由、衷心より御慶祝申し上げます」と変え、改まった印象にします。下線部が補足、改変箇所です。「この程」は「此の程」に変え、改まった印象を強めます。「拝承」は、人から聞くことをへりくだっていう言い方。「上梓」は、出版すること。昔、梓の木で版木を作ったことに由来します。「運び」は、物事の進み具合。「衷心より」は、まごころの奥底、心の底から。「慶祝」は、喜び祝うこと。

③ 　「以前から」を同じ意味の「かねて」とし、改まった印象にします。

④ 　「大河原専務」ではなく「大河原専務様」とし、敬意を強める場合もあります。「専務様」「社長様」に違和感を持つ人もいますが、役職名には敬意は含まれないので、「様」をつけるほうがよい、とする立場もあります。

⑤ 　「仰っていた通り」を「仰っておられました通り」とし、敬意を強めます。通常は過剰敬語として避けますが、格上げを目指すときには効果的です。

⑥ 　「であり」を「であらせられ」と尊敬表現にすると、丁寧さが一段と増します。

⑦ 　この「〜ご様子」の後に、「傍目にも凄まじく」などと続けると、一層誠意のこもった表現になります。

⑧ 　この部分をさらに丁寧に言うとしたら、「崇敬畏敬の念を以て常々拝見しておりました」などとします。「崇敬」は、あがめ、うやまうこと。「畏敬」は、おそれをもってうやまうこと。

158　　　第3章　祝い状＆返信

⑨　「過ぎ」を「過ぎゆき」に変え、ゆったりとした印象を加え格式を高めます。

⑩　「トップ」を「雄」とし、重厚にします。「雄（ゆう）」は、優れて勢いのある存在。

⑪　「確立された」を丁寧に言うために、「確立されました」とします。

⑫　この部分に重厚感と丁寧さを加えるために、「既往の御事跡を改めて顧みて、温故知新」などとします。「既往（きおう）」は、過ぎ去ったこと。「温故知新（おんこちしん）」は、昔の事をたずね求め、それによって、新しい知識、見解を発見すること。

⑬　「思われ」を「拝察し」とし、謙虚な姿勢を強調します。

⑭　月並みで淡泊な印象なので、「御同慶この上なしと存じ上げる次第です」などと変えます。

⑮　丁寧な印象が不足しているので、「なお、大変貴重な御社史故、御迷惑かと存じますが、万一御余裕ございましたら、是非一冊御恵送賜りますよう、くれぐれも宜しく御願い申し上げます。

　　先ずは御社史御発刊の御祝い方々御願いまで申し上げます」などとします。下線部が補足、改変箇所です。「恵送」は、人から物を送られることを敬っていう言い方。

☆　「一般的な文例」にある、敬意を強めるために用いた「お」「ご」は、格上げの際には「御」に変更しました。「御」を用いるほうが、改まった印象や格式の高さを強調するのに効果的だからです。

格上げ後の文例

粛啓　烈寒の候御一同様におかれましてはその後益々御安健の御事と拝察致し欣賀の至りに存じ上げます。

　拝承致しますれば此の程貴社御宿願の御社史、目出度く御上梓の御運びとなりました由、衷心より御慶祝申し上げます。

第3章　祝い状＆返信　　　159

　かねて大河原専務様が仰っておられました通り、
貴社御創業以来の十年は怒涛の日々であらせられ、振り返る暇なく
日夜御奮励され続けた御様子、傍目にも凄まじく、弊社全員の
範とすべき企業像と、崇敬畏敬の念を以て常々拝見しておりました。
　しかし、歳月は過ぎゆき貴社は業界の雄として、不動の地位を
確立されました今日、御社史の御編纂により既往の御事跡を改めて
顧みて、温故知新、新たなる尚一層の御発展に臨む時期が
到来したものと拝察し、御同慶この上なしと存じ上げる次第です。
　なお、大変貴重な御社史故、御迷惑かと存じますが、万一
御余裕ございましたら、是非一冊御恵送賜りますよう、くれぐれも
宜しく御願い申し上げます。
　先ずは御社史御発刊の御祝い方々御願いまで申し上げます。

右に振って　　　　　　　　　　　　　　　　　　　　　　　謹言

22－2　返信（お礼）

模　範　文　例

謹復　冱寒①の折柄②貴社皆様如何御過ごしでしょうか。御伺い
申し上げます。
　さて、此の程は、小社社史発刊の事御耳に達し、早速御懇ろ③
なる御祝詞④を忝く⑤し、御厚情⑥誠に胸に沁み入り、心より
拝謝⑦申し上げます。
　社歴未だ二十年の小社が社史の編纂など不遜⑧とは存じますが、
既往⑨の場当たり的な経営を反省すべく、かような試みに

160　　　第3章　祝い状＆返信

至った次第でございます。

　無論小生創業当初より小社と共に在りました故、大抵の出来事は瑣末事⑩に至るまで記憶しているはずでしたが、資料、証言を元に正確に振り返りますと、意外な事実の因果に気づき、見識を新たにすべき事が多々あり、大変驚かされました。

　詳しくは次回御会いした際縷々⑪申し上げることに致しまして、先ずは格別なる御祝詞に対しまして、満腔⑫の謝意を謹んで呈し⑬ます。

　なお、社史は勿論御進呈申し上げますので、御納め頂きますれば幸甚⑭に存じます。　　　　　　　　　　　　敬白

語 句 の 解 説

① 「沍寒(ごかん)」は、寒くてものがちぢこまること。凍って寒いこと。

② 「折柄(おりから)」は、ちょうどその時。

③ 「懇ろ(ねんご)」は、親切で丁寧な様子。

④ 「祝詞(しゅくし)」は、お祝いの言葉。

⑤ 「忝く(かたじけな)」は、ありがたい。恐れ多い。

⑥ 「厚情(こうじょう)」は、手厚い情け。

⑦ 「拝謝(はいしゃ)」は、礼を言うことをへりくだっていう言い方。心からの感謝。

⑧ 「不遜(ふそん)」は、思い上がった態度。

⑨ 「既往(きおう)」は、過ぎ去ったこと。

⑩ 「瑣末事(さまつじ)」は、小さなこと。取るに足らないこと。

⑪ 「縷々(るる)」は、こまごまと話す様子。

⑫ 「満腔(まんこう)」は、全身。体全部。

⑬ 「呈し(てい)」は、差し上げる。

⑭ 「幸甚(こうじん)」は、非常に幸いなこと。

第3章　祝い状＆返信　　161

23－1　海外進出祝い

一 般 的 な 文 例

謹啓　寒威凛烈の節貴社益々ご発展の由大賀至極に存じます。久しくご無沙汰致し①、ご無礼の程お許しください。

　さて、この程貴社は台湾台北に、日本食レストランをご開店とのこと、心からお祝いを申し上げます②。

　これまでに培われた貴社の出店ノウハウ③を駆使すれば④、たとえ国内であろうと海外であろうと、ご繁盛は約束されたも同然です⑤。

　美食の地台湾に打って出られる貴社貴店のご活躍を、今後篤と楽しみに拝見させていただきます⑥。

　機会がありましたら一度貴店に伺い、美味を堪能したいと思います⑦。

　まずは書中にてお喜びを申し上げます⑧。　　　　　　謹白

格上げのポイント

①　この表現で十分敬意と格式の高さが感じられますが、「長らく御無音に打ち過ぎ」のような表現もあるので、参考までにご紹介します。

②　この部分は、やや丁寧さに欠ける印象があるので、「さて、伺いますれば此の程貴社愈々台湾台北の地にて、日本食レストランを御開店の由、誠に御目出度く心よりの御祝いを申し上げます」とします。下線部が補足、改変箇所です。文章が長くなりゆったりとしますが、

このゆったりとした印象が、格式の高さを醸し出します。

③ 「貴社の出店ノウハウ」を丁寧に言うには、「貴社の優れた御出店ノウハウ」などとします。

④ 「駆使すれば」を敬意を込めた表現にすると、「駆使されれば」となります。

⑤ 「約束されたも同然です」は、いささかそっけない表現なので、「約束されているも同然と拝察致します」と、丁寧に変えます。「拝察」は、推測することをへりくだっていう言い方。

⑥ この部分は淡泊で、淡泊な分、敬意が不足している印象なので、この部分の前に、「日本の野菜、肉、さらには食味を維持増進させる特殊冷凍技術を施された国内各所の高級魚を空輸され」などと補います。

⑦ この部分は、敬意の不足が感じられるので、「折あらば是非一度貴店に御邪魔し、美味を堪能したく存じます」とします。「堪能」は、十分に満足すること。

⑧ この部分は、もう少し格式ばって挨拶を締めくくるために、「まずは書中略儀ながら、海外御出店の御慶びを申し上げます」などとします。「略儀」は、略式。

☆ 「一般的な文例」にある、敬意を強めるために用いた「お」「ご」は、格上げの際には「御」に変更しました。「御」を用いるほうが、改まった印象や格式の高さを強調するのに効果的だからです。

格上げ後の文例

謹啓　寒威凛烈の節貴社益々御発展の由大賀至極に存じます。長らく御無音に打ち過ぎ、御無礼の程御許しください。

　さて、伺いますれば此の程貴社愈々台湾台北の地にて、日本食レストランを御開店の由、誠に御目出度く心よりの御祝いを申し

第3章 祝い状＆返信 163

上げます。

　これまでに培われた貴社の優れた御出店ノウハウを駆使されれば、たとえ国内であろうと海外であろうと、御繁盛は約束されているも同然と拝察致します。

　日本の野菜、肉、さらには食味を維持増進させる特殊冷凍技術を施された国内各所の高級魚を空輸され、美食の地台湾に打って出られる貴社貴店の御活躍を、今後篤と楽しみに拝見させていただきます。

　折あらば是非一度貴店に御邪魔し、美味を堪能したく存じます。

　まずは書中略儀ながら、海外御出店の御慶びを申し上げます。

謹白

23－2　返信（お礼）

模　範　文　例

謹復　酷寒の砌①益々御多祥②の段③御慶び申し上げます。当方こそ御無沙汰致し、心より御詫び申し上げます。

　さて、この度は台湾出店の事が御高聞に達し④、早速御懇切⑤なる御祝い、御鞭撻⑥の玉章⑦を賜り、厚く御礼申し上げます。

　御賢察⑧の通り彼の地⑨は名にし負う⑩美食の聖地故、一部には蛮勇⑪との声もございましたが、この程の出店に際しましては、歳月をかけ慎重に準備を重ね、自信を以て営業開始に漕ぎ着けました。

　無論アジアの地には他にも、候補地は何箇所かございましたが、

易きに流れる⑫を戒め、敢えて難関に挑む事にこそ、当社の未来が在ると考えた次第でございます。

　成功からも失敗からも貪欲に学べが当社の社是です。台湾出店の成否にかかわらず、当社は前進する所存ですので、何卒末長く御引き立てを賜りますようくれぐれも宜しく御願い申し上げます。

　この度の御祝い状の身に余る光栄に対しまして、寸書略儀失礼ながら、深甚⑬の感謝の念を御伝え申し上げます。恐惶謹言⑭

語句の解説

① 「砌」は、ちょうどその時。

② 「多祥」は、幸いが多いこと。

③ 「段」は、〜とのこと。

④ 「高聞に達し」は、相手の耳に届くということを、敬っていう言い方。

⑤ 「懇切」は、行き届いて親切なこと。

⑥ 「鞭撻」は、ムチ打つこと。励ますこと。

⑦ 「玉章」は、相手の手紙を敬っていう言い方。

⑧ 「賢察」は、相手の推察を敬っていう言い方。

⑨ 「彼の地」は、あの場所。

⑩ 「名にし負う」は、その名とともに評判の高い。

⑪ 「蛮勇」は、向こう見ずの勇気。

⑫ 「易きに流れる」は、楽で容易な方を選ぶこと。

⑬ 「深甚」は、気持ちがとても深いこと。

⑭ 「恐惶謹言」は、四字結語。武家時代から明治、大正、昭和まで使われていた、改まった印象の強い結語。恐縮して謹んで申し上げました、という意味。

第3章 祝い状＆返信　165

24−1　社員食堂の開設祝い

一 般 的 な 文 例

謹啓　初夏の候ますますご勇健のことと、お慶び申し上げます①。

さて、以前から②ご計画の貴社食堂が、この程ご完成と伺い③、心からお祝い致します④。

日頃、社員の皆様方のご健康こそが、社業発展の原動力との持論をお持ちの鈴木様ですから、今回の食堂の実現は、さぞかしご満足のことと存じます⑤。

伺う所によれば⑥、日々のメニュー作りに常駐される栄養士の方は、すでに何冊ものご著書があり、ご実績も格別豊富で、鈴木様のご健康の管理にも長く関わっているとのことですから、信頼してご登用されたものと思われます⑦。

そして⑧、社員の皆様個々人の食事のデータを蓄積し、栄養バランスの管理調整に利用されると拝聞し、これこそ社員ファーストの企業の理想と⑨、心よりご賞賛⑩申し上げる次第です。

貴社食堂ご開設をきっかけにして、貴社が尚一層のご発展をなさるようご祈念申し上げます⑪。

次回貴社に伺った際は、食堂を拝見したく存じますので、ご案内賜りますようお願い申し上げます⑫。

先ずはお祝い申し上げます⑬。　　　　　　　　　謹白

166　　　第3章　祝い状＆返信

格上げのポイント

① 　時候の挨拶をさらに改まった印象にするために、「初夏の候尊堂には益々御勇健の御事、御慶び申し上げます」などとします。下線部が補足、改変箇所です。あなた様という意味の「尊堂」＝二人称代名詞は、一般に手紙では省略するのがスマートで、敬意も増すとされますが、あえて殊更に「尊堂」などと名指し、尊敬の意を強調するのが効果的な場合もあります。「ますます」を「益々」、「ご」を「御」と漢字にするのも、改まった印象を強めるためです。

② 　「以前から」を「かねてより」とし、格式を上げます。

③ 　改まった印象を強めるために、「ご完成と伺い」を「愈々御完成の由承り」とします。「由承り」は、～とのことを伺い、という意味。

④ 　この部分は、「御慶祝の極みと存じ上げます」と変え、少々大げさに言って祝意を強めるのが効果的です。「慶祝」は、喜び祝うこと。

⑤ 　この部分をさらに改まった印象にするために、「平素、企業存立の紛れなき礎である、社員の皆様方の御健康こそが、御社業御発展の原動力との御持論を御持ちの尊堂故、今回の貴社食堂の御実現は、定めし御満足の事と拝察致します」と変えます。下線部が補足、改変箇所です。「平素」は、日頃、という意味の改まった言い方。「企業存立の紛れなき礎である、」は、新規挿入句です。あえて大仰な言い方をして、格式を高め敬意を強めます。「御社業御発展」は、「御」が多い気もしますが、格上げ手紙にはふさわしい場合もあります。「定めし」は、さぞかし。これも格上げ表現です。「拝察」は、推測することをへりくだっていう言い方。

⑥ 　ここを丁寧に言うと、「伺う所によりますれば」となります。

⑦ 　ややそっけない印象なので、格式のレベルを次のように上げます。「尊堂の御健康の管理についても、すでに長く関わっていらっしゃ

第3章　祝い状&返信　　　167

るとのことですから、全幅の信頼を以て御登用されたものと存じ上
げます」。下線部が補足、改変箇所です。「全幅」は、ありったけの、
という意味。「以て」は、〜によって、という意味。

⑧　「そして」より「さらに」のほうが、やや改まった印象になりま
す。

⑨　ここは、「まさに企業の理想ここに極まれり」などとしたほうが、
より格調高い雰囲気になります。

⑩　「賞賛」の代わりに、あまり見慣れない「称揚」という言葉を用
い、新鮮な敬意を表現します。「称揚」は、価値を認めてほめたたえ
ること。

⑪　この部分は、月並みな印象なので、「貴社食堂御開設を機に、貴社
におかれましては、層一層の御発展を遂げるものと確信致します」
とし、力強い敬意を表現します。「層一層」は、さらに一段と。もっ
ともっと。「祈念」よりも「確信」のほうが、力強い敬意が伝わりま
す。「祈念」は、願いごとを祈って、その達成を念ずること。

⑫　ここはやや敬意不足の感があるので、「次回貴社に参上致しまし
た際は、是非食堂を拝見したく存じます故、御手数ですが御案内賜
りますよう御願い申し上げます」などとします。下線部が補足、改
変箇所です。

⑬　そっけない締めくくりなので、「先ずは略儀寸書にて御祝い迄申
し述べます」とします。

☆　「一般的な文例」にある、敬意を強めるために用いた「お」「ご」
は、格上げの際には「御」に変更しました。「御」を用いるほうが、
改まった印象や格式の高さを強調するのに効果的だからです。

格上げ後の文例

謹啓　初夏の候尊堂には益々御勇健の御事、御慶び申し上げます。

さて、かねてより御計画の貴社食堂が、この程愈々御完成の由承り、御慶祝の極みと存じ上げます。

平素、企業存立の紛れなき礎である、社員の皆様方の御健康こそが、御社業御発展の原動力との御持論を御持ちの尊堂故、今回の貴社食堂の御実現は、定めし御満足の事と拝察致します。

伺う所によりますれば、日々のメニュー作りに常駐される栄養士の方は、すでに何冊もの御著書があり、御実績も格別豊富で、尊堂の御健康の管理についても、すでに長く関わっていらっしゃるとのことですから、全幅の信頼を以て御登用されたものと存じ上げます。

さらに、社員の皆様個々人の御食事のデータを蓄積され、栄養バランスの管理調整に利用されると拝聞致し、まさに企業の理想ここに極まれりと、心より御称揚申し上げる次第です。

貴社食堂御開設を機に、貴社におかれましては、層一層の御発展を遂げるものと確信致します。

次回貴社に参上致しました際は、是非食堂を拝見したく存じます故、御手数ですが御案内賜りますよう御願い申し上げます。

先ずは略儀寸書にて御祝い迄申し述べます。　　　　　謹白

第3章　祝い状＆返信　　　169

24－2　返信（お礼）

模　範　文　例

謹復　薄暑の季節と相成り①愈々御清穆②の由御同慶に存じ上げます。

　さて、此度は弊社の瑣末③な出来事が御高聞に達し④、御懇ろにも⑤早々に御祝詞⑥の御厚情⑦に預かり⑧、恐懼⑨感激とは正にこの事と存じます。

　社員の中には栄養満点の愛妻弁当を持参する者や、自身手ずからの弁当で昼食の充実を図る者も居りますが、大半は偏りの多い外食や近隣のコンビニエンスストアでの軽食の購入が目立ち、現状のままでは社員の健康は益々危ういものとなり、ひいては弊社の企業としての健康も、今後大いに危ぶまれるのではないかと危機感を覚えていた次第です。

　信頼できる管理栄養士の登用のみならず、日本一美味なる社員食堂を目指すことにより、社員の食への関心を高め、食と健康との関係の重要さを意識づけ、よりよい企業経営の礎を強固にしたいと願っております。

　次回御賁臨⑩賜りました節は、必ず食堂に御招き致しますので、弊社自慢のメニューを存分にお楽しみいただきたいと存じます。

　先ずは早々の御祝章⑪に対しまして深甚⑫の感謝を申し上げます。
　　　　　　　　　　　　　　　　　　　　　　　　　　　　拝具

第3章 祝い状＆返信

語 句 の 解 説

① 「相成り」は、なる、の改まった言い方。

② 「清穆」は、相手の幸福や健康。

③ 「瑣末」は、ささいなこと。

④ 「高聞に達し」は、相手が聞くことを敬っていう言い方。

⑤ 「懇ろにも」は、親切でご丁寧にも。

⑥ 「祝詞」は、お祝いの言葉。

⑦ 「厚情」は、手厚い情。

⑧ 「預かり」は、目上から〜していただく。

⑨ 「恐懼」は、非常におそれかしこまること。

⑩ 「賁臨」は、来てもらうことを敬っていう言い方。

⑪ 「祝章」は、お祝いの手紙。

⑫ 「深甚」は、非常に程度が深いこと。

第3章　祝い状＆返信　　171

25−1　栄転祝い

一 般 的 な 文 例

拝啓① 　時下②ますますご躍進の由③お喜び④申し上げます。

　さて、この度は貴社○○支店支店長にご栄転の由、慶賀の至り⑤と存じ上げ、心からお祝い申し上げます。

　東京本社ご在勤中は、公私隔てなく格別のご厚情を賜り、改めて心からの感謝を申し上げます⑥。

　幸い○○には当社の営業所もあり、今後も何かとお世話になることと存じますので、末長いご交誼を賜りますよう⑦くれぐれも宜しくお願い申し上げます。

　新任地においてもご健康には十分ご注意のうえ、なお一層ご活躍されるよう⑧心から祈念しております。

　まずは一言お祝い申し上げます⑨。　　　　　　　　敬具⑩

格上げのポイント

① 　「拝啓」より改まった頭語「謹啓」を用います。

② 　「時下」とは目下、只今という意味です。失礼ではありませんが、それだけではそっけない印象があるので、「時下秋冷の砌」などと、より丁寧に始めます。「砌」は、ちょうどその頃、という意味。

③ 　「由」は、〜とのこと、という意味です。より厳粛な雰囲気を醸すために、「御事」を使用します。

④ 　「お喜び」より改まった印象になる「御慶祝の至り」にします。

⑤ 　「慶賀の至り」よりさらに改まった信愛の気持ちを示すために、

「御同慶この上なし」を利用します。

⑥　あっさりとした表現なので、「格別の御懇情に浴し、一方ならぬ御指導を賜りましたことは望外の幸福と、改めて深謝申し上げます」と、少々大げさなぐらいに丁寧を極めます。

⑦　この部分も比較的淡泊な表現なので、「何卒末長い御交誼、御教示を賜りますよう」などとして、丁寧さを増します。

⑧　このような一般的な表現ではなく、「一層辣腕をふるわれ」など、大きな期待を表明すると、より敬意のこもった挨拶になります。「辣腕」は、すご腕、という意味。

⑨　この部分は、丁寧さがやや不足しているので、「とりあえず一言書中にて御祝い、御慶びを申し上げます」に変えます。

⑩　「拝啓」を「謹啓」に変えたので、「敬具」は「謹白」とします。「謹言」「敬白」でもかまいません。ちなみに「白」には、申し上げるという意味があります。「告白」「自白」にも使われています。

☆　「一般的な文例」にある、敬意を強めるために用いた「お」「ご」は、格上げの際には「御」に変更しました。「御」を用いるほうが、改まった印象や格式の高さを強調するのに効果的だからです。

格上げ後の文例

謹啓　時下秋冷の砌愈々御多祥にして御躍進の御事御慶祝の至りと存じ上げます。

　さて、この度は貴社○○支店支店長に御栄転と承り、御同慶この上なしと存じ上げ、心より御祝いを申し上げます。

　東京本社御在勤中は、公私隔てなく格別の御懇情に浴し、一方ならぬ御指導を賜りましたことは望外の幸福と、改めて深謝申し上げます。

第3章　祝い状&返信　　173

　幸い○○には当社の営業所もあり、貴社との連携も密になる模様ですので、今後も引き続き何かと御支援を仰ぐことになると存じます。何卒末長い御交誼、御教示を賜りますようくれぐれも宜しく御願い申し上げます。

　新任地におかれましても御健康には御余念なく、なお一層辣腕をふるわれ、貴社のさらなる御発展に御尽力くださいますよう御祈念申し上げる次第です。

　とりあえず一言書中にて御祝い、御慶びを申し上げます。

謹白

25-2　返信（お礼）

模　範　文　例

御書状有難く拝受致しました①。

　例年にない涼しさにもかかわりませず、益々御盛業②の段③大慶至極④に存じ上げます。今回の意外なる転勤に際しましては、早々に御懇篤⑤なる御祝詞⑥並びに格別な御激励を賜り深謝申し上げます。

　いささかの経験あるのみにて、非才無能なる故、激戦の地において数百名を率いる任務は、文字通りの大任と申せますが、鋭意⑦職務に精励⑧致し、各方面の御期待に違わぬ成果を上げる所存⑨ですので、何卒今後とも従前通り⑩の御支援、御叱りなどを賜りますよう、くれぐれも宜しく御願い申し上げる次第です。

174　第3章　祝い状＆返信

　　早速参堂⑪致し万々⑫御礼申し上げるべきところではござい
ますが、何分⑬転勤早々にて何かと忙殺されて居ります故略儀
ながら取り敢えず書面を以て御礼申し上げます。　　　　敬白

語 句 の 解 説

① 　「拝復」「謹復」などで始める方法もあるが、このような書き出し
でも、十分改まった敬意が伝わる。

② 　「盛業」は、事業盛んな様子。「清栄」でもかまわない。

③ 　「段」は、〜とのこと、という意味。

④ 　「至極」は、極致。最高の状態という意味。

⑤ 　「懇篤」は、心がこもっていて手厚い様子。

⑥ 　「祝詞」は、のりと、ではなく、お祝いの言葉、という意味。

⑦ 　「鋭意」は、真剣に取り組む様子。

⑧ 　「精励」は、一生懸命努力すること。

⑨ 　「所存」は、考え。

⑩ 　「従前通り」は、これまで通り。

⑪ 　「参堂」は、相手の家を訪問することの尊敬表現。

⑫ 　「万々」は、いろいろ。

⑬ 　「何分」は、なにしろ、という意味。

第3章　祝い状&返信　175

26－1　受賞祝い

一般的な文例

拝啓　時下益々のご清勝慶賀致します①。

　さて、今朝小耳に挟み調べたところ、コンクールで大賞を受賞したと知り、大慶の至りと存じます②。

　すでにご趣味のレベルではなく③、銀座の画廊で何度も④個展を開かれ、有名な⑤絵画批評雑誌にもご紹介されるなど、ご活躍の模様は以前から聞いて⑥おりましたが、今回また○○絵画特別展にて見事大賞の栄冠に輝かれたことは⑦、さぞかし⑧ご満足の事⑨と、お慶びを申し上げます⑩。

　○○美術館において、来月までご作品⑪が展示中とのことですので、是非傑作に親しみ⑫、濁った俗心を洗い流したく存じます。

　今後益々ご多忙になると拝察致します。ご自愛の上、尚一層ご活躍くださるようお願い申し上げます⑬。

　略儀ご無礼ながら、卑簡によりご受賞のお祝いのみ申し上げます。
　　　　　　　　　　　　　　　　　　　　　　　　　敬白

格上げのポイント

① 　頭語と時候の挨拶が敬意不足なので、「粛啓　時下新緑の時節となり益々御清勝の御事慶賀仕ります」とします。下線部が補足、改変箇所です。「粛啓」は、謹んで申し上げます。「時下」は、目下。「清勝」は、健康で元気なこと。「御事」は、～のこと、を敬っている言い方。「仕り」は、致します、という意味の改まった言い方。

176　第3章　祝い状&返信

② 敬意不足の印象が強いので、「さて、今朝仄聞、早速確認致し、貴方様の御手中に大賞愈々帰したる由承り、大慶の至りと存じ奉ります」とします。下線部が補足、改変箇所です。「仄聞」は、人づてに薄々聞くことを、改まっていう言い方。「由承り」は、～とのことを伝え聞き、ということを、改まっていう言い方。「奉り」は、～申し上げます、という敬意を込めた言い方を作る言葉。

③ ここは、「既に余技の域を超え」と、格調高い言い方に変えます。

④ 「で何度も」を「において幾度も」と、より丁寧に言い換えます。

⑤ 「有名な」より「高名な」のほうが、品格が高まります。

⑥ 「以前から聞いて」は、「夙に拝聞して」とし、格調を上げます。

⑦ 「輝かれたことは」を「輝かれましたことは」とします。「輝かれましたことは」は、過剰敬語気味ですが、より丁寧な印象が求められる格上げの手紙では、効果的な場合もあります。

⑧ 「さぞかし」は、同じ意味の改まった言い方、「定めし」に変えます。

⑨ 「事」を「御事」とし、敬います。

⑩ 月並みな祝意なので、「満腔の祝意とともに限りなき御慶びを申し上げます」とし、力強い敬意を差し向けます。「満腔」は、体中の、という意味。

⑪ 単に「ご作品」というだけでは物足りないので、「貴方様の大賞御受賞の御作品」とし、改めて賞賛の念を伝えます。

⑫ 「是非傑作に親しみ」では、いささか物足りない印象なので、「是非是非目の保養に伺い、美しい風景画の御傑作に親しみ」などと飾り立て、敬意を強く表現します。

⑬ この部分を、さらに格上げするには、「御重責に加え今後は絵画の御注文も増加し、益々御多忙が募る事と拝察致します。何卒千万御自愛の上、尚一層御活躍くださりますよう御願い申し上げます」な

第3章 祝い状&返信　　　　177

どとします。下線部が補足、改変箇所です。受賞を機に絵画の注文
が増えるでしょうなどとあえて推測すると、喜ばれます。「千万」と
は、この上なく甚だしいこと。ここでは、念には念を入れて、とい
う程の意味。

☆　「一般的な文例」にある、敬意を強めるために用いた「お」「ご」
は、格上げの際には「御」に変更しました。「御」を用いるほうが、
改まった印象や格式の高さを強調するのに効果的だからです。

格上げ後の文例

粛啓　時下新緑の時節となり益々御清勝の御事慶賀仕ります。
　　さて、今朝仄聞、早速確認致し、貴方様の御手中に大賞愈々
帰したる由承り、大慶の至りと存じ奉ります。
　　既に余技の域を超え、銀座の画廊において幾度も個展を開かれ、
高名な絵画批評雑誌にも御紹介されるなど、御活躍の模様は夙に
拝聞しておりましたが、今回また○○絵画特別展にて見事大賞の
栄冠に輝かれましたことは、定めし御満足の御事と、満腔の祝意
とともに限りなき御慶びを申し上げます。
　　○○美術館において、来月まで貴方様の大賞御受賞の御作品が
展示中とのことですので、是非是非目の保養に伺い、美しい
風景画の御傑作に親しみ、濁った俗心を洗い流したく存じます。
　　御重責に加え今後は絵画の御注文も増加し、益々御多忙が
募る事と拝察致します。何卒千万御自愛の上、尚一層
御活躍くださりますよう御願い申し上げます。
　　略儀御無礼ながら、卑簡により御受賞の御祝いのみ申し上げ
ます。　　　　　　　　　　　　　　　　　　　　　　敬白

178　　　　　第3章　祝い状&返信

26-2　返信（お礼）

模 範 文 例

謹復　この度は小生の私事が憚りながら①御目に留まり、早速
御丁重②なる御祝章を蒙り③、万々④拝謝⑤申し上げます。

　長男故に家業の引き継ぎは必定の事にて、実業の世界に身を
投じましたが、絵画は幼少より親しみ、画家の道を模索した
青春期もございました。その後壮年期、すっかり絵筆から離れ
職務に勤しむ日々を経て、数年前より休日を利用して郊外の
自然の中日がなキャンバスに向かい、ミレーなど、バルビゾン派に
似た静謐⑥な空間が描ければと精進を重ねてまいりました。

　かような宿年⑦の希望が実を結び、今回の受賞につながり
ました事は、誠に喜ばしく、望外⑧の幸せと申し上げることが
できます。

　まさに欣喜雀躍⑨の最中、御芳情溢れる御祝章を賜り、層一層⑩
慶びが増し、御礼の言葉も探しあぐねる程でございます。

　展示中の○○美術館に御越しの際は、是非御声を御掛け下さい
ませ。御案内と御説明などさせていただきとう存じます。

　先ずは本状を以て深甚⑪の感謝を申し述べます。　　　　頓首

語 句 の 解 説

①　「憚りながら」は、恐縮ですが。

②　「丁重」は、礼儀正しく、注意が行き届いて、態度が丁寧な様子。

③　「蒙り」は、いただく。

第3章　祝い状＆返信　　179

④　「万々」は、十分に。よくよく。

⑤　「拝謝」は、心から感謝すること。

⑥　「静謐」は、静かで安らかなこと。

⑦　「宿年」は、多年。積年。

⑧　「望外」は、望んでいた以上に良いこと。

⑨　「欣喜雀躍」は、雀が踊るように、小躍りするほど大喜びをすること。

⑩　「層一層」は、一層を強めて言う語。さらに一段と、もっともっと、という意味。

⑪　「深甚」は、気持ちが非常に深いこと。

27-1 叙勲祝い

一般的な文例

急啓① ②③④今朝新聞紙上で、保土ヶ谷様の旭日単光章の
ご受章を知り、取り急ぎごあいさつを⑤申し上げます。

　保土ヶ谷様はこれまでにご事業に精励され⑥、県下随一の
企業に育て上げ⑦、しかもご自身の会社だけでなく、業界全体の
ご振興にも献身され、当県の発展に寄与されたご功労は⑧、
県下万人の称揚するところですが⑨、この度ご受章という国の
ご栄誉を受けたことは実に素晴らしく⑩、謹んでお祝いを申し
上げます。

　常々保土ヶ谷様にはご厚情をいただいており、恐縮するばかり
です⑪。ご受章により、さらに高いご声望を得られた今後は⑫、
ますますご指導いただくことが恐れ多く思いますが⑬、どうか
これまで同様に、特別なお力添えをくださるよう、心からお願い
致します⑭。

　鮮やかな緑が目にしみる好季節となりましたが⑮、どうぞ
お体には十分お気をつけになって⑯、当県のために、日本全体の
ために、すばらしいお力をますます発揮してくださることを
ご期待致します⑰。

　ふつつかですが、ご受章のお祝いを一言申し上げます⑱。

不一⑲

第3章　祝い状&返信　　　181

格上げのポイント

① 　たとえ急な挨拶であっても、改まったお祝い状ですから、「謹啓」で始めます。「急啓」を使って慌ただしい印象を伝えるのは、好ましくありません。

② 　頭語の後には時候を伝え、安定した書礼を保ちます。「新緑の砌」などを入れます。

③ 　時候の後には、相手の様子についての挨拶、そして自分の近況などを伝え、オーソドックスに展開します。「益々御清栄の御事御慶び申し上げます。降って小生その後も大過なく消光、他事ながら御放念くださいませ」などと入れます。「降って」は、前文で自分についての挨拶を伝えるときに、「あなた様の位置より一段降りて敬意を示し」という意味で使います。「御事」は、「～とのこと」を丁寧に尊敬を込めていう言い方。「他事ながら御放念くださいませ」は、人ごとで関心はないとは思いますが、お気づかいなくお忘れください、という意味。

④ 　ここに、「さて、」を入れ、挨拶を始めます。

⑤ 　さらに改まった印象にするために、「栄えある御受章の報に接し、取り急ぎ謹んで御挨拶を」とします。下線部が挿入、改変箇所です。「栄えある」は、輝かしい名誉がある、という意味。

⑥ 　ここに、下線部の語句を挿入すると、さらに敬意のこもった印象になります。「保土ヶ谷様はこれまでに、御身命を賭して御事業に精励され」。「身命を賭す」は、命を投げ出して努力すること。

⑦ 　「育て上げ」を「育て上げられ」として、丁寧さをワンランク上げます。

⑧ 　この部分は、「献身されるなど、八面六臂の御活躍によりまして、当県の発展に寄与されました御功労は特筆に値し」として、敬意を

182 第3章 祝い状&返信

さらに力強く伝えます。下線部が挿入、改変箇所です。「八面六臂（はちめんろっぴ）」
は、一人で多方面にわたる、または何人分もの、働きをすること。
「特筆に値し」は、特別に取り上げて書くほどの値打ちがある、と
いう意味。

⑨　さらにここを、改まった印象にするためには、「県下万人が格別に
御称揚申し上げるところではございますが」とします。下線部が挿
入、改変箇所です。「称揚」は、その価値を認めて、ほめたたえるこ
と。

⑩　多少そっけない印象なので、「この度の国が認めるところの御栄
誉の御受章によりまして、更に保土ヶ谷様の御真価が広く世に知れ
渡りますことは実に素晴らしく」とします。下線部が挿入、改変箇
所です。

⑪　月並みな印象なので、ここを次のように変え、尊敬の度合いを高
めます。「御厚情を賜り、恐縮至極に存じます」。下線部が補足、改
変箇所です。

⑫　ここを、「一層誉れ高い御声望を得られました今後は」に変え、か
しこまった印象を強めます。下線部が補足、改変箇所です。「誉れ」
は、評判の良いこと。「声望」は、世間の良い評判。

⑬　この部分は、敬語表現のグレードを上げます。「更に御指導賜り
ますことが恐れ多く存じますが」とします。下線部が挿入、改変箇
所です。

⑭　かしこまった印象を強めるために、この部分を、「何卒従前同様、
特別な御力添えを蒙りますよう、切に御願い申し上げます」と変え
ます。下線部が、挿入、改変箇所です。「何卒」は、どうか。「従前」
は、以前から今まで。「蒙る」は、〜していただく。「切に」は、心
から、という意味。

⑮　時候の挨拶は定式通りに、②で示したように、頭語の後に入れま
す。

第3章　祝い状&返信　　183

⑯　月並みな表現なので、格上げします。「今後は一層御身御大切に
なさって」とします。

⑰　幾分僭越な印象なので、ここは、「更なる御力を益々御発揮賜りま
すよう御懇願申し上げます」と変えます。「懇願」は、強く頼み願う
こと。

⑱　締めくくりの敬意の程度を、今少し上げます。「不束に存じます
が、御受章の御祝いを一言申し上げます」。下線部が、改変箇所です。

⑲　ここは、①で示した「謹啓」に呼応するように、「謹白」などとし
ます。

☆　「一般的な文例」にある、敬意を強めるために用いた「お」「ご」
は、格上げの際には「御」に変更しました。「御」を用いるほうが、
改まった印象や格式の高さを強調するのに効果的だからです。

格上げ後の文例

謹啓　新緑の砌益々御清栄の御事御慶び申し上げます。
　降って小生その後も大過なく消光、他事ながら御放念ください
ませ。
　さて、今朝新聞紙上で、保土ヶ谷様の旭日単光章の栄えある
御受章の報に接し、取り急ぎ謹んで御挨拶を申し上げます。
　保土ヶ谷様はこれまでに、御身命を賭して御事業に精励され、
県下随一の企業に育て上げられ、しかも御自身の会社のみならず、
業界全体の御振興にも献身されるなど、八面六臂の御活躍により
まして、当県の発展に寄与されました御功労は特筆に値し、県下
万人が格別に御称揚申し上げるところではございますが、この度の
国が認めるところの御栄誉の御受章によりまして、更に
保土ヶ谷様の御真価が広く世に知れ渡りますことは実に

素晴らしく、謹んで御祝いを申し上げます。

　常々保土ヶ谷様には御厚情を賜り、恐縮至極に存じます。御受章により、一層誉れ高い御声望を得られました今後は、更に御指導賜りますことが恐れ多く存じますが、何卒従前同様、特別な御力添えを蒙りますよう、切に御願い申し上げます。

　今後は一層御身御大切になさって、当県のために、日本全体のために、更なる御力を益々御発揮賜りますよう御懇願申し上げます。

　不束に存じますが、御受章の御祝いを一言申し上げます。

謹白

27－2　返信（お礼）

模　範　文　例

　謹復　この度は受章につきまして、図らずも①御高聞に達し②、恐縮のほかございません。御懇切③なる御祝章④を頂戴し、衷心より⑤感佩⑥申し上げる次第です。

　さしたる手柄なくも、年嵩⑦を増すことにより、御褒美をいただけるのが我が国の長所であり短所であり、今回の事は正に本人望外⑧の春の椿事⑨と申し上げる事が出来ます。

　とは申せ、真に御功労ある皆様方と同席する事となりましたので、今後は受章の栄誉に見合う献身、専心⑩を、我が県に対しまして、ひいては我が国に対しまして、御誓い申し上げる所存⑪です。

第3章　祝い状＆返信　　185

　就きましては、引き続き御懇篤⑫なる御支援、御鞭撻⑬を幾久しく⑭賜りますよう、くれぐれも宜しく御願い申し上げます。
　拝趨⑮の上万々⑯御礼すべきとは存じますが、取りあえず寸書⑰にて満腔⑱の謝意を、かくの如く⑲申し上げます。頓首

語 句 の 解 説

①　「図らずも」は、思いがけないことに。

②　「高聞に達し」は、お聞きになり。「高聞」は、その人が聞くことを敬っていう語。

③　「懇切」は、行き届いて親切なこと。

④　「祝章」は、お祝いの文章、お祝い状のこと。

⑤　「衷心より」は、心より、という意味の改まった言い方。

⑥　「感佩」は、心から感謝して忘れないこと。

⑦　「年嵩」は、年齢。

⑧　「望外」は、望んでいた以上に良いこと。

⑨　「椿事」は、思いがけない大変な出来事。

⑩　「専心」は、その事に心を集中して行うこと。専念。

⑪　「所存」は、考え。

⑫　「懇篤」は、心がこもっていて手厚いこと。

⑬　「鞭撻」は、ムチ打つこと。励ますこと。

⑭　「幾久しく」は、いつまでも、を丁寧にいう言い方。

⑮　「拝趨」は、急ぎ伺うこと。

⑯　「万々」は、程度が甚だしい様子。

⑰　「寸書」は、自分の手紙をへりくだっていう言い方。

⑱　「満腔」は、体中の、の意。

⑲　「かくの如く」は、この通り、を改まっていう言い方。

186　　　　第3章　祝い状&返信

28-1　誕生祝い（還暦祝い）

一 般 的 な 文 例

謹啓　菊花の候いよいよご健勝にて、来月十日にご還暦のお祝いを
お迎えになるとのこと、おめでたい限りです①。

　田川様にはいつもお世話になり②、お礼の申し上げようも
ございません。長年ご郷里の村会議員として全力を尽くされ
ながら③、当市商工会の相談役としてもご活躍され、
さらには、小生を始めとする○○商店会の振興に関して貴重な
ご指南を常々くださり④、その上⑤同商店会ゴルフコンペの
運営委員長としても長年お力添えいただく⑥など、そのご親切は
数えきれず⑦、正に公私にわたる縦横無尽のご活躍には、敬服する
ばかりです⑧。

　今や当市、当商店会、そして何よりも小生にとりまして、
欠かせない方で⑨、当市市民の信望を一身に集められていらっしゃる
田川様が、今回のご還暦を機に⑩、益々のご清祥を得られます
ことを、心より願います⑪。

　別便わずかですがお納めください⑫。

　先ずはお祝いまで申し述べます⑬。　　　　　　　　　　謹言

格上げのポイント

① 時候から本文冒頭にかけてを、より格調高く表現するには、「菊花
傲霜の候弥々御健勝、来る来月十日を以て御還暦の賀を御迎えにな
る由拝聞致し、御慶祝の極みと存じ上げます」などとします。「菊花

傲霜」は、菊の花に盛んに霜がつくこと。晩秋の頃。「いよいよ」は「弥々」に、「とのこと」は「由拝聞致し」に、「おめでたい限り」は「御慶祝の極み」とします。

② 　ここもさらに格調を高めるために、「平素より、種々御世話になり」とします。「平素」は、いつも。「種々」は、いろいろ。

③ 　重厚感を加えるために、ここを、「多年御郷里の御村治に御尽瘁になられる傍ら」とします。「多年」は、長年。「村治」は、村を治めること。「尽瘁」は、自分の労苦を顧みることなく、全力を尽くすこと。「傍ら」は、その合間に。

④ 　この「くださり」を丁寧に言うには、「忝く」とします。「忝く」は、恐れ多くも〜していただく、という意味。

⑤ 　「その上」を「加えて」にすると、多少改まった印象になります。

⑥ 　この「いただく」を「預かる」にすると、新鮮な印象が加わり、敬意が増します。「預かる」は、目上からのおほめや志を受けること。

⑦ 　「そのご親切は数えきれず」を格上げするには、「その御高配の数々、枚挙に遑なく」とします。「枚挙に遑ない」は、数えるときりがない、という意味。

⑧ 　「敬服するばかりです」をやや新鮮な表現にするには、「敬服のほかございません」などとします。「〜のほかない」は、〜せざるを得ない、という意味。

⑨ 　「欠かせない方で」は、やや敬意不足なので、「欠くべからざる御方であり」とします。

⑩ 　ここはより丁寧にするために、「今回の御還暦の御慶賀を機に」とします。下線部が、補足、改変箇所です。

⑪ 　「心より願います」を「心より願い上げる次第に存じます」とします。「次第」は、〜というわけ、という意味。丁寧な印象を強める効果があります。

188　　　第3章　祝い状＆返信

⑫　ここは、「別便些少ですが御祝いの御印故、御笑納くださいませ」
とし、丁寧を極めます。下線部が補足、改変箇所です。「些少」は、
取り立てて言うほどでもなく、わずかなこと。「印」は、象徴。「笑
納」は、贈物を渡すとき、つまらないものですが笑って受け取って
くださいという気持ちで使う語。

⑬　「先ずはお祝いまで申し述べます」はそっけない印象なので、「先
ずは略儀ながら本状を以て、御誕辰の御祝いまで申し述べます」な
どと締めくくります。下線部が補足、改変箇所です。「略儀」は、略
式。「誕辰」は、誕生日。

☆　「一般的な文例」にある、敬意を強めるために用いた「お」「ご」
は、格上げの際には「御」に変更しました。「御」を用いるほうが、
改まった印象や格式の高さを強調するのに効果的だからです。

格上げ後の文例

　謹啓　菊花傲霜の候弥々御健勝、来る来月十日を以て御還暦の
賀を御迎えになる由拝聞致し、御慶祝の極みと存じ上げます。
　田川様には平素より、種々御世話になり、御礼の申し上げようも
ございません。多年御郷里の御村治に御尽瘁になられる傍ら、
当市商工会の相談役としても御活躍賜り、さらには、小生を
始めとする〇〇商店会の振興に関して貴重な御指南常々忝く、
加えて同商店会ゴルフコンペの運営委員長としても長年御力添え
に預かるなど、その御高配の数々、枚挙に遑なく、正に公私に
わたる縦横無尽の御活躍には、敬服のほかございません。
　今や当市、当商店会、そして何よりも小生にとりまして、
欠くべからざる御方であり、当市市民の信望を一身に集められて
いらっしゃる田川様が、今回の御還暦の御慶賀を機に、益々の

第3章　祝い状&返信　　189

御清祥を得られますことを、心より願い上げる次第に存じます。

　別便些少ですが御祝いの御印故、御笑納くださいませ。

　先ずは略儀ながら本状を以て、御誕辰の御祝いまで申し述べます。　　　　　　　　　　　　　　　　　　　　　　　謹言

28－2　返信（お礼）

模　範　文　例

謹復　晩秋清爽の時節御一統様①益々御清勝の御事②と存じ上げます。

　さて、この度は小生の還暦が御耳に達し、思いがけず御懇ろ③なる御祝詞④並びに結構な御祝い品を御恵送⑤賜り、感佩⑥のほかなく、謹んで御礼を申し上げます。

　空しく犬馬の齢を加ふる⑦のみにて、大過⑧なくば功績もなく、むしろ人様の御迷惑多き還暦かと心中忸怩⑨たるものがございますが、長寿の日本にあっては還暦も壮年のうちと理解致し、今後皆様より徳望を得られますよう、引き続き精進⑩を重ねる所存⑪故、末長く御見限りなきようくれぐれも宜しく御願い申し上げる次第⑫です。

　御恵贈⑬の御心尽しの御品、既に日々愛用させて頂いております。

　末筆ながら⑭感謝感激を御伝え申し上げ、右御礼の御挨拶とさせて頂きます。

　有難うございました。　　　　　　　　　　　　　　　　敬白

語 句 の 解 説

① 「御一統様」は、皆様の改まった言い方。

② 「御事」は、「事」を丁寧にいう言い方。

③ 「懇ろ」は、親切で丁寧な様子。

④ 「祝詞」は、お祝いの言葉。

⑤ 「恵送」は、人から物を送られることを敬っていう言い方。

⑥ 「感佩」は、心から感謝して忘れないこと。

⑦ 「空しく犬馬の齢を加ふる」は、無駄に年を取ること。謙遜した言い方。

⑧ 「大過」は、大きな過ち。

⑨ 「忸怩」は、深く恥じ入ること。

⑩ 「精進」は、一つのことに精神を集中して励むこと。一生懸命に努力すること。

⑪ 「所存」は、考え。

⑫ 「次第」は、〜というわけ。

⑬ 「恵贈」は、人から物を贈られることを敬っていう言い方。

⑭ 「末筆ながら」は、文末で述べる失礼を詫びる言葉。

第3章　祝い状＆返信　　　191

29－1　長寿祝い

一 般 的 な 文 例

謹啓　向寒の候いよいよご清祥のこととお喜び申し上げます①。

　村井様②にはその後ますますお元気で③、今回古希（喜寿・米寿・卒寿）のお誕生日④を迎えられ、おめでたいパーティーを開かれるとうかがい⑤、心からお祝い致します⑥。

　数十年の長い間、この業界を引っ張り⑦、偉大な業績を残し続ける一方⑧、社会活動でも⑨、世の為人の為にご尽力くださり⑩、今や文字通り功成り名を遂げ、多くの人々の信望を集められた村井様は⑪、最近は世間から離れて⑫、安らぎの日々を送られているそうで、嬉しい限りです⑬。

　今後もなお一層ご健康に過ごされ⑭、わたくしども後進に引き続き、お力添え、ご指導をくださるようお願い致します⑮。

　別封の品お祝いの印までに⑯、お送り致しますので、お納めください⑰。

　取り敢えず本状にてお祝いのご挨拶まで申し述べます⑱。

謹白

格上げのポイント

① 　時候の挨拶を改まった印象にするためには、「向寒の砌愈々御清祥の段賀し奉ります」などとします。下線部が、変更、補足箇所です。「砌（みぎり）」は、ちょうどその時。「いよいよ」を「愈々」、「ご」を「御」などと、あえて漢字にすることによっても、格調を高めることがで

きます。「段」は、〜とのこと。「奉り」は、〜申し上げる、をさらにワンランク高めた敬語になります。

② 相手の名前に対する敬意をさらに強く表現するには、名前を記すのではなく、「尊台」「貴台」などの人称代名詞を利用します。「台」は、相手の邸を意味します。相手を呼ぶのは恐れ多いので、相手の住まいを呼ぶことにより、敬意を強めます。

③ この部分を改まった印象にするには、「益々御健勝にて」などとします。「健勝」は健康で元気なこと。

④ 「お誕生日」は「御誕辰」と言い換えます。古風な言い方ですが、見慣れないため、フレッシュな印象を与えます。「古希」は七十歳、「喜寿」は七十七歳、「傘寿」は八十歳、「米寿」は八十八歳、「卒寿」は九十歳、「白寿」は九十九歳、「百寿」は百歳の寿賀、長寿の祝いです。

⑤ ここはいささか軽い表現なので、「目出度く賀宴を催し遊ばされる御由承り」とします。「賀宴」は、パーティーのこと。「遊ばされる」は、〜される、という意味。強い敬意を表現する言葉です。

⑥ 月並みな表現なので、もうワンランク敬意を強めるために、「慶賀の至りと存じ上げます」とします。「慶賀」は、喜び祝うこと。「至り」は、その極み、マックスな状態、という意味。

⑦ この部分はいささかぞんざいな印象なので、「数十年の長きにわたり、斯業界御牽引の原動力として」などとします。下線部が、補足、改変箇所です。「斯」は、この、という意味。

⑧ 「業績」は「御業績」と、「残し続ける一方」は、「残し続けてこられ、一方」として、敬意を丁寧に伝えます。

⑨ 「でも」は、「におきましても」とし、丁寧に言い換えます。

⑩ ここをさらに丁寧に、格調高く言い換えると、「御精励御尽瘁遊ばされ」となります。「精励」は、一生懸命努力すること。「尽瘁」は、

第3章　祝い状＆返信　　　193

全力を尽くすこと。「遊ばされる」は、〜なさる、という意味の最上級の敬語。

⑪　この部分を格上げするには、「世人数多の信望を一身に集められた尊台におかれましては」とします。下線部が補足、変更箇所です。「数多（あまた）」は、数が多いこと。

⑫　ここを、格調高く言うには、「このところは風塵を外に」とします。「風塵（ふうじん）」は、わずらわしい俗世間のこと。「外（よそ）に」は、かかわらないこと。

⑬　ここは、「御安健の日々と拝察致し、欣慶この上御座いません」とし、重厚感を持たせます。下線部が、補足、改変箇所です。「安健」は、平穏で健康なこと。「健安」とも言います。「拝察」は、推察することを、改まっていう言い方。「欣慶（きんけい）」は、喜び。

⑭　月並みな印象なので、「今後も層一層御健勝を貫かれ」とします。「層一層（そういっそう）」は、一層を強めて言う語。さらに一段と、もっともっと、という意味。「貫く」は、終わりまでやり抜く。貫徹する。

⑮　この部分は、敬意の表現の印象が薄いので、「御力添え、御指導を賜りますよう伏して願い上げる次第で御座います」とします。「伏して」は、切に願うさま。くれぐれも。謹んで。「次第」は、〜というわけ、という意味。語調を整え、丁寧で改まった印象を強めたいときに使います。

⑯　この部分をさらに丁寧に表現するには、「別封の品誠に軽少では御座いますが御祝いの御印までに」とします。下線部が、補足、改変した箇所です。

⑰　ここをさらに丁寧に言うには、「御高覧に供します故、何卒御笑納くださいませ」とします。「高覧に供し」は、見ていただくものとして、ご提供申し上げる、という意味。「笑納」は、つまらないものなので笑ってお受け取りください、という意味。納めることを謙遜していう言い方。

⑱ この表現で十分ですが、さらに格上げするには、「何れ参上親しく御祝詞を申し上げる所存で御座いますが、右取り敢えず本状にて御祝いの御挨拶まで申し述べます」とします。下線部が、挿入、改変箇所です。

☆ 「一般的な文例」にある、敬意を強めるために用いた「お」「ご」は、格上げの際には「御」に変更しました。「御」を用いるほうが、改まった印象や格式の高さを強調するのに効果的だからです。

格上げ後の文例

謹啓　向寒の砌愈々御清祥の段賀し奉ります。

　尊台にはその後益々御健勝にて、今回古希（喜寿・米寿・卒寿）の御誕辰を御迎えになられ、目出度く賀宴を催し遊ばされる御由承り、慶賀の至りと存じ上げます。

　数十年の長きにわたり、斯業界御牽引の原動力として偉大な御業績を残し続けてこられ、一方、社会活動におきましても、世の為人の為に御精励御尽瘁遊ばされ、今や文字通り功成り名を遂げ、世人数多の信望を一身に集められた尊台におかれましては、このところは風塵を外に悠々閑暇、御安健の日々と拝察致し、欣慶この上御座いません。

　今後も層一層御健勝を貫かれ、わたくしども後進に引き続き、御力添え、御指導を賜りますよう伏して願い上げる次第で御座います。

　別封の品誠に軽少では御座いますが御祝いの御印までに、御高覧に供します故、何卒御笑納くださいませ。

　何れ参上親しく御祝詞を申し上げる所存で御座いますが、右取り敢えず本状にて御祝いの御挨拶まで申し述べます。謹白

第3章　祝い状＆返信　　195

29－2　返信（お礼）

模　範　文　例

謹復　小生儀①今回古希（喜寿・米寿・卒寿）の寿賀②を迎えるに際して、早速御丁重③なる御祝詞④並びに過分⑤なる御佳品⑥を御恵贈⑦下され、唯々感佩⑧のほか御座いません。

　空しく馬齢を重ね⑨、塵芥⑩を離れ日々自適⑪に暮らすのみの老耄⑫に、かくも懇切⑬なる御祝意を御与えくださり恐懼⑭感激、衷心より⑮御礼申し上げる次第です。

　頂戴の御品、綿入れを愛用させて頂き、日々貴方様の格別なる御厚情の温かさに親しみ、心中感謝を捧げ続けたいと存じます。

　寸簡⑯にて誠に御無礼とは存じますが、略儀⑰御礼の御挨拶を申し上げる次第です。　　　　　　　　　　　　　　敬白

語　句　の　解　説

① 「儀」は、～は、という意味。格調高い言い方。
② 「寿賀」は、長寿のお祝い。
③ 「丁重」は、礼儀正しく注意も行き届き、態度が丁寧な様子。
④ 「祝詞」は、お祝いの言葉。
⑤ 「過分」は、程度が過ぎること。へりくだった言い方。
⑥ 「佳品」は、優れた品。相手からの贈り物の敬称。
⑦ 「恵贈」は、相手の贈る行為を敬っていう言い方。
⑧ 「感佩」は、心から感謝して忘れないこと。
⑨ 「馬齢を重ね」は、大したこともせず、ただ無駄に年をとること

のたとえ。

⑩ 「塵芥」は、ちり、あくた、ゴミのこと。ここでは世俗のこと。

⑪ 「自適」は、のびのびとした気持ちで楽しみながら暮らすこと。

⑫ 「老耄」は、老いぼれること。老いぼれた人。

⑬ 「かくも懇切」は、これほどにも、行き届いて親切な、という意味。

⑭ 「恐懼」は、非常に恐れかしこまること。

⑮ 「衷心より」は、心より、という意味の改まった言い方。

⑯ 「寸簡」は、自分の手紙をへりくだっていう言い方。

⑰ 「略儀」は、略式。

第3章　祝い状＆返信　　197

30－1　新築祝い

一般的な文例

拝啓　陽春の候ご家族の皆様方にはますますお元気にお過ごしのことと存じます①。
　さて、この度ご新築が完成され、おめでとうございます②。
　遠くに山並みが見え、空気が清浄で、近くにはすばらしい森や小川が流れる土地に建つ③、様々な建築様式の長所をあわせて、工夫を凝らした設計のご新居ですので④、
ご家族の皆様は、さぞかし毎日ご満足にお暮らしのことと、羨ましく思います⑤。
　そのうちお伺いしてご新邸を拝見したいと存じます⑥。
　つきましては抱一の花鳥画一服、ご贈呈申し上げます。ご笑納くださいませ⑦。
　取りあえず寸書にてお祝い申し上げます。　　　　　敬具⑧

格上げのポイント

① 　頭語、時候ともに格式と敬意が不十分なので、「謹啓　陽春の節御家族御一統様には益々御清栄の御事慶賀の至りに存じます」とします。「御一統様」は、皆様、を改まっていう言い方です。「ご」は「御」と漢字にして、謹厳な雰囲気を醸します。「お元気」は「御清栄」とします。「清栄」は、健康と繁栄。「御事」は、～とのことを丁寧にいう言い方。「慶賀」は、喜び祝うこと。

② 　そっけない印象で敬意の不足が感じられるので、「さて、かねて御

着手中の御普請が御落成となり、此の程御引き移りになられました御由承り、誠に御目出とう存じます」とします。非常に丁寧で、丁寧すぎる感じもしますが、格上げ手紙の場合は効果的です。「普請」は、土木や建築の工事。「普く人々に請う」という意味で、広く多くの人々に呼び掛けて労役に就いてもらったことに由来する言葉です。「御由承り」は、〜とのことをお伺いして、という意味。「〜由」より、さらに格上の敬意を示す表現です。「おめでとう」も「御目出とう」と漢字にすると、よりかしこまった印象になります。

③　平凡な表現なので、次のように格上げします。「遠く連山を眺め、空気清澄にして、指呼に絶佳の森、小川ある貴地に建つ」。「清澄」は、清く澄んでいること。「指呼」は、呼べばその声が届くほど近い距離。「絶佳」は、とても美しい。

④　この部分は、次のように表現を変えて、かしこまった印象を強めます。「近古建築様式の長を取り、数寄を凝らした御設計の御尊邸にて」。「数寄を凝らした」は、建物に、風流な工夫を隅々まで施すこと。「尊邸」は、相手の家の敬称。

⑤　この部分を改まった印象にするために、「御家族御一統様には、定めて御愉しみの明け暮れかと拝察申し上げ、欽羨の情抑えがたく存じ上げます」とします。「定めて」は、きっと。「明け暮れ」は、毎日。「拝察」は、推察することをへりくだっていう言い方。「欽羨」は、敬いつつうらやましく思うこと。

⑥　丁寧さが不足した印象なので、「何れ近日参上仕りゆるゆる拝観の栄を賜りたく存じます」とします。「何れ」は、そのうちに。「参上」は、お伺いすること。「ゆるゆる」は、ゆっくりと。「拝観」は、見ることをへりくだっていう語。

⑦　ここを、さらに丁寧な印象にするために、「就きましては抱一の花

第3章　祝い状＆返信　　199

鳥画一服、御粗末なる表装では御座いますが、御祝いの御印までに御贈呈申し上げます。何卒御笑納くださいませ」とします。下線部が補足、改変箇所です。「笑納」は、つまらないものなので笑ってお受け取りください、という意味。納めることを謙遜していう言い方。

⑧　ここは淡泊な印象なので、次のように変えて格上げします。「失礼ながら取りあえず寸書にて御祝意の微衷を託し、委細は拝眉の際万々申し上げます　謹言」。「寸書」は、自分の手紙をへりくだっていう言い方。「微衷」は、自分のまごころ、本心をへりくだっていう語。「委細」は、細かいこと。「拝眉」は、会うことをへりくだっていう語。「万々」は、十分に。また、「拝啓」を「謹啓」に変えたので、「敬具」を「謹言」とします。

☆　「一般的な文例」にある、敬意を強めるために用いた「お」「ご」は、格上げの際には「御」に変更しました。「御」を用いるほうが、改まった印象や格式の高さを強調するのに効果的だからです。

格上げ後の文例

謹啓　陽春の節御家族御一統様には益々御清栄の御事慶賀の至りに存じます。

　さて、かねて御着手中の御普請が御落成となり、此の程御引き移りになられました御由承り、誠に御目出とう存じます。

　遠く連山を眺め、空気清澄にして、指呼に絶佳の森、小川ある貴地に建つ、近古建築様式の長を取り、数寄を凝らした御設計の御尊邸にて、御家族御一統様には、定めて御愉しみの明け暮れかと拝察申し上げ、欽羨の情抑えがたく存じ上げます。

　何れ近日参上仕りゆるゆる拝観の栄を賜りたく存じます。

200 第3章 祝い状＆返信

　就きましては抱一の花鳥画一服、御粗末なる表装では御座い
ますが、御祝いの御印までに御贈呈申し上げます。

　何卒御笑納くださいませ。

　失礼ながら取りあえず寸書にて御祝意の微衷を託し、委細は
拝眉の際万々申し上げます。　　　　　　　　　　謹言

30－2　返信（お礼）

模　範　文　例

謹復　平素①御無音にのみ打ち過ぎ②何卒③御海容④願い上げ
ます。

　さて、この度は図らずも⑤小宅⑥新築落成について御高聞に
達し⑦、御丁重⑧なる御祝い状並びに結構なる御品を御恵贈⑨
賜り忝く⑩厚く御礼を申し上げます。

　かねて希望通りの普請致したく、種々⑪工夫を凝らしましたが、
完成の今日に至りますれば、甚だ⑫不満の点多く、結局雨露
凌ぐに足るのみの御粗末至極な住まいの完成と相成り⑬ました。

　ただ朝夕閑静なる場所に起臥⑭する幸福は格別にて、殊のほか
満足しております。

　何卒閑暇⑮の折ありますれば、その内是非一度御来遊を頂き、
御高評を仰ぎたく存じ上げます。

　右略儀⑯ながら書中を以て御礼まで⑰申し述べます。　謹白

第3章 祝い状&返信　　201

語 句 の 解 説

① 「平素」は、いつも。

② 「御無音にのみ打ち過ぎ」は、ご無沙汰ばかりして、という意味。
改まった言い方。

③ 「何卒」は、どうか。

④ 「海容」は、海のような広い心で許すこと。

⑤ 「図らずも」は、思いがけずに。

⑥ 「小宅」は、自分の家をへりくだっていう言い方。

⑦ 「高聞に達し」は、相手が耳にすることを、敬っていう言い方。

⑧ 「丁重」は、礼儀正しく注意も行き届き、態度が丁寧な様子。

⑨ 「恵贈」は、相手の贈る行為を敬っていう言い方。

⑩ 「忝く」は、身に過ぎてありがたい。

⑪ 「種々」は、いろいろ。

⑫ 「甚だ」は、非常に。

⑬ 「相成り」は、なる、の改まった言い方。

⑭ 「起臥」は、起きることと寝ること。日常の生活。

⑮ 「閑暇」は、ひま。

⑯ 「略儀」は、略式。

⑰ 「まで」は、だけ。のみ。

202　　第3章　祝い状&返信

31－1　全快祝い

一 般 的 な 文 例

謹啓　時下ようやく①春暖の訪れとなりました②。

　この度はめでたくご全快③、ご退院の由④、祝着の至りと存じ上げます。

　その後のお加減いかが⑤かと心配していました⑥が、この度ご吉報に接し、ほっとした次第です⑦。

　これは結局もともとのご丈夫なお体⑧に加え、ご家族様の手厚い看護⑨によるものと誠に敬服に堪えません。

　いうまでもなく⑩、予後が肝心ですので、当分はご無理を避け、ご養生専一にお過ごしくださりますようお願い申し上げます。

　取りあえず書中にてお祝いまで申し上げます⑪。　　　　謹白

格上げのポイント

① 　「ようやく」を漢字に変え、改まった印象を強めます。

② 　ここを「相成りました」とすると、かしこまった印象になります。「相成り」は、なる、の改まった言い方。

③ 　ここを格上げするには、「目出度く御平癒遊ばされ」などとします。「平癒」は、病気などが治ること。「遊ばされる」は、～される、という意味。強い敬意を表現する言葉です。

④ 　この部分をさらに丁寧に言うには、「御退院の御由拝承致し」とします。「～の由（＝～とのこと）」に「御」をつけ「御由」としたり、

第3章　祝い状&返信　　203

「拝承」を使ったりします。「拝承」は、人から聞くことをへりくだっていう言い方。

⑤　ここも「御加減如何」とし、漢字を多用することで、謹厳な印象を強めます。

⑥　恩着せがましい印象を避けるために、ここは、「陰ながら御案じ申し上げておりました」とします。「陰ながら」の一言が、謙虚さを強めます。

⑦　この部分は、「安堵の胸を撫で下ろす次第でございます」に変え、改まった印象にします。

⑧　ここは月並みな印象です。月並みな印象は際立った敬意を示しません。そこで、「畢竟元来の御健体」などと表現し、新鮮な敬意を表現します。「畢竟」は、つまるところ。結局。

⑨　さらに改まった印象にするために、「御家内一同様の御手厚き御看護」とします。「手厚き看護」は成句なので、「御」を付すと、多少の違和感を生じますが、違和感があっても、丁寧を極める姿勢を示すことがふさわしい場合もあります。

⑩　「いうまでもなく」は、ぞんざいな印象なので、「申し上げるまでもなく」と丁寧に言います。

⑪　末文をより丁重にするには、「何れ拝眉の栄を得て縷々御挨拶申し上げる所存ですが、取りあえず書中を以て御祝いまで申し上げます」とします。下線部が補足、改変箇所です。「拝眉の栄」は、お会いできる名誉、という意味。「縷々」は、こまごまと。「所存」は、考え。

☆　「一般的な文例」にある、敬意を強めるために用いた「お」「ご」は、格上げの際には「御」に変更しました。「御」を用いるほうが、改まった印象や格式の高さを強調するのに効果的だからです。

格上げ後の文例

謹啓　時下漸く春暖の訪れと相成りました。

この度は目出度く御平癒遊ばされ御退院の御由拝承致し、祝着の至りと存じ上げます。

その後の御加減如何かと陰ながら御案じ申し上げておりましたが、この度御吉報に接し、安堵の胸を撫で下ろす次第でございます。

これは畢竟元来の御健体に加え、御家内一同様の御手厚き御看護によるものと誠に敬服に堪えません。

申し上げるまでもなく、予後が肝心ですので、当分は御無理を避け、御養生専一に御過ごしくださりますよう御願い申し上げます。

何れ拝眉の栄を得て縷々御挨拶申し上げる所存ですが、取りあえず書中を以て御祝いまで申し上げます。　　　　謹白

31－2　返信（お礼）

模　範　文　例

謹復　春風駘蕩①の候高堂②愈々御清祥の段③慶賀④の至りと存じます。

　　　　　　　　　　　　　小生病臥⑤中は度々御見舞い下され、御厚情⑥の程、鳴謝⑦仕り⑧ます。平素⑨の健康回復までには今少し時日を要しますが、病魔は最早退散し、全快と相成りました。

これは偏に⑩高堂始め諸賢⑪の御芳情⑫の賜物⑬と、感銘⑭の

第3章 祝い状&返信　205

ほかございません。

　早速御謝礼に参堂⑮致す筈⑯のところ、未だ歩行ままなりません。平生の健康に戻りました節は必ず御礼に御邪魔させていただく存念でございます。

　御家中皆々様へも宜しく御鶴声下さりますよう⑰願い上げます。

　先ずは取りあえず右御礼謹んで申し述べます。　　草々頓首⑱

語 句 の 解 説

①　「駘蕩」は、春の景色ののどかな様子。

②　「高堂」は、相手を敬ってその家、または家人を言う言葉。

③　「段」は、〜とのこと。

④　「慶賀」は、喜び祝うこと。

⑤　「病臥」は、病気で床に伏すこと。

⑥　「厚情」は、思いやりの深い相手の気持ち。

⑦　「鳴謝」は、厚く礼を述べること。

⑧　「仕り」は、致します、という意味の改まった言い方。

⑨　「平素」は、いつも。

⑩　「偏に」は、それに尽きる様子。専ら。

⑪　「諸賢」は、多くの人々に対して敬意を込めて呼ぶ語。皆様。

⑫　「芳情」は、他人を敬って、その思いやりの心を言う語。

⑬　「賜物」は、他者から受けた恩恵。

⑭　「感銘」は、深く感動して忘れないこと。

⑮　「参堂」は、人の家を訪問することのへりくだった言い方。

⑯　「筈」は、事が当然そうあるべきだという意を表す語。

⑰　「御鶴声下さりますよう」は、御伝言くださりますよう、と同じ意味。

⑱　「草々頓首」は、改まった手紙に使われる四字結語。まとまりwon せず大変失礼ですが、謹んで申し上げます、という意味。

206　　　　第3章　祝い状&返信

32−1　個展開催祝い

一般的な文例

謹啓　孟秋の候①、益々ご隆昌②のことと③慶祝の至りに存じます。

　さて、この度貴台には④、個展ご開催の由⑤、心よりお祝い申し上げます⑥。

　長年のご精進が実を結んでのご開催⑦、誠にご同慶の至りと存じます⑧。奥様始め⑨ご家族皆々様もさぞかし⑩お喜びのこと⑪と拝察致します。

　このような個展開催を果たされたからには⑫、今後は日展等へのご出品をご期待申し上げる次第です⑬。

　本来お伺いしてご祝意をお伝えすべきですが⑭、生憎雑務重なり身動きがとれず、誠に遺憾に存じます。

　取りあえず本状にてお祝いの気持ちを⑮謹んでお伝え申し上げます。　　　　　　　　　　　　　　　　　　　　　　　　　謹白

格上げのポイント

① 　一般的に使われる「候」を、見慣れない「砌」にすると、新鮮な敬意が醸し出されます。「砌」は、ちょうどその時、という意味。

② 　「ご」を「御」にするだけでも、改まった印象が強まります。

③ 　「のことと」を「の御事」に変え、格式を高めます。

④ 　この部分をさらに改まった印象にするには、「承りますれば、この度貴台におかれましては」とするのが効果的です。

⑤ 　「由」を丁寧に言うと、「御由」となります。

第3章 祝い状＆返信　207

⑥　十分丁寧ですが、別な言い方で新鮮な印象を与えたいときには、「千万賀し奉ります」などとします。「千万」は、いろいろ。甚だ。「賀す」は、祝う。「奉る」は、～申し上げる。したがって、「賀し奉る」は、お祝い申し上げる、という意味。

⑦　この部分は、このような言い換えも可能です。印象が引き締まり、やや格上げになります。「多年の御精進の御成果を得ての御開催」。

⑧　ここは、「憚りながら誠に御同慶の至りと存じ上げる次第です」とすると、一層丁寧な印象となります。「憚りながら」は、恐縮ですが、生意気ですが、という意味。同列の立場で共に慶ぶことは恐れ多いというニュアンスを示し、敬意を強調します。

⑨　「奥様始め」は、「御令閨様はもとより」とすると、格式が上がります。「御令閨」がすでに尊称ですが、「様」をつける場合も少なくありません。

⑩　「さぞかし」は、「定めて」という古風な言い方にすると、改まった印象が強まります。

⑪　「お喜び」は、「御慶び」とし、「こと」は「御事」とすると、格上げになります。

⑫　この部分を簡潔にスマートに言うと、「かくなる上は」となります。

⑬　ここをさらに丁寧に表現すると、「今後益々御奮励を御願い致し、日展等への御出品の御栄誉を得られますよう、御祈念申し上げる次第です」となります。「奮励」は、力を奮い起こして一心に努め励むこと。「栄誉」は、大変な名誉。「祈念」は、願い事を祈り、達成を念ずること。

⑭　ここを丁寧に言うと、「本来拝趨の上、親しく御祝意を御伝え致すべきところに存じますが」となります。「拝趨」は、出向くことをへりくだっていう語。「親しく」は、直接に。

208　　　第3章　祝い状＆返信

⑮　ここにさらに敬意を込めるには、「御慶賀の微意を」などとします。「慶賀」は、喜び祝うこと。「微意」は、自分の気持ちをへりくだっていう言い方。

☆　「一般的な文例」にある、敬意を強めるために用いた「お」「ご」は、格上げの際には「御」に変更しました。「御」を用いるほうが、改まった印象や格式の高さを強調するのに効果的だからです。

格上げ後の文例

謹啓　孟秋の砌、益々御隆昌の御事慶祝の至りに存じます。

　さて、承りますれば、この度貴台におかれましては、個展御開催の御由、千万賀し奉ります。

　多年の御精進の御成果を得ての御開催、憚りながら誠に御同慶の至りと存じ上げる次第です。

　御令閨様はもとより御家族皆々様も定めて御慶びの御事と拝察致します。

　かくなる上は今後益々御奮励を御願い致し、日展等への御出品の御栄誉を得られますよう、御祈念申し上げる次第です。

　本来拝趨の上、親しく御祝意を御伝え致すべきところに存じますが、生憎雑務重なり身動きがとれず、誠に遺憾に存じます。

　取りあえず本状にて御慶賀の微意を謹んで御伝え申し上げます。　　　　　　　　　　　　　　　　　　　　　　　謹白

第3章　祝い状＆返信　　　209

32－2　返信（お礼）

模　範　文　例

謹復　涼秋の折柄①、益々御多忙の由承り②御同慶③に存じます。

　御華墨④謹んで拝誦⑤致しました。今回個展開催の事、図らずも⑥御耳に達し、早速御丁重⑦なる御賀詞⑧を頂戴し、御懇情⑨有り難く、感銘⑩の他ございません。

　何分にも⑪画道においては非才浅学の未熟初心の者、個展開催の資格に達し得ぬ事自覚しつつも、開催の希望抑え難く、今回勇敢にも、身の程知らずにも、かかる⑫お騒がせと相成り⑬ました次第です。

　御激励の日展への出品など、滅相もなく⑭、夢の又夢に存じますが、実に血潮沸き立つ目標を頂き、感佩⑮この上ございません。

　何卒今後も末永く御厚情⑯、御指導を賜りますよう、くれぐれも宜しく御願い申し上げます。

　今回は御来会頂けず残念ですが、次の機会には是非御運び賜りますれば幸いです。

　先ずは書面を以て御高配⑰に対しまして伏して⑱御礼申し上げます。　　　　　　　　　　　　　　　　　　　　　　　敬白

語　句　の　解　説

① 　「折柄（おりから）」は、ちょうどその時。
② 　「由承り（よしうけたまわり）」は、～とのこと謹んで拝聴する、という意味。
③ 　「同慶（どうけい）」は、自分にとっても相手と同じように喜ばしいこと。

④ 「華墨」は、相手の手紙の敬称。

⑤ 「拝誦」は、謹んで読むこと。拝読。

⑥ 「図らずも」は、思いがけないことに。

⑦ 「丁重」は、礼儀正しく、注意も行き届いて、態度が丁寧な様子。

⑧ 「賀詞」は、お祝いの言葉。

⑨ 「懇情」は、親切な心。親切な心の配り方。

⑩ 「感銘」は、深く感動して忘れないこと。

⑪ 「何分にも」は、なんといっても。とにもかくにも。

⑫ 「かかる」は、このような。

⑬ 「相成り」は、なる、の改まった言い方。

⑭ 「滅相もなく」は、とんでもない。

⑮ 「感佩」は、心に深く感じて忘れないこと。

⑯ 「厚情」は、手厚い情け。

⑰ 「高配」は、相手の配慮を敬って言う語。

⑱ 「伏して」は、ひれ伏して。切に願う様子。くれぐれも。謹んで。

第3章　祝い状＆返信　　211

33－1　出版祝い

一般的な文例

謹啓　爽秋①の好季節の到来となりました。

　この度は、誠におめでとう存じます。

　いよいよご著書のご出版とのこと②、大変嬉しく、お祝い申し上げます③。

　以前よりご出版へのご興味を伺っていましたので④、まるで自分の事のように感動し、興奮しています⑤。

　しかも、今回は自費出版ではなく⑥、大手出版社からの発売と知り、なおさらよかったと感動しています⑦。

　早速書店に注文を出し、入手して拝見してから⑧、また改めて感想をお送りしますが⑨、取りあえずお祝いを申し上げます⑩。

　　　　　　　　　　　　　　　　　　　　　　　　　　敬白

格上げのポイント

① 　より改まった印象にするために、「爽秋」を、秋の景色が爽やかなことを意味する「秋容清爽」に変えます。

② 　あっさりとした印象でかしこまった雰囲気が不足しているので、「愈々御著書御出版との御事拝聞致し」などとします。「いよいよ」を「愈々」と漢字にして、「とのこと」を「との御事」とします。そして、「拝聞致し」を付け加え、丁寧を極めます。「拝聞」は、聞くことをへりくだっていう言い方。うかがう。

③ 　「衷心より（＝心から）」を補い、敬意を強調します。

④ 　この部分をさらに格上げするには、「以前より」を「かねて」に、

212　第3章　祝い状＆返信

「伺っていました」を「伺っておりました」とします。

⑤　ここは敬意が不足しているので、「憚りながら我が事の如き吉事の実現と感無量、正に興奮を禁じ得ません」などと、謙虚で丁寧な表現に変えます。まるで自分の事のように嬉しいという気持ちは失礼ではありませんが、多少のなれなれしさを伴います。そこで、「憚りながら（＝恐縮ですが）」を補います。「感無量」は、心に深く感じて、しみじみと思う気持ちが、とても大きいこと。

⑥　格式の高さが感じられないので、「しかも拝承致す所、今回の御上梓は自費に非ず」などとします。「拝承致す所」とは、伺うところによりますと、という意味。「上梓」は、出版を古風に改まっていう言い方。「ではなく」の代わりに「非ず」を使うことによっても、格が上がった印象になります。

⑦　ここはぞんざいな印象なので、「さらに我が意を得たりの感動に打ち震える次第です」などと、改まります。「我が意を得たり」は、自分の考えと一致する、という意味。

⑧　敬意不足の感があるので、「拝読の栄を得た後」とします。「拝読の栄」とは、読ませていただく名誉、という意味です。少々大げさですが、敬意を惜しみなく払います。

⑨　感想を送るのは失礼です。評価の印象が伴う「感想」という言葉は避けて、「また改めて御祝詞を御届け致したく存じますが」などと表現します。改めて送るべきは、「感想」ではなく「御祝詞（＝お祝いの言葉）」です。

⑩　ここも丁寧さが不足しています。「寸簡を以て、御慶祝の微意を御伝え申し上げます」などとします。「寸簡」は自分の手紙の謙称。「以て」は、〜によって。「慶祝」は、喜び祝うこと。「微意」は、自分の気持ちをへりくだっていう語です。

☆　「一般的な文例」にある、敬意を強めるために用いた「お」「ご」は、格上げの際には「御」に変更しました。「御」を用いるほうが、改まった印象や格式の高さを強調するのに効果的だからです。

第3章　祝い状&返信　　　213

格上げ後の文例

謹啓　秋容清爽の好季節の到来となりました。

この度は、誠におめでとう存じます。

愈々御著書御出版との御事拝聞致し、大変嬉しく、衷心より御祝い申し上げます。

かねて御出版への御希望を伺っておりましたので、憚りながら我が事の如き吉事の実現と感無量、正に興奮を禁じ得ません。

しかも拝承致す所、今回の御上梓は自費に非ず、大手出版社からの発売と知り、さらに我が意を得たりの感動に打ち震える次第です。

早速書店に注文を出し、拝読の栄を得た後、また改めて御祝詞を御届け致したく存じますが、取りあえず寸簡を以て、御慶祝の微意を御伝え申し上げます。　　　　　　　　　　　敬白

33－2　返信（お礼）

模範文例

謹復　玉章①有り難く拝受②致し、感謝の極みに存じます。

些細③なわたくし事が御耳に達し、お騒がせ申し上げ、慙愧に堪えません④。

宿年⑤の希望の実現であり、名のある版元からの出版ですので、正直申し上げると天にも昇る愉快でありますが、実のところ内容おぼつかず、推敲⑥不十分の後悔未だ去らず、喜びと反省、

相半ばする胸中でございます。

とは申せ、賽は投げられました⑦。かくなる上は諸賢⑧の御高批⑨を賜るのみです。御高覧⑩の末、御叱りなど頂戴できますれば幸甚⑪に存じます。

なお、書店への御注文は不要です。版元を通じて当方より御贈呈申し上げますので、今しばらく御待ちください。

取り急ぎ書中にて、満腔⑫の礼意を捧げる次第です。

草々頓首⑬

語 句 の 解 説

① 「玉章」は、相手の手紙の尊称。
② 「拝受」は、受け取ることをへりくだっていう語。
③ 「些細」は、取るに足りないほど細かいこと、わずかなこと。
④ 「慙愧に堪えません」は、心に深く恥じ入ることを、我慢できない、申し訳ない、という意味。
⑤ 「宿年」は、多年。
⑥ 「推敲」は、詩や文章を良くするために、何度も考え作り直して、苦心すること。
⑦ 「賽は投げられました」は、事は既に始まったのだから、考えている余裕はない、もはや前進するしかない、という意味。
⑧ 「諸賢」は、多くの人々に対して敬意を込めて呼ぶ語。皆様。
⑨ 「高批」は、相手の批判、批評の敬語。
⑩ 「高覧」は、相手が見ることを敬う語。
⑪ 「幸甚」は、非常に幸福なこと。
⑫ 「満腔」は、体中の、の意。
⑬ 「草々頓首」は、改まった手紙に用いられる四字結語。いささか粗雑で申し訳ございませんが、謹んで申し上げました、という意味。

第3章　祝い状&返信　　　215

34—1　取引先親族の結婚祝い

一般的な文例

謹啓　菊花薫る好季節となり、いよいよご清福のこととお慶び申し上げます①。日頃はご高配を賜り、感謝申し上げます②。

　さて、ご令息洋介様にはこの度ご婚約整い、本月七日の吉祥日をもって華燭の典を挙げられる由③、誠におめでたく、お祝い申し上げます④。

　ご本人様はいうに及ばず⑤、ご両親様のお慶び、いかばかりかとお察し致します。

　伺うところによれば⑥、お相手のお嬢様は、学窓のご成績も抜群にして、比類なき⑦天品とご容姿に加え、極めてご健康との御事⑧、洋介様にはこよなきご好配にて、ご一家ご繁栄の揺るぎない礎となるものと⑨、心よりご祝福申し上げます。

　つきましては、お祝いの印までに、誠に軽微なる品、別送致しましたので、何卒ご受納くださるようお願い申し上げます。

　取りあえず書中にてお慶びを申し上げます⑩。　　　　敬白

格上げのポイント

①　前文の挨拶を、さらに丁寧にするには、「菊花薫る好季節御尊堂皆々様愈々御祥福にあらせられ慶賀に存じます」などとします。下線部が補足、改変箇所です。「尊堂」は、相手の家を敬う言い方。「祥福」は、めでたいこと。「あらせられる」は、いらっしゃる、という意味の上級敬語。「慶賀」は、喜び祝うこと。

216 第3章 祝い状&返信

② この部分も、次のように格上げすることができます。「平素は格段の御高配忝く、甚謝申し上げます」などとします。下線部が、補足、改変箇所です。「平素」は、日頃。「格段」は、格別。「高配」は、相手の配慮を敬う語。「忝(かたじけな)く」は、申し訳ない。「甚謝(じんしゃ)」は、最上級の感謝。

③ 結婚式のことを言う「華燭の典」は一種の成句ですから、通常は改変せずそのまま使用しますが、格上げ手紙では「典」を「御盛典」として、「華燭の御盛典」などとして、盛大さを強調するのも効果的です。そして、それに続く表現も、「挙げさせられます御由」と変え、十分な敬意を示します。「御由(おんよし)」は、〜とのこと、という意味の「由」をさらに丁寧にいう語です。

④ ここは、もう少し丁寧な印象を与えたいので、「幾久しく御祝い申し上げます」とします。「幾久しく」は、末長く。結納、結婚関連のお祝いの言葉として、しばしば使われます。

⑤ ここは、「いう」を「申す」に変え、丁寧を極めます。

⑥ 「伺うところによれば」でも十分敬意が伝わりますが、さらに強い敬意を表現するには、「拝承する所によりますれば」とします。「拝承(はいしょう)」は、謹んで伺う、という意味。

⑦ 「比類なき」という語には十分改まった印象がありますが、「並びなき」といった、新鮮な表現に変えることで、さらにみずみずしい敬意を伝えることができます。

⑧ 「極めてご健康との御事」で、十分敬意は伝わりますが、さらに格上の敬意を伝えるときには、「極めて御健康にあらせられるとの御事」とします。「あらせられる」は、「居る」「ある」の尊敬語です。「いらっしゃる」よりもさらに一段と高い敬意を表すことができます。

⑨ ここは、「御尊堂御繁栄の揺るぎなき礎となりますものと存じ上

第3章　祝い状＆返信　　217

げ」と変え、さらに改まった印象を強めます。下線部が補足、改変
箇所です。「尊堂」は、相手の家、という意味。転じて相手を尊敬し
て呼ぶときの二人称代名詞としても使われます。ここでは、相手の
家、一家を指し示しています。そして、「なるものと」を「なります
ものと」に変えることによっても、丁寧さを強めています。

⑩　締めくくりの挨拶を、より丁寧にするには、「取りあえず書中にて
御慶びを申し上げます」の前に、「いずれ拝芝の上御祝詞申し述べた
く存じますが」を補います。「拝芝」は、「拝顔」と同じで、御目に
かかることです。「祝詞」は、お祝いの言葉。

☆　「一般的な文例」にある、敬意を強めるために用いた「お」「ご」
は、格上げの際には「御」に変更しました。「御」を用いるほうが、
改まった印象や格式の高さを強調するのに効果的だからです。

格上げ後の文例

謹啓　菊花薫る好季節御尊堂皆々様愈々御祥福にあらせられ
慶賀に存じます。平素は格段の御高配忝く、甚謝申し上げます。
　さて、御令息洋介様にはこの度御婚約整い、本月七日の
吉祥日をもって華燭の御盛典を挙げさせられます御由、
誠におめでたく、幾久しく御祝い申し上げます。
　御本人様は申すに及ばず、御両親様の御慶び、いかばかりかと
御察し致します。
　拝承する所によりますれば、御相手の御嬢様は、学窓の御成績も
抜群にして、並びなき天品と御容姿に加え、極めて御健康に
あらせられるとの御事、洋介様にはこよなき御好配にて、
御尊堂御繁栄の揺るぎなき礎となりますものと存じ上げ、心より
御祝福申し上げます。

218　　第3章　祝い状＆返信

　つきましては、御祝いの印までに、誠に軽微なる品、別送致しましたので、何卒御受納くださるよう御願い申し上げます。

　いずれ拝芝の上御祝詞申し述べたく存じますが、取りあえず書中にて御慶びを申し上げます。　　　　　　　　　敬白

34-2　返信（お礼）

模　範　文　例

　謹復　錦秋①の節御貴家御一統様②には益々御安寧③にあらせられ慶賀の至りに存じます。

　さて、この程は豚児④洋介の次第御高聞に達し⑤、御丁重⑥なる御祝辞に加え、数々の御品御恵贈⑦賜り、御懇情⑧誠に恐縮至極に存じます。若夫婦の生涯の記念として、幾久しく⑨拝受致したく存じます。

　結婚後は洋介も小社経営に加わりますので、若夫婦二人につきましても、今後貴台⑩には倍旧⑪の御厚情⑫を賜りますよう、くれぐれも宜しく御願い申し上げる次第です。

　婚儀は再来月末となる予定でございます。その節は改めて御案内申し上げます故、御奥様と御揃いにて御来臨⑬賜りますれば幸甚⑭に存じます。

　右略儀⑮ながら、御礼を一言申し上げます。　　　　　頓首

第3章 祝い状＆返信 219

語 句 の 解 説

① 「錦秋」は、木々が錦に色鮮やかに染まる秋という意味。

② 「御一統様」は、御一同様と同じ。

③ 「安寧」は、無事で安らかなこと。

④ 「豚児」は、自分の子供の謙称。

⑤ 「高聞に達し」は、相手が聞くことを敬っていう言い方。

⑥ 「丁重」は、礼儀正しく、注意も行き届き、態度が丁寧な様子。

⑦ 「恵贈」は、相手が自分に贈ることを、敬って言う語。恵与。恵投。

⑧ 「懇情」は、親切でまごころを尽くした心くばり。

⑨ 「幾久しく」は、いつまでも、末長く。

⑩ 「貴台」は、相手を敬って、その家屋敷を言う語。また、相手を敬って呼ぶときの、二人称の人代名詞。

⑪ 「倍旧」は、以前よりも一層増すこと。

⑫ 「厚情」は、手厚い情け。

⑬ 「来臨」は、他人がある場所に出席することを敬って言う語。

⑭ 「幸甚」は、非常に幸福なこと。

⑮ 「略儀」は、略式。

220　　第3章　祝い状＆返信

35－1　取引先親族の合格祝い

一 般 的 な 文 例

謹啓　陽春の候、いよいよご健勝の事と①存じ上げます。

　この度②ご愛息真一様には、見事県下ご三家の一校として名高い超難関高校に合格の由、心よりお祝いを申し上げます。

　過日、日頃より成績ご優秀の真一様のお勉強法を伺った時③には、学習塾には通わず、ご趣味の吹奏楽に情熱を燃やすご様子でしたので④、ご両親ご同様、もともと頭脳明晰でいらっしゃると想像はしていましたが⑤、失礼ながらまさかご三家に合格されるまでとは思いも致しませんでした。

　やはり一代にしてご繁栄を得られた起業家、抜群に優秀なご家系のご子息ともなりますれば、小生ども常人には計り知れない頭脳のお力、天賦の才を有するものと驚嘆し、敬服の他ございません。

　真一様の今後益々のご成長、ご活躍をお祈り致します⑥。

　同封些少で恐縮ですが、ご祝意として差し上げます⑦。お受け取りいただければ⑧幸いに存じます。真一様にも宜しくお伝えください⑨。

　先ずは以上お祝いまで申し上げます。　　　　　　　　　　拝具

格上げのポイント

①　この部分を、「愈々御健勝の御事と」に変えると、格上げになります。「いよいよ」「ご」を漢字にして、「事」を「御事」にします。

第3章　祝い状&返信　　221

②　「この度」の前に、「承りますれば」を補うと、丁寧な印象になります。「承り」は、謹んで聞くこと。

③　「伺った時」は、十分敬意を尽くした表現とはいえないので、「拝聴した際」とし、敬意を強め格式を高めます。

④　この部分は、「通わず」を「通うことなく」、「情熱を燃やす」を「情熱を燃やされている」とすることにより、丁寧な印象が強まります。

⑤　この部分を「もとより頭脳格段に御明晰であらせられると想像はしておりましたが」として、敬意を強めます。下線部が補足、改変部分です。「であらせられる」は、「である」の尊敬表現です。～でいらっしゃる。「おりました」の「おる」は、謙譲表現を作る言葉です。

⑥　ここを、さらに格式高く表現するには、「御成長、御活躍を御祈念申し上げる次第です」とします。下線部が補足、改変箇所です。「祈念」は、祈り願うこと。

⑦　ここもさらにもう一段敬意を高める必要があります。「御祝意として御贈呈申し上げます」などとします。下線部が改変箇所です。

⑧　へりくだった印象を強めるために、「御笑納いただければ」とします。「笑納」は、つまらないものなので笑ってお受け取りください、という意味。納めることを謙遜していう言い方。

⑨　「お伝えください」は、格式を高めるために、「御伝声賜りますよう御願い申し上げます」とします。「伝声」は、伝言することを改まっていう言い方。

☆　「一般的な文例」にある、敬意を強めるために用いた「お」「ご」は、格上げの際には「御」に変更しました。「御」を用いるほうが、改まった印象や格式の高さを強調するのに効果的だからです。

格上げ後の文例

謹啓　陽春の候、愈々御健勝の御事と存じ上げます。

　承りますれば、この度御愛息真一様には、見事県下御三家の一校として名高い超難関高校に合格の由、心より御祝いを申し上げます。

　過日、日頃より成績御優秀の真一様の御勉強法を拝聴した際には、学習塾に通うことなく、御趣味の吹奏楽に情熱を燃やされている御様子でしたので、御両親御同様、もとより頭脳格段に御明晰であらせられると想像はしておりましたが、失礼ながらまさか御三家に合格されるまでとは思いも致しませんでした。

　やはり一代にして御繁栄を得られた起業家、抜群に優秀な御家系の御子息ともなりますれば、小生ども常人には計り知れない頭脳の御力、天賦の才を有するものと驚嘆し、敬服の他ございません。

　真一様の今後益々の御成長、御活躍を御祈念申し上げる次第です。

　同封些少で恐縮ですが、御祝意として御贈呈申し上げます。御笑納いただければ幸いに存じます。真一様にも宜しく御伝声賜りますよう御願い申し上げます。

　先ずは以上御祝いまで申し上げます。　　　　　　　　　　拝具

第3章　祝い状＆返信　　　223

35－2　返信（お礼）

模　範　文　例

拝復　愈々①春、好季節の到来となりました。尊台②には益々御清適③に渉らせられ④、大慶の至りに存じます。

　さて、この度は長男真一の件御耳に触れ、早速御丁重⑤なる御祝詞⑥並びに結構な御祝い品を賜り格別有り難く厚謝⑦申し上げます。

　今回御三家の一つに合格を許されましたのは、「優秀な家系」のせいではございません。そもそも当家は、平凡を極める血筋ゆえ、合格は文字通りの僥倖⑧と申し上げることができます。

　学習塾にも通わず吹奏楽に血道を上げた豚児に、唯一他に秀でる才あるとすれば、それは強運という才能に他なりません。

　非才非力の小生⑨も尊台などの業界の名士、御高徳の皆様に御支援を賜り、幸運にも長く命脈⑩を保ち得た事と同様の様相を呈しております。

　ともあれ合格は合格ゆえ、引き寄せた幸運を契機に、益々健やかに成長して欲しいと願ってやみません。

　御懇篤⑪なる御芳情⑫に対しまして、まずは寸書⑬にて厚く御礼を申し上げます。　　　　　　　　　　　　　　　　　拝具

語　句　の　解　説

① 　「愈々」は、とうとう。ついに。

② 　「尊台」は、あなた様。相手の敬称。

③ 「清適」は、心身がすがすがしく、安らかなこと。

④ 「渉らせられ」は、いる、の高度な敬語表現。～でいらっしゃる。

⑤ 「丁重」は、礼儀正しく、注意も行き届き、態度が丁寧な様子。

⑥ 「祝詞」は、お祝いの言葉。

⑦ 「厚謝」は、厚く礼を言うこと。深謝。

⑧ 「僥倖」は、偶然に得る幸せ。

⑨ 「小生」は、自分の謙称。わたくし。

⑩ 「命脈」は、命。

⑪ 「懇篤」は、親切で手厚いこと。

⑫ 「芳情」は、親切な温かい心を敬って言う語。

⑬ 「寸書」は、自分の手紙の謙称。

第3章　祝い状&返信　　225

36－1　取引先親族の出産祝い

一般的な文例

謹啓　春暖の候ご家族様には益々ご清祥のことと存じ上げます①。

さて、仄聞するに②、この程ご愛嬢様には、目出度くご安産、男子ご出産との事③、誠に悦ばしく存じ上げます④。

今回初のご愛孫を得られた高橋様並びにご令閨様のお慶びご満足さぞかしと拝察致し⑤、ご家門の一層のご繁栄、慶祝の至りに存じ上げます。

この品、お祝いの印ですのでお受け取り下さい⑥。

取りあえず謹んで右祝意を表します⑦。　　　　　敬白

格上げのポイント

①　格上げしながら新鮮な前文になるよう次のように工夫します。「春暖相催し御全家様には益々御清祥にあらせられ慶賀限り無く存じ上げます」。下線部が改変、補足箇所です。「御家族様」を「御全家様」とし、「あらせられる」という、上級敬語を使用します。「あらせられる」は、「である」の尊敬の言い方。～でいらっしゃる。

②　ここはもう少し丁寧に言います。「仄聞するところによりますれば」とします。「仄聞（そくぶん）」は、人づてなどによって、うすうす聞くこと。

③　もう少し興奮が伝わるように、格式の高い印象にするのが礼儀です。「目出度く御安産、玉の如き御男子御出産との御事」などとします。下線部が補足、改変箇所です。実際に子供を見ていなくても、元気であるなら、「玉の如き」とほめそやしても、差し支えないでし

ょう。なお、「玉」とは、真珠、宝石などのことです。

④　この部分もさらに格調高く興奮を伝えるのが効果的です。「誠に悦ばしく珍重至極に存じ上げ奉ります」などとします。下線部が補足箇所です。「珍重至極」は、祝うべきこと、めでたいことの極み、という意味。「存じ上げ奉ります」は、〜と思います、を極めて丁寧にいう言い方。

⑤　「拝察致し」で十分へりくだり敬意が伝わりますが、さらに敬意を強くするには、「拝察仕り」とします。「仕り」は、「する」「行う」の謙譲表現です。「致し」と同じ意味ですが、「致す」よりさらにへりくだった印象になります。

⑥　この部分は、そっけなく敬意不足の印象なので、「此の品誠に御粗末ではございますが、御祝いの御印として進上仕りますゆえ何卒御受納下さいませ」とします。下線部が補足、改変箇所です。「この」は「此の」とし、改まった印象を強めます。「御粗末」とまでへりくだるのは、通常は過剰と思われがちですが、格上げの手紙では、効果的な場合が少なくありません。「進上」は、差し上げること。進呈。「ませ」の付加も敬意を強めるのに役立ちます。

⑦　締めくくりの印象が肝心なので、「何れ近々拝趨御慶びを申し上げる所存ですが、取りあえず謹んで右祝意を表し置きます」と、丁寧に表現します。下線部が補足箇所です。「拝趨」は、こちらから先方へ出かけて行くことをへりくだって言う語。参上。「所存」は、考え。

☆　「一般的な文例」にある、敬意を強めるために用いた「お」「ご」は、格上げの際には「御」に変更しました。「御」を用いるほうが、改まった印象や格式の高さを強調するのに効果的だからです。

第3章　祝い状&返信　　　227

格上げ後の文例

謹啓　春暖相催し御全家様には益々御清祥にあらせられ慶賀限り無く存じ上げます。

　さて、仄聞するところによりますれば、

この程御愛嬢様には、目出度く御安産、玉の如き御男子御出産との御事、誠に悦ばしく珍重至極に存じ上げ奉ります。

　今回初の御愛孫を得られた高橋様並びに御令閨様の御慶び御満足さぞかしと拝察仕り、御家門の一層の御繁栄、慶祝の至りに存じ上げます。

　此の品誠に御粗末ではございますが、御祝いの御印として進上仕りますゆえ何卒御受納下さいませ。

　何れ近々拝趨御慶びを申し上げる所存ですが、取りあえず謹んで右祝意を表し置きます。　　　　　　　　　　　敬白

36－2　返信（お礼）

模　範　文　例

謹復　この度長女出産、初孫誕生に際しましては、御丁重①なる御祝いに預かり②、一同深謝仕ります③。

　この所の業務多忙に取り紛れまして、ついついどちら様にも御知らせも致しませんでしたのに、図らずも④御聞き及び頂き、すぐさま御祝詞⑤並びに御祝いの御品の御気遣いまで頂戴致し、

228　　　第3章　祝い状&返信

唯々恐縮するばかりでございます。

　御陰様で母子共に至極⑥健全ですのでどうぞ御安神⑦ください
ませ。

　初孫を得た喜びは、月並みではございますが、目に入れても
痛くないという表現が適切です。

　設立したばかりの小社新会社とともに、健やかに大きく育って
欲しいと願っております。

　いつもながらの御懇篤⑧なる御芳情⑨に、改めて御礼申し
上げる次第です。　　　　　　　　　　　　　　　　　　敬白

語 句 の 解 説

①　「丁重」は、礼儀正しく、注意も行き届き、態度が丁寧な様子。

②　「預かり」は、目上からのおほめや志を受けること。

③　「仕ります」は、～致します、～申し上げます、という意味の最
もへりくだった言い方。したがって敬意が強まる。

④　「図らずも」は、思いがけなく。

⑤　「祝詞」は、お祝いの言葉。

⑥　「至極」は、この上ないこと。極めて。

⑦　「安神」は、安心。新鮮な印象で敬意を強めるのに効果的。

⑧　「懇篤」は、親切で手厚いこと。

⑨　「芳情」は、相手が示してくれる親切な温かい心を敬って言う語。

第3章　祝い状&返信　　229

37－1　取引先親族の成人祝い

一般的な文例

謹啓　暖和の時節皆様には日々お障りなき御事と存じ上げます①。

さて、この程ご子息様にはいよいよ②二十歳のご祝賀をお迎えになられるとのこと③、心よりのお慶びを申し上げます。

④

ご子息様は薬学の学府に学ばれ、卒業までには今少しの歳月を要するものと思われますが、先日お会いした⑤際には、既にお父上様同様の素晴らしいお人柄と、格別確かな存在感を備えられた、正に前途有望⑥の青年とお見受けした次第です。

今後のご活躍⑦を心よりお祈り申し上げます⑧。

取りあえず寸書にて、ご祝詞のみ申し上げます⑨。　　　敬白

格上げのポイント

① この部分をさらに格上げするためには、「暖和の砌御一統様には明け暮れ御障りもあらせられぬ御事と存じ上げます」などとします。下線部が、補足、改変箇所です。「砌（みぎり）」は、ちょうどその時。「明け暮れ」は、日々。「あらせられる」は、「ある」の尊敬語。

② 「いよいよ」は「愈々」とし、改まった印象を強めます。

③ 「とのこと」は、「御由承り（おんよしうけたまわり）」に変えると、改まった印象が非常に強くなります。〜とのことをお伺い申し上げ、という意味になります。

④ この部分に、たとえば、「貴社御創業より二十年が経過し、御子息様の御健やかな御成長と軌を一にされ、益々の御発展、誠に悦ばしい限りに存じます」などといったことを挿入すると、さらに相手の気持ちに寄り添った、レベルの高い敬意を表現することができるでしょう。

⑤ 敬意の不足が感じられるので、「先日お会いした」は、「過日拝顔の栄を得ました」に変えます。「拝顔」は、相手の顔を拝むこと、すなわち会うことを意味し、「栄」は、名誉です。いささか大げさな感じもしますが、格上げ手紙には効果的です。

⑥ 「前途有望」を「前途有為（＝将来役に立つ）」とすると、改まった印象になります。「有為」は、能力があること。役に立つこと。また、そのさま。

⑦ 「ご活躍」だけでは不十分です。「益々の御活躍」とし、すでに活躍済みであることも、ニュアンスに含めるのが丁寧です。

⑧ 「お祈り申し上げます」でもかまいませんが、「御期待申し上げます」とすると、さらにこちらの熱意が伝わり、相手に喜ばれる場合があります。

⑨ 末文の頭に、「略儀御無礼ながら」という語句により謙虚さを加え、格調を高めます。「略儀」は、略式という意味。正式は、出向いて挨拶をすることなので、手紙はどんなに丁寧に書いても、そもそも略式、ということができます。

☆ 「一般的な文例」にある、敬意を強めるために用いた「お」「ご」は、格上げの際には「御」に変更しました。「御」を用いるほうが、改まった印象や格式の高さを強調するのに効果的だからです。

第3章　祝い状＆返信　　231

格上げ後の文例

謹啓　暖和の砌御一統様には明け暮れ御障りもあらせられぬ御事と存じ上げます。

　さて、この程御子息様には愈々二十歳の御祝賀を御迎えになられる御由承り、心よりの御慶びを申し上げます。

　貴社御創業より二十年が経過し、御子息様の御健やかな御成長と軌を一にされ、益々の御発展、誠に悦ばしい限りに存じます。

　御子息様は薬学の学府に学ばれ、卒業までには今少しの歳月を要するものと思われますが、過日拝顔の栄を得ました際には、既に御父上様同様の素晴らしい御人柄と、格別確かな存在感を備えられた、正に前途有為の青年と御見受けした次第です。

　今後の益々の御活躍を心より御期待申し上げます。

　略儀御無礼ながら取りあえず寸書にて、御祝詞のみ申し上げます。　　　　　　　　　　　　　　　　　　　　　　謹言

37－2　返信（お礼）

模範文例

謹復　只今誠に御懇篤①なる御祝状を賜り、感激の他なく②、心より感謝申し上げます。

　よもや③豚児④の成人まで御存じと思いもよらず、御心遣いの深さに感銘⑤を禁じ得ません⑥。

232　　　第3章　祝い状＆返信

　豚児が幸いにも小社業務に深く関わる薬学の道に進みました事は、親として望外⑦の喜びであり、卒業後しばらくは他社にて学ぶ必要ありとしましても、やがては小生の片腕として、などとも考え、密かに楽しみを膨らませております。

　成人を迎えるとはいえ、まだまだ不束⑧な若者ゆえ、健やかな成長には、小社同様、数多⑨の御支援を必要と致します。

　今後小社と共に豚児に対しましても、倍旧⑩の御厚情⑪、御鞭撻⑫を賜りますよう、くれぐれも宜しく御願い申し上げます。

　先ずは寸書⑬にて厚謝⑭の微意⑮を御伝え申し上げます。

謹言

語 句 の 解 説

① 「懇篤（こんとく）」は、丁寧で心がこもっていること。
② 「～の他（ほか）なく」は、（それ）以外にない。当然（それ）だ。
③ 「よもや」は、いくらなんでも。まさか。
④ 「豚児（とんじ）」は、自分の子供の謙称。
⑤ 「感銘（かんめい）」は、深く感動して忘れないこと。
⑥ 「禁じ得ません」は、抑えることができない。
⑦ 「望外（ぼうがい）」は、望んでいた以上に良いこと。
⑧ 「不束（ふつつか）」は、ぶしつけなこと。
⑨ 「数多（あまた）」は、数が多いこと。程度が甚だしい様子。非常に。
⑩ 「倍旧（ばいきゅう）」は、前よりも一層増すこと。
⑪ 「厚情（こうじょう）」は、手厚い情け。
⑫ 「鞭撻（べんたつ）」は、ムチ打つこと。励ますこと。
⑬ 「寸書（すんしょ）」は、自分の手紙の謙称。
⑭ 「厚謝（こうしゃ）」は、厚く礼を言うこと。深謝。
⑮ 「微意（びい）」は、自分の意志をへりくだって言う語。

第 4 章

案内状、招待状＆返信

234

第4章　案内状、招待状＆返信　　　235

38－1　新年会への案内

一般的な文例

拝啓　早くも師走を迎えさぞかし繁多なことと存じます①。毎度お引き立てに預かり感謝申し上げます②。
　ついては③、日頃のご懇情に報いるために④、親しい皆様にお集まりいただき⑤、新年の祝宴を開き⑥、心ばかりの粗餐を差し上げたく存じますので、⑦左記の要領にて、是非お運び下さるよう⑧お願い申し上げます。
　右謹んでご案内まで⑨申し上げます。　　　　　　　　敬具①

（「記」　省略）

格上げのポイント

①　頭語・結語は、「拝啓・敬具」ではなく、「謹啓・謹白」が、格上げ手紙としては適切です。また、時候、前文の挨拶は、「早くも師走を迎え御繁多この上なき御事と拝察申し上げます」と変え、より丁寧な印象を演出します。下線部が、改変箇所です。「御事（おんこと）」は、「〜とのこと」を、より敬意を込めていう言い方。「拝察」は、推察、想像することを、へりくだっていう言い方。

②　「感謝申し上げます」を「千万忝く存じます」と変えることで、敬意のグレードが上がります。「千万（せんばん）」は、この上もないこと。甚だしいこと。「忝（かたじけな）く」は、ありがたい。恐れ多い。

③　「ついては」を「就きましては」に変え、丁寧さを加えます。

④　「報いるために」という言い方は格式が感じられないので、「万分の一御報い致すべく」に変えます。

⑤ ここも、丁寧さが少し足りないので、「極御親しい皆様方に御集まり賜り」とします。「極」は、極めて、という意味。「賜り」は、〜していただき、の一段上の敬語表現です。

⑥ 「新年の祝宴を開き」には、格調が感じられないので、「聊か新年の祝宴を相開き」とし、格上げを図ります。「聊か」は、ちょっと。

⑦ この部分に、「年始御繁忙の折柄誠に御迷惑とは存じますが、」と、遠慮深い言葉を入れると、さらに丁寧な印象になります。「折柄」は、ちょうどその時。

⑧ 「お運び下さるよう」ではなく「御枉駕下さりますよう」とし、格調を高めます。「枉駕」は、相手の来訪を敬って言う語。

⑨ 「まで」は「迄」とし、改まった印象を強めます。

☆ 「一般的な文例」にある、敬意を強めるために用いた「お」「ご」は、格上げの際には「御」に変更しました。「御」を用いるほうが、改まった印象や格式の高さを強調するのに効果的だからです。

格上げ後の文例

謹啓　早くも師走を迎え御繁多この上なき御事と拝察申し上げます。毎度御引き立てに預かり千万忝く存じます。

　就きましては、日頃の御懇情に万分の一御報い致すべく、極御親しい皆様方に御集まり賜り、聊か新年の祝宴を相開き、心ばかりの粗餐を差し上げたく存じますので、年始御繁忙の折柄誠に御迷惑とは存じますが、左記の要領にて、是非御枉駕下さりますよう御願い申し上げます。

　　右謹んで御案内迄申し上げます。　　　　　　　　謹白

（「記」　省略）

第4章　案内状、招待状＆返信　　237

38－2　返信（出欠）

〔模 範 文 例〕

〈出席するとき〉

謹復　時下①歳末御繁忙の御由、御障り②なく御過ごしでしょうか。
御伺い申し上げます。
　さて、この度は御丁寧な御招待状を賜り厚く御礼申し上げます。
数ならぬ③小生まで御声掛け下さり、感激この上なく存じます。
年頭に際して知己④一堂に会する⑤喜びたとえようもなく、必ず
参上仕り、久々にて御諸賢⑥の御快談⑦を、愉しく拝聴させて
いただくことに致します。
　右取り敢えず御返事のみ申し述べます。　　　　　　　謹白

〈欠席するとき〉

謹復　この程は結構な新年の御催しに際しまして、御丁重なる
御招きに預かり厚く御礼申し上げます。是非末席⑧を頂き、親しく⑨
皆様に平素の御引き立て、御教導の御礼を申し上げたく
存じますが、年頭郷里の老父を見舞う必要が生じ、出席致しかねます。
甚だ遺憾⑩に存じます。
　何卒悪しからず⑪御諒承賜りますよう願い上げます。
　帰郷の上は必ず年始の御挨拶に参趨⑫、委曲⑬万謝⑭仕り⑮
ます。
　先ずは謹んで御返事のみ寸書⑯にて御送り申し上げます。
　　　　　　　　　　　　　　　　　　　　　　　　頓首

語 句 の 解 説

① 「時下」は、目下。ちょうど今。

② 「障り」は、健康のさまたげ。

③ 「数ならぬ」は、数に入らない。謙虚な言い方。

④ 「知己」は、親友。自分のことをよく知っている人。

⑤ 「一堂に会する」は、大勢の人が一つの場所に集まること。

⑥ 「諸賢」は、皆さん、の丁寧な言い方。

⑦ 「快談」は、互いに気持ちよく楽しく話し合うこと。

⑧ 「末席」は、最下位の座席。下座。

⑨ 「親しく」は、直接。

⑩ 「遺憾」は、思い通りでなく残念なこと。

⑪ 「悪しからず」は、相手の意向に添えないですまないという気持ちを表す語。悪く思わないで。

⑫ 「参趨」は、ある場所に伺うこと。

⑬ 「委曲」は、詳しく細かなこと。

⑭ 「万謝」は、厚く感謝すること。

⑮ 「仕り」は、〜申し上げる、の最も謙虚な言い方を作る語。

⑯ 「寸書」は、取るに足らない手紙。自分の手紙の謙称。

第4章　案内状、招待状＆返信　　239

39－1　年賀名刺交換会への招待

一 般 的 な 文 例

謹啓　歳暮の折柄貴社益々ご隆昌の趣大賀に存じます。平素は格別のご懇情を賜り感謝申し上げます①。

　さて、来る新年に際しまして、左記の通り、年賀名刺交換会を催したく存じます②。日頃より小社と親密にお取引いただいておりますお得意様各位とのご交誼をより一層厚く致し、お得意様同士のご親交も深めていただければ幸いです③。

　就きましては年頭ご繁多のところ、万難を排してお運びくださるよう④、宜しくお願い申し上げます⑤。

　先ずはご招待のご挨拶まで申し上げます。　　　　　　敬白

（「記」　省略）

格上げのポイント

① 　この部分は、格調と丁寧さをさらに加えるために、「歳暮御多端の折柄貴社益々御隆昌の趣大賀の至りに存じます。平素格別の御懇情に預かり万謝申し上げます」とします。下線部が補足、改変箇所です。「多端（たたん）」は、あれこれ事件や問題が多いこと。また、仕事が多く忙しいこと。「の至り」を加え、やや大げさなぐらいに喜ぶと、より敬意がこもる場合があります。「懇情（こんじょう）」は、親切でまごころを尽くした心くばり。「預かり」は、〜していただき。「万謝（ばんしゃ）」は、厚く感謝すること。

② この部分も、次のように変えて、格調を上げます。「来る新年に際しまして吉例にならい、左記の次第にて、年賀名刺交換会を相催したく存じます」。下線部が挿入、改変箇所です。「吉例（きちれい）」は、おめでたいしきたり。「吉例にならい」は、いつものように、を格調高くいう言い方。「次第（しだい）」は、順序。スケジュール。「相催し（あいもよお）」の「相」は、語調を重々しく格調高くするために使う語。

③ この「深めていただければ幸いです」も、格調高くするために、「深めていただきますれば幸いこの上なく存じます」とします。下線部が補足、改変箇所です。丁寧すぎたり、大げさすぎる印象もありますが、格上げ手紙では、効果的です。

④ 「万難を排して」は、ＮＧワードです。相手のどのような事情よりも優先して、という意味の「万難を排して（ばんなん・はい）」は、僭越なお願いになってしまうからです。「枉げて御光来賜りますよう」などに変えるのが適当です。「枉げて（ま）」は、是非とも。「光来（こうらい）」は、他人の来訪を敬って言う語。

⑤ 「宜しくお願い申し上げます」は、「くれぐれも宜しく御願い申し上げます」とすると、とても丁寧な印象の締めくくりになります。「くれぐれも」は、何度も心を込めて依頼するさま。どうか。

☆ 「一般的な文例」にある、敬意を強めるために用いた「お」「ご」は、格上げの際には「御」に変更しました。「御」を用いるほうが、改まった印象や格式の高さを強調するのに効果的だからです。

格上げ後の文例

謹啓　歳暮御多端の折柄貴社益々御隆昌の趣大賀の至りに存じます。平素格別の御懇情に預かり万謝申し上げます。

　さて、来る新年に際しまして吉例にならい、左記の次第にて、年賀名刺交換会を相催したく存じます。日頃より小社と親密に

第4章　案内状、招待状&返信　　　241

御取引いただいております御得意様各位との御交誼をより一層厚く
致し、御得意様同士の御親交も深めていただきますれば幸い
この上なく存じます。

　就きましては年頭御繁多のところ、枉げて御光来賜りますよう、
くれぐれも宜しく御願い申し上げます。

　先ずは御招待の御挨拶まで申し上げます。　　　　　　　敬白

（「記」　省略）

39－2　返信（出欠）

模　範　文　例

〈出席するとき〉

謹復　歳末御多端①の折柄②、御一同様定めし③御清栄④の
御事⑤と賀し奉ります⑥。

　さて、この度は思いがけず、栄えある⑦貴社年賀名刺交換会に
御招待いただき、誠に感謝至極⑧に存じ上げます。

　新参の小社の御伺いは、聊か僭越⑨ではございますが、折角⑩の
御招きですので、喜んで末席を汚す⑪心算⑫に存じます。

　大塚社長様はもとより、多士済済⑬の貴社御取引先の
皆様方の御高見⑭を拝聴できますれば、これに如く⑮喜びは
ございません。

　先ずは御礼方々御返事のみ申し述べます。　　　　　　　謹言

〈欠席するとき〉

謹んで御返事申し上げます。

　この度は御丁重なる御招待状の御書面に接し、心より鳴謝⑯申し上げます。是非とも御参会の栄に浴したく⑰存じますが、生憎⑱既に当日先約あり、甚だ遺憾⑲至極に存じますが、御伺いが叶いません。この儀⑳予め御含みおき賜りますよう御願い申し上げます。

　当日の御盛会を御祈念㉑申し上げます。次回は必ず出席させていただきますので、御見限りなきよう何卒宜しく御願い申し上げます。

　先ずは御招きへの深甚㉒なる感謝と御返事迄申し上げます。

恐惶謹言㉓

語 句 の 解 説

①　「多端」は、あれこれ事件や問題が多いこと。また、仕事が多く忙しいこと。

②　「折柄」は、ちょうどその時。

③　「定めし」は、おそらく。きっと。

④　「清栄」は、相手の生活、健康、繁栄などを祝う挨拶の言葉。

⑤　「御事」は、「〜とのこと」を、より丁寧にいう言い方。

⑥　「賀し奉ります」は、お祝い申し上げます、をさらに丁寧にいう言い方。

⑦　「栄えある」は、名誉ある。

⑧　「感謝至極」は、感謝の極限、という意味。

⑨　「僭越」は、自分の身分、地位を越えて、出過ぎたことをする様子。

第4章 案内状、招待状＆返信　　243

⑩　「折角」は、わざわざ。

⑪　「末席を汚す」は、出席することをへりくだっていう言い方。

⑫　「心算」は、心づもり。

⑬　「多士済済」は、優れた人物が数多くいること。

⑭　「高見」は、優れた意見や識見。

⑮　「如く」は、及ぶ。

⑯　「鳴謝」は、厚く礼を述べること。

⑰　「栄に浴したく」は、名誉を得る。

⑱　「生憎」は、具合が悪いことに。

⑲　「遺憾」は、思い通りでなく残念なこと。

⑳　「儀」は、〜のこと、という意味。格調高く言うときの語。

㉑　「祈念」は、願い事を祈って、その達成を念ずること。

㉒　「深甚」は、非常に深いこと。

㉓　「恐惶謹言」は、恐れ入って謹んで申し上げました、という意味
の、非常に丁寧な四字結語。

244　　第４章　案内状、招待状＆返信

40－1　忘年会への招待

一般的な文例

謹啓　いつもお引き立てくださりありがたくお礼申し上げます①。本年も漸く押し詰まり、残り少なくなりましたので②、ちょっと日頃のご愛顧への感謝として③、左記の要領にて、忘年会を催し④たいと存じます。

　佐藤様には、恐らくご繁忙の事と存じますが⑤、多忙なうちに過ぎ去った⑥本年を振り返り、互いに慰労し、来る年への希望、野望を語り合うために⑦、忘年の祝宴を張り、平素格別なるご厚情に預かる方々のご臨席を得たく存じますので、お運びいただければ幸いです⑧。

　先ずはご招待まで謹んで申し述べます。　　　　　　　　敬白

（「記」　省略）

格上げのポイント

① 　冒頭の印象が大切です。ここを格上げするために、「毎々御引き立てに預かり有り難く御礼申し上げます」に変えます。「毎々」は、いつも。「預かり」は、〜していただき。「ありがたく」を「有り難く」と漢字にすることによっても、格調を高めることができます。

② 　「残り少なくなりましたので」は、月並みな印象なので、「余日少なく相成りますところ」などと変えて格調を高めます。「余日」は、残りの日数です。「相成ります」は、〜なる、を語調を整え、より改

まった印象にするための言い方。

③ 「ちょっと日頃のご愛顧への感謝として」は、おざなりな印象なので、「聊か平素の御眷顧に酬いるため」と変え、格調を高めます。「聊か」は、ほんの少し。わずか。「平素」は、いつも。日頃。「眷顧」は、特別に目をかけること。ひいき。

④ 「催し」を「相催し」に変えて、語調を整え、丁寧な印象を強めます。

⑤ 「佐藤様には、恐らくご繁忙の事と存じますが」を、さらに格調高く言うには、「尊台におかれましては定めし御繁忙の御事と御推察申し上げますが」とします。「尊台」は、相手の尊称です。苗字を書くのは恐れ多いときに用います。「定めし」は、きっと。おそらく。「御事」は、〜とのこと、を丁寧にいう言い方。

⑥ 「多忙なうちに過ぎ去った」を、「多事多端なりし」と文語調にすると、引き締まった格調の高さが生まれます。「多事多端」は、仕事が多くて大変忙しい様子。

⑦ 「ために」を「べく」とすると、改まった印象が強まります。「べく」は、可能な動作、実現の可能性のある事態を述べるのに用います。

⑧ 「お運びいただければ幸いです」の格式を上げるには、「御来車下さりますれば幸甚に存じます」などとします。「来車」は、車で来ること。転じて、相手を敬って、その来訪を言う語。「幸甚」は、非常に幸せなこと。

☆ 「一般的な文例」にある、敬意を強めるために用いた「お」「ご」は、格上げの際には「御」に変更しました。「御」を用いるほうが、改まった印象や格式の高さを強調するのに効果的だからです。

246　　第4章　案内状、招待状＆返信

格上げ後の文例

謹啓　毎々御引き立てに預かり有り難く御礼申し上げます。本年も漸く押し詰まり、余日少なく相成りますところ、聊か平素の御眷顧に酬いるため、左記の要領にて、忘年会を相催したいと存じます。

　尊台におかれましては定めし御繁忙の御事と御推察申し上げますが、多事多端なりし本年を振り返り、互いに慰労し、来る年への希望、野望を語り合うべく、忘年の祝宴を張り、平素格別なる御厚情に預かる方々の御臨席を得たく存じますので、御来車下さりますれば幸甚に存じます。

　先ずは御招待まで謹んで申し述べます。　　　　　　　敬白

（「記」　省略）

40－2　返信（出欠）

模 範 文 例

〈出席するとき〉

謹復　御玉章①有り難く拝受②致しました。

　就きましては、多事なりし本年を記念③すべく御催しになります忘年会に、数ならぬ④小生まで御寵招⑤に預かり⑥、光栄の極みと存じ上げます。

第4章　案内状、招待状＆返信　　247

　憚りながら⑦当日は喜んで参堂⑧仕り⑨ます故、何卒皆様方へも宜しく御伝声⑩くださりますよう願い上げます。
　右取り急ぎ、御礼方々⑪御返事迄申し上げます。　　　　敬白

〈欠席するとき〉

　謹復　本年も仰せ⑫の通り余日少なくなりまして、何かと御多用の御事と拝察⑬致します。
　さて、この度は忘年会を御開催になり、図らずも⑭わたくしまでも御招待に預かり、感佩⑮この上なく存じ上げます。
　江藤様始め、県下有力企業の皆様方に、親しく⑯御挨拶申し上げ、御高説⑰を賜りたく存じますが、実はお恥ずかしいことに持病が悪化し、どちら様の御宴席にも出席が叶わなくなりました。
　暫くの休養と投薬により大事は免れます故、他事ながら⑱御休心⑲くださいませ。
　かかる事情御賢察⑳頂き、何卒御海容㉑賜りますよう、宜しく御願い申し上げます。
　取りあえず、御招きへの御礼と御詫びを本状にて申し上げます。
　　　　　　　　　　　　　　　　　　　　　　　　　　頓首

語句の解説

①　「玉章（ぎょくしょう）」は、相手の手紙の敬称。
②　「拝受（はいじゅ）」は、慎んで受け取ること。
③　「記念（きねん）」は、この場合は、過ぎ去った物事などを思い起こすこと。
④　「数ならぬ（かず）」は、数のうちに入らない。自分を謙遜する言い方。
⑤　「寵招（ちょうしょう）」は、特別の恩恵をもって招かれること。

248 第4章 案内状、招待状＆返信

⑥ 「預かり」は、目上からのおほめや志を受けること。

⑦ 「憚りながら」は、恐れ入りますが。恐縮ですが。

⑧ 「参堂」は、人の家を訪問することのへりくだった言い方。

⑨ 「仕り」は、致します、という意味の改まった言い方。

⑩ 「伝声」は、代わりに伝えること。

⑪ 「方々」は、〜を兼ねて、〜がてら、という意味。

⑫ 「仰せ」は、お言葉。

⑬ 「拝察」は、推察することをへりくだっていう言い方。

⑭ 「図らずも」は、思いがけず。

⑮ 「感佩」は、心から感謝して忘れないこと。

⑯ 「親しく」は、直接。

⑰ 「高説」は、相手の考え方の尊敬表現。

⑱ 「他事ながら」は、他人事でご関心がないとは思いますが、という意味。

⑲ 「休心」は、安心。

⑳ 「賢察」は、相手が推察することを敬って言う語。お察し。

㉑ 「海容」は、海のような広い心で受け入れ、許すこと。

第4章　案内状、招待状＆返信　　249

41－1　受賞祝賀会への招待

一般的な文例

謹啓　初夏の候いよいよご清栄の由ご同慶の至りに存じます①。

　さて、すでにお聞き及びの事とは存じますが②、

　　　　　　　　　　　　　　小社社長布田正文が③、

今年度の東京都○○美術展にて、最優秀賞を受賞致しました。

　趣味④の油絵に関して騒ぎ立て、皆様にご報告申し上げる

ご無礼は控えよとは、布田本人の意向ですが、常々長くご厚誼を

賜りますご諸賢には⑤、趣味④の油絵につきましても、個展の開催に

際して会場をご提供頂くなど、ご支援を賜っておりますので、

この際ご諸賢への感謝の念をお伝えするチャンスと本人も同意し、

祝賀の宴を左記要領にて開催する事となりました⑥。

　ご繁忙のところ誠に恐縮⑦に存じますが、ご来会賜りますよう

宜しくお願い申し上げます⑧。

　なお、当日は受賞作品を会場に展示しますので、ご鑑賞の上、

ご感想など頂ければ幸いです⑨。

　先ずは右ご招待まで申し上げます。　　　　　　　　敬白

（「記」　省略）

格上げのポイント

①　冒頭の前文により、まず格調の高さを表現するには、この部分を、

　「初夏の折柄尊台におかれましては愈々御清栄の御由御同慶の至り

に存じ上げます」と変更します。下線部が、補足、改変箇所です。
「折柄」は、ちょうどその時。「尊台」は、相手の敬称。あまり見慣
れない用語を用いることで新鮮な敬意を強調します。〜とのこと、
という意味の「由」も「御由」とし、より丁寧に表現し、「存じます」
も「存じ上げます」と、ワンランク上の敬語にします。

② 　「すでにお聞き及びの事とは存じますが」は、「既に御高承の御事
とは存じますが」とし、敬意を高めます。下線部が、補足、改変箇
所です。「高承」は、相手の承知を敬って言う語。「御事」は、〜と
のこと、を丁寧にいう言い方。

③ 　「小社社長布田正文が」の「が」を、「こと」に変えると、格調高
い表現になります。「こと」は、〜に関していえば、〜は、という意
味。

④ 　「趣味」をあえて「余技」と表現することで、本業への専心をお
ろそかにしていないというニュアンスを強調します。格上げ手紙に
おいては重要な配慮です。「余技」は、専門以外に、身につけた技芸。

⑤ 　この部分は、さらに格調を高め、丁寧さを加えるために、「皆様に
御報知申し上げる御無礼は差し控えよとは、布田本人の意向ではご
ざいますが、平素より尊台を始めとする長く御厚誼を賜ります御諸
賢には」とします。下線部が、補足、改変箇所です。「控えよ」を「差
し控えよ」と、「意向ですが」を「意向ではございますが」と、「常々」
を「平素より」と、丁寧に言い換えます。また、「尊台を始めとする」
と、あえて相手を名指しして、敬意を差し向ける対象を明確化する
ことも大切です。「尊台」は、相手の敬称。「厚誼」は、心からの親
しいつきあい。「諸賢」は、多くの人々に対して敬意を込めて呼ぶ語。

⑥ 　この部分も、さらに格調高く、より丁寧に言うために、「多大なる
御支援を賜って居ります故、この際尊台並びに御諸賢への深甚なる

第4章　案内状、招待状＆返信　251

感謝の念を御伝えする好機と本人も同意し、祝賀の宴を左記要領にて開催する事と相成りました」と変えます。下線部が、補足、改変箇所です。「御支援」だけでなく「多大なる御支援」と、大げさに言います。「この際御諸賢への感謝」ではなく、「尊台並びに御諸賢への深甚なる感謝」と、やはりここでも明確に相手を意識していることを示し、「深甚なる」と大げさに言うことを忘れてはなりません。「深甚（しんじん）」は、程度がとても深いこと。そして、「チャンス」は「好機」とし、「なりました」は「相成りました」と丁寧に表現します。

⑦　「恐縮」を「恐縮至極」とし、格調を高め敬意を強めます。「至極（しごく）」は、この上ないこと。

⑧　この部分を、さらに丁寧に表現し、格上げするには、「御来会の栄を賜りますようくれぐれも宜しく御願い申し上げます」とします。下線部が、補足、改変箇所です。「栄」は、栄誉。「くれぐれも」は、どうか。是非。

⑨　この部分を、「なお、当日は受賞作品を会場に展示させて頂きますので、御鑑賞の上、御高批を頂戴できますすれば幸甚に存じます」と変更し、丁寧を極めます。下線部が、補足、改変箇所です。「展示します」を「展示させて頂きます」と、謙虚に伝え、「ご感想など頂ければ」を「御高批を頂戴できますすれば」に変え、格調を高め敬意を強めます。「高批（こうひ）」は、相手の批評の尊敬表現です。「幸いです」を「幸甚に存じます」に変えるのも効果的です。「幸甚」は、非常に幸せなこと。

☆　「一般的な文例」にある、敬意を強めるために用いた「お」「ご」は、格上げの際には「御」に変更しました。「御」を用いるほうが、改まった印象や格式の高さを強調するのに効果的だからです。

第4章 案内状、招待状＆返信

格上げ後の文例

謹啓　初夏の折柄尊台におかれましては愈々御清栄の御由御同慶の至りに存じ上げます。

さて、既に御高承の御事とは存じますが、小社社長布田正文こと、今年度の東京都○○美術展にて、最優秀賞を受賞致しました。

余技の油絵に関して騒ぎ立て、皆様に御報知申し上げる御無礼は差し控えよとは、布田本人の意向ではございますが、平素より尊台を始めとする長く御厚誼を賜ります御諸賢には、余技の油絵につきましても、個展の開催に際して会場を御提供頂くなど、多大なる御支援を賜って居ります故、この際尊台並びに御諸賢への深甚なる感謝の念を御伝えする好機と本人も同意し、祝賀の宴を左記要領にて開催する事と相成りました。

御繁忙のところ誠に恐縮至極に存じますが、御来会の栄を賜りますようくれぐれも宜しく御願い申し上げます。

なお、当日は受賞作品を会場に展示させて頂きますので、御鑑賞の上、御高批を頂戴できますれば幸甚に存じます。

先ずは右御招待まで申し上げます。　　　　　　　　敬白

（「記」　省略）

第4章　案内状、招待状＆返信　　253

41－2　返信（出欠）

模　範　文　例

〈出席するとき〉

謹復　今しがた誠に慶ばしい御吉事①の御知らせに接し、我が事の如く胸躍りつつ、寸書②をしたためております。

御受賞誠におめでとうございます。

貴社御発展、御繁忙の中、寸暇を得て御趣味の油絵に勤しんで③いらっしゃる御姿と見事な御作品は何作か拝見致しておりましたが、名にし負う④東京都○○美術展にて最優秀賞を受賞される卓越⑤した御才能を有されているとは、失礼ながら存じ上げませんでした。

勿論当日は、是非出席させて頂きたく存じます。会場にて受賞作を拝見できる御由⑥、大変楽しみにさせていただきます。

先ずは御祝い方々御返事まで申し述べます。　　　　　敬白

〈欠席するとき〉

謹復　御吉報⑦に接し御同慶⑧この上なく存じます。先ずは心よりの御祝賀を申し上げます。

同展への御出品は存じ上げ、これまでにも増して素晴らしい仕上がりの御作品も事前に拝見、御入賞を確信しておりましたが、誠に失礼千万⑨ながら、最優秀賞は予想外の出来事でした。

御本人はもとより御家族様、御朋友、さらには貴社の皆々様におかれましても、さぞかし御慶びの御事と拝察⑩致し、愉快至極に

存じます。

　つきましては、御祝賀の宴には是非参上致し、親しく万々御祝詞⑪を申し上げたく存じますが、遺憾⑫ながら先約⑬の繰り合わせ⑭がつかず、出席が叶いません。悪しからず⑮御理解賜りますよう御願い申し上げます。

　日を改め御祝賀に伺いたく存じます。

　先ずは御祝い方々心よりの御詫びまで申し上げます。　頓首

語 句 の 解 説

① 　「吉事」は、おめでたい出来事。
② 　「寸書」は、自分の手紙の謙称。
③ 　「勤しんで」は、一所懸命にする。励む。
④ 　「名にし負う」は、その名と共に評判の高い。
⑤ 　「卓越」は、他より、はるかに優れていること。
⑥ 　「御由」は、〜とのこと、という意味を、さらに丁寧にいう言い方。
⑦ 　「吉報」は、おめでたい良い知らせ。
⑧ 　「同慶」は、自分にとっても喜ばしいこと。
⑨ 　「失礼千万」は、この上なく礼儀を欠いている様子。
⑩ 　「拝察」は、人の心中などを推測することを、へりくだって言う語。
⑪ 　「祝詞」は、お祝いの言葉、手紙。
⑫ 　「遺憾」は、期待したようにならず、心残りであること。残念に思うこと。
⑬ 　「先約」は、先に別の人とした約束。
⑭ 　「繰り合わせ」は、時間などを工夫して都合をつける。
⑮ 　「悪しからず」は、悪く思わないで。

第4章　案内状、招待状＆返信　　255

42－1　叙勲祝賀会への案内

一般的な文例

謹啓　薫風緑樹の候、いよいよご清祥のこととお喜び申し上げます①。

　さて、ご存じとは思いますが②、
株式会社○○新社様社長沖山健二様が③、今春の褒章にて、
藍綬褒章を受章されました④。

　公衆の利益を興した方が受章対象となる同章ですが⑤、
沖山様の私たちの業界⑥における献身的なご活躍は、今更申し
上げるまでもございません。沖山様の業界振興策の数々の
お陰により⑦、我が業界の今日があるとの認識に、異論を唱える
人はいないでしょう⑧。

　就きましては、沖山様のこれまでのご功労に感謝し⑨、今回の
ご受章の栄誉を高くたたえる⑩ために、左記の要領にて祝賀会を
開催する事となりましたので、ご繁忙中誠に恐縮ですが⑪、何卒
お繰り合わせの上、ご臨席くださるよう⑫、謹んでお願い申し
上げます。

　先ずは略儀ながら書面にて、ご案内まで⑬。　　　　　謹言

（「記」　省略）

格上げのポイント

①　この部分は、次のように、所々漢字に変えるだけで、改まった印

象になります。「薫風緑樹の候、愈々御清祥の段御慶び申し上げます」。下線部が、補足、改変箇所です。「段」は、〜とのこと。「お喜び」は「御慶び」とするほうが、よりおめでたい印象となります。

② 「ご存じとは思いますが」は、月並みな印象なので、「既に御高承の事とは存じますが」と、格調を高めます。「高承」は、相手の承知、承認を、敬って言う語。

③ 「沖山健二様が」を「沖山健二様におかれましては」と変えることで、改まった印象を強めます。

④ ここはより丁寧に表現するために、「目出度くも」を補足します。

⑤ この部分を、さらに詳しく説明するために、「教育、医療、社会福祉、産業振興などの分野で」を補足します。丁寧な説明が、敬意に通ずることもあります。

⑥ 「私たちの業界」は「斯業界」と改め、格調を高めます。「斯」は、この、という意味。この語自体に敬意は含まれませんが、漢字表現はしばしば重厚な印象を醸すのに役立ちます。

⑦ この部分を、次のように、より丁寧に表現することで、敬意を強めます。「沖山様の斬新にして効果的な業界振興策の数々の御陰を以て」。下線部が、補足、改変箇所です。

⑧ この部分を、別の表現により、もう少し格調を高めます。「余儀を差し挟む者は皆無と申せます」などとします。「余儀」は、他のこと。他にとるべき方法。また、別の意見。

⑨ 「ご功労に感謝し」を「御功労に改めて厚謝致し」に変え、格上げを図ります。「改めて」を補足することで、これまでも十分感謝していたというニュアンスを添え、「厚謝」という、あまり見慣れない言葉により、新鮮な敬意を醸し出します。「厚謝」は、深く感謝すること。

⑩ 「たたえる」を「称揚する」に変え、重みや厳粛さを加えます。

第4章　案内状、招待状＆返信　　257

「称揚」は、その価値を認めて、ほめたたえること。

⑪　「恐縮ですが」を「恐縮に存じますが」に変え、丁寧さをさらに加えます。「存じます」は、思います、の謙譲表現です。へりくだることにより、相手に敬意を示します。

⑫　「ご臨席くださるよう」を「御臨席賜りますよう」に変えて、敬意を強めます。「賜る」は、〜してくださる。

⑬　「御案内まで」は、「御案内まで申し述べます」の短縮系。はしょった言い方に、敬意は感じられません。

☆　「一般的な文例」にある、敬意を強めるために用いた「お」「ご」は、格上げの際には「御」に変更しました。「御」を用いるほうが、改まった印象や格式の高さを強調するのに効果的だからです。

格上げ後の文例

謹啓　薫風緑樹の候、愈々御清祥の段御慶び申し上げます。

　さて、既に御高承の事とは存じますが、

株式会社○○新社様社長沖山健二様におかれましては、今春の褒章にて、目出度くも藍綬褒章を受章されました。

　教育、医療、社会福祉、産業振興などの分野で公衆の利益を興した方が受章対象となる同章ですが、沖山様の斯業界における献身的な御活躍は、今更申し上げるまでもございません。沖山様の斬新にして効果的な業界振興策の数々の御陰を以て、我が業界の今日があるとの認識に、余儀を差し挟む者は皆無と申せます。

　就きましては、沖山様のこれまでの御功労に改めて厚謝致し、今回の御受章の栄誉を高く称揚するために、左記の要領にて祝賀会を開催する事となりましたので、御繁忙中誠に恐縮に

258　第4章　案内状、招待状＆返信

存じますが、何卒御繰り合わせの上、御臨席賜りますよう、謹んで御願い申し上げます。

　先ずは略儀ながら書面にて、御案内まで申し述べます。謹言

（「記」　省略）

42－2　返信（出欠）

模　範　文　例

〈出席するとき〉

謹復　軽暑の折柄①益々御清勝②の御事③と存じ上げます。

　さて、此度④は沖山様の御受章に際しまして、栄えある⑤御祝賀の会への御招待を賜り、望外⑥の幸福と深謝⑦申し上げる次第です。

　実は過日沖山様の今回の御慶事を仄聞⑧致し、日頃より沖山様を御敬愛申し上げる仲間と共に、さしでがましくも祝宴を張る計画を立てておりました。しかしながら、沖山様とは古くから御親交⑨厚き貴社の御主催により御祝賀の会が開かれますことこそ本来と存じ上げます。

　勿論当日は是非参会⑩致し、沖山様に親しく御祝いを申し上げる所存ですので、末席⑪を頂戴できますれば幸甚に存じます。

　取りあえず本状にて、御返事のみ申し上げます。　　　敬白

第4章　案内状、招待状＆返信　　259

〈欠席するとき〉

謹復　貴信⑫拝読致し、感謝に堪えません。

　沖山様御受章の御事、慶祝⑬の至りと存じ上げます。これ迄の沖山様の御勲功が、かかる⑭形で国より顕彰⑮、高く評価されましたことは、僭越⑯ながら誠に御同慶⑰の至りと存じ上げます。

　是非御祝賀会には出席致し、輝かしい御受章の御感想を沖山様に伺い、御参会の皆様方の御祝詞⑱も拝承⑲致し、

　　　　　　　　　　　　　　　　　　　　　わたくしからも親しく⑳御挨拶を致したく存じますが、誠に不躾㉑極まりないことに、当日は先約㉒により身動きが取れず、御出席致しかねます。

　日を改めて御祝いに伺う心算㉓ですが、当日につきましては、御許し賜りますよう、伏して㉔御願い申し上げます。

　御盛会㉕を御祈り申し上げます。　　　　　　　　　　　謹言

語 句 の 解 説

① 「折柄（おりから）」は、ちょうどその時。

② 「清勝（せいしょう）」は、相手が健康で元気なことを喜ぶ挨拶語。

③ 「御事（おんこと）」は、〜とのこと、を丁寧にいう言い方。

④ 「此度（こたび）」は、この度。

⑤ 「栄（は）えある」は、名誉ある。

⑥ 「望外（ぼうがい）」は、望んでいた以上に良いこと。

⑦ 「深謝（しんしゃ）」は、非常に感謝すること。

⑧ 「仄聞（そくぶん）」は、人づてやうわさなどで聞くこと。

⑨ 「親交（しんこう）」は、親しいお付き合い。

260 第4章 案内状、招待状＆返信

⑩ 「参会」は、会合に出席すること。

⑪ 「末席」は、最下位の座席。下座。自分の席をへりくだっていう
言い方。

⑫ 「貴信」は、相手の手紙の敬称。

⑬ 「慶祝」は、喜び祝うこと。

⑭ 「かかる」は、このような、という意味の古風な言い方。

⑮ 「顕彰」は、（隠れている良いことを）明らかにすること。明らか
にあらわれること。功績などを一般に知らせて、表彰すること。

⑯ 「僭越」は、自分の身分、地位を越えて、出過ぎた事をすること。

⑰ 「同慶」は、相手と同じように、自分にとっても喜ばしいこと。

⑱ 「祝詞」は、お祝いの言葉。

⑲ 「拝承」は、聞くこと、承知することをへりくだって言う語。

⑳ 「親しく」は、直接。

㉑ 「不躾」は、しつけができていないこと。無作法。

㉒ 「先約」は、先に別の人とした約束。

㉓ 「心算」は、つもり。

㉔ 「伏して」は、くれぐれも。謹んで。

㉕ 「盛会」は、盛大な会。

第4章　案内状、招待状＆返信　　　261

43－1　出版記念会への案内

一般的な文例

粛啓　秋冷の折柄益々ご盛栄の御事と欣賀の至りに存じます①。
　さて、早速ですが②、この程小社会長矢野口健太が③、
これまでの④足跡を振り返る回顧録『日々好日』をまとめ、
○○書房新社より今秋十月二十日出版することとなり⑤、同日
左記の要領にて出版記念会を開催致しますので、ご案内申し上げ
ます⑥。
　戦後間もない創業時の、これまで明かされることのなかった
エピソードの数々、小社ヒット製品の開発譚など、小社一企業の
発展史を超えた、非常に興味深い内容により、出版前より多くの
マスコミが早くも注目しております。
　つきましては、⑦ご多用中誠に恐縮ですが、出版記念会に
ご出席いただきたく存じます⑧。
　右ご案内まで申し上げます⑨。　　　　　　　　　　謹白

（「記」　省略）

格上げのポイント

① 　冒頭の印象が大切です。より改まった雰囲気を醸すために、ここ
を、「逐日秋冷相募る折柄益々御盛栄の御事と拝察致し欣賀の至り
に存じ上げます」とします。下線部が、補足、改変箇所です。「逐日」
は、日増しに。「相募る」は、増す、を丁寧にいう言い方。「折柄」

は、ちょうどその時。「盛栄」は、商売などが、盛んになること。「御事」は、〜とのこと、を丁寧にいう言い方。「拝察」は、推察することをへりくだっていう言い方。「欣賀」は、喜んで祝福すること。

② 「早速ですが」も、挨拶もそこそこに要件に入ることを恐縮している、という意味を示す言葉ですが、ここを「早速で恐縮ですが」とすると、より敬意のこもった印象になります。

③ 「が」を「儀」に変えて、重厚感を出します。「儀」は、人代名詞、人名、またはそれらの側の物を表す名詞について、〜こと、〜に関して、の意を表す語。

④ 「これまでの」を「来し方の」に変えることで、改まった印象を強めます。

⑤ 「出版することとなり」を「出版の運びとなり」に変え、格調を高めます。「運び」は、ある段階になること。ここでは、出版の段階に入り、という意味になります。

⑥ ここに、「謹んで」を補い、「謹んで御案内申し上げます」とすると、より改まった、丁寧な印象となります。

⑦ この部分に、「矢野口も大変喜ぶと存じます故、」を挿入すると、より親密で心のこもった印象となり、敬意の格がまた一段上がる場合があります。

⑧ 「出版記念会にご出席いただきたく存じます」は、ややおざなりな印象です。「出版記念会への御来車を御検討賜りますれば幸甚に存じます」と変え、丁寧を極めます。「来車」は、相手が訪れることを尊敬していう言い方。「幸甚」は、非常に幸せなこと。

⑨ 締めくくりの末文も簡素なので、「略儀ながら書面を以て右御案内まで申し上げます」とします。下線部が挿入箇所です。「略儀」は、略式。「以て」は、手段・方法を示す語。「書面を以て」は、書面によって、という意味。

第4章　案内状、招待状＆返信　　263

☆　「一般的な文例」にある、敬意を強めるために用いた「お」「ご」
　は、格上げの際には「御」に変更しました。「御」を用いるほうが、
　改まった印象や格式の高さを強調するのに効果的だからです。

格上げ後の文例

粛啓　逐日秋冷相募る折柄益々御盛栄の御事と拝察致し欣賀の
至りに存じ上げます。
　さて、早速で恐縮ですが、この程小社会長矢野口健太儀、
来し方の足跡を振り返る回顧録『日々好日』をまとめ、
○○書房新社より今秋十月二十日出版の運びとなり、同日左記の
要領にて出版記念会を開催致しますので、謹んで御案内申し上げ
ます。
　戦後間もない創業時の、これまで明かされることのなかった
エピソードの数々、小社ヒット製品の開発譚など、小社一企業の
発展史を超えた、非常に興味深い内容により、出版前より多くの
マスコミが早くも注目しております。
　つきましては、矢野口も大変喜ぶと存じます故、御多用中誠に
恐縮ですが、出版記念会への御来車を御検討賜りますれば幸甚に
存じます。
　略儀ながら書面を以て右御案内まで申し上げます。　　謹白

（「記」　省略）

264　　第4章　案内状、招待状＆返信

43－2　返信（出欠）

模 範 文 例

〈出席するとき〉

謹復　秋冷の砌①と相成り②ましたが、その後も益々御活躍の段③御同慶④に存じ上げます。

　さて、この程は貴社会長矢野口様には、愈々回顧録『日々好日』御上梓⑤との御吉報⑥を賜り誠に喜ばしく、衷心より⑦御祝い申し上げます。

　承りますれば⑧秘話の数々が明かされる御由⑨、定めし⑩血沸き胸躍る痛快無比⑪の内容が展開されているものと拝察⑫致します。

　当日は勿論出席の栄を得て、矢野口様の御慶びに接し、一言御挨拶を申し上げたく存じます。

　数ならぬ⑬小生まで、記念すべき御祝賀の会に御招き賜りましたことに厚謝⑭致し、寸書⑮にて御返事まで申し上げます。

敬白

〈欠席するとき〉

謹復　錦秋⑯の候一段と御清祥の御事と存じ上げ、御慶びを申し上げます。

　さて、矢野口会長様の御出版につきまして、わざわざ御丁寧に御報知賜り、恐縮至極に存じます。

　矢野口様の類まれなる御才筆は夙に⑰万人周知の事実にて、

第4章　案内状、招待状＆返信　　265

早晩御玉稿⑱が上梓され、巷間⑲評判を呼ぶものと期待しており
ましたので、今回の御出版は、憚りながら⑳我が意を得たりと、
欣喜雀躍㉑の思いを禁じ得ません。

　早速御祝賀の当日拝趨㉒の上、親しく㉓御挨拶を致したく存じ
ますが、折悪しく同日海外出張と重なります。誠に申し訳ござい
ません。来月初旬の帰国後、御都合を御伺い申し上げ、即日㉔
御祝いに駆け付ける所存㉕ですので、御寛容賜りますれば幸いに
存じます。

　先ずは略儀ながら御祝い並びに御詫びまで申し上げます。

頓首

語 句 の 解 説

① 「砌（みぎり）」は、ちょうどその時。
② 「相成り（あいなり）」は、なる、の改まった言い方。
③ 「段（だん）」は、〜とのこと。
④ 「同慶（どうけい）」は、相手と同じように、自分にとっても喜ばしいこと。
⑤ 「上梓（じょうし）」は、出版すること。昔梓の木で版木を作ったことに由来する。
⑥ 「吉報（きっぽう）」は、おめでたい良い知らせ。
⑦ 「衷心（ちゅうしん）より」は、心より、という意味の改まった言い方。
⑧ 「承（うけたまわ）りますれば」は、伝え聞くところによりますと、という意味。
⑨ 「御由（おんよし）」は、〜とのこと、をさらに丁寧にいう語。
⑩ 「定（さだ）めし」は、さぞかし。これも格上げ表現。
⑪ 「痛快無比（つうかいむひ）」は、比べものにならないほど、とても気持ちの良いこと。

266　第4章　案内状、招待状＆返信

⑫　「拝察」は、人の心中などを推測することをへりくだって言う語。

⑬　「数ならぬ」は、取るに足らない。

⑭　「厚謝」は、厚く礼を言うこと。深謝。

⑮　「寸書」は、自分の手紙の謙称。

⑯　「錦秋」は、木々が錦に染まる秋という意味。

⑰　「夙に」は、ずっと以前から。早くから。

⑱　「玉稿」は、相手の原稿の尊称。

⑲　「巷間」は、世間。ちまた。

⑳　「憚りながら」は、遠慮すべきことかもしれないが。恐れながら。

㉑　「欣喜雀躍」は、小踊りして喜ぶこと。

㉒　「拝趨」は、出向くことをへりくだっていう語。

㉓　「親しく」は、じかに。直接。

㉔　「即日」は、事のあったその日。

㉕　「所存」は、考え。

第4章　案内状、招待状＆返信　　267

44－1　新製品発表会への案内

一 般 的 な 文 例

謹啓　向暑の砌貴社愈々ご盛栄の段お慶び申し上げます①。

さて、早速で恐縮ですが、七月十日②から十二日迄、左記の通り③、○○ビッグサイトで④、弊社新製品発表会を開催しますので⑤、謹んでご案内を申し上げます⑥。

今回は、同封冊子にてお示し致しました通り、弊社主力のステイショナリー関連の新製品を多数開発、販売に漕ぎ着けましたので⑦、ご覧いただき⑧、ご注文賜りますれば⑨感謝に堪えません。

ご多用の所誠に恐縮至極に存じますが、お運び賜りますようお願い申し上げます⑩。

事前にご連絡を頂戴できますれば、わたくしがご案内ご説明申し上げます。

以上、新製品発表会のご案内までお知らせ申し上げます。

謹言

（「記」　省略）

格上げのポイント

① 　「お慶び申し上げます」を「抃賀奉ります」に変えると、新鮮で格調高い印象が強まり、効果的な場合もあります。「抃賀」は、手を叩いて喜ぶこと。「奉る」は、〜申し上げる。したがって「抃賀奉ります」は、手を叩いてお慶び申し上げます、という意味になりま

す。

② 「七月十日」だけでなく「来る」を加え「来る七月十日」とすると、格調が高くなります。

③ 「左記の通り」は、「左記の次第により」として、改まった印象を強めます。「次第」は、スケジュール。

④ 「○○ビッグサイトで」を「○○ビッグサイトにて」に変えると、センセーショナルな印象がやや加わります。

⑤ 「開催しますので」では、軽々しいので、「開催する事と相成りましたので」に変えます。「相成る」は、なる、を語調を整え丁寧にいう言い方。

⑥ この部分をさらに格上げするには、「株式会社○○販売様には、特に謹んで御案内を申し上げます」などとします。下線部が補足、改変箇所です。多くの相手に案内するわけですが、相手をあえて名指しし、「特に」として、特別感を醸し出すと、より敬意のこもった印象になります。

⑦ 「ので」を「故」に変えると、格調が上がります。

⑧ さらに格調高く表現するために、「ご覧いただき」を「御高覧に供し」とします。「御高覧」は、相手が見ることを敬って言う語。「供し」は、差し出す。したがって、「御高覧に供し」は、ご覧いただくために差し出す、という意味になります。古風な表現ですが、格式が高まります。

⑨ 「ご注文賜りますれば」は、「御注文の栄を賜りますれば」とするだけで、格上げになります。「栄」とは、栄誉。やや大げさな印象もありますが、格上げ手紙では、大げさにすることで、敬意を明確に伝えたほうがよい場合があります。

⑩ 「お運び賜りますようお願い申し上げます」でも、十分格式を感じる表現ですが、さらに格調高くするには、「御都合のよい時日に御

第4章　案内状、招待状＆返信　　269

運び賜りますようくれぐれも宜しく御願い申し上げます」などとします。

☆　「一般的な文例」にある、敬意を強めるために用いた「お」「ご」は、格上げの際には「御」に変更しました。「御」を用いるほうが、改まった印象や格式の高さを強調するのに効果的だからです。

格上げ後の文例

謹啓　向暑の砌貴社愈々御盛栄の段扒賀奉ります。

　さて、早速で恐縮ですが、来る七月十日から十二日迄、左記の次第により、○○ビッグサイトにて、弊社新製品発表会を開催する事と相成りましたので、株式会社○○販売様には、特に謹んで御案内を申し上げます。

　今回は、同封冊子にて御示し致しました通り、弊社主力のステイショナリー関連の新製品を多数開発、販売に漕ぎ着けました故、御高覧に供し、御注文の栄を賜りますれば感謝に堪えません。

　御多用の所誠に恐縮至極に存じますが、御都合のよい時日に御運び賜りますようくれぐれも宜しく御願い申し上げます。

　事前に御連絡を頂戴できますれば、わたくしが御案内御説明申し上げます。

　以上、新製品発表会の御案内まで御知らせ申し上げます。

　　　　　　　　　　　　　　　　　　　　　　　　　　謹言

（「記」　省略）

44－2　返信（出欠）

模 範 文 例

〈出席するとき〉

謹復　この度もまた御丁重①なる御案内忝く②、心より万謝③申し上げます。

　貴社御製品各種は小社販売品目の主要な人気商品にして、収益率も他社製品に比して格段に高く、改めて平素の御取引に、深甚④の感謝を申し上げる次第⑤でございます。

　就きましては、貴社の満を持しての新製品の御発表は、小社にとりましても喜びに堪えず、勿論御開催の初日、御開催セレモニーに合わせて、部下数名引き連れ馳せ参じ⑥、御騒がせ申し上げることになります故、何分の⑦御高配⑧を賜りますよう、宜しく御願い申し上げます。

　取り急ぎ、以上御返事のみ申し述べます。　　　　　　敬白

〈欠席するとき〉

謹復　貴信⑨有り難く拝受⑩、拝読⑪致しました。

　この程は、新製品の御発表の御事⑫、誠に御目出度く存じます。昨年より御開発の御様子、拝聴⑬しておりましたので、愈々⑭の御発表と拝承致し⑮、御同慶⑯に堪えません。

　今回はまたフランスの稀代の天才新鋭デザイナーを御起用との御事、定めし⑰斬新な新製品の御誕生と、是非とも一日も早く実際に新製品を間近にしたく存じ上げます。

第4章　案内状、招待状＆返信　　271

　ところが誠に遺憾⑱なことに、御開催の週は、神戸への出張が年頭から計画されておりました。予定の調整を試みたものの変更叶わず、代理の者を伺わせる事と相成り⑲ました。

　御無礼の程⑳、何卒㉑御海容㉒くださりますよう伏して㉓御願い申し上げます。

　先ずは卑書㉔にて御案内への御礼と御詫びまで申し上げます。

頓首

語 句 の 解 説

① 「丁重」は、礼儀正しく、注意も行き届いて、態度が丁寧な様子。

② 「忝く」は、身に受けた恩恵などに対して、感謝の念で一杯であるさま。身に過ぎて、ありがたい。

③ 「万謝」は、深く感謝すること。

④ 「深甚」は、意味や気持ちなどが非常に深いこと。

⑤ 「次第」は、〜というわけ。

⑥ 「馳せ参じ」は、大急ぎで伺うこと。

⑦ 「何分の」は、ここでは、何らかの、という意味。

⑧ 「高配」は、相手の配慮を、敬って言う語。

⑨ 「貴信」は、相手の手紙の敬称。

⑩ 「拝受」は、受けることの謙譲表現。

⑪ 「拝読」は、読むことの謙譲表現。

⑫ 「御事」は、〜とのこと、をさらに丁寧にいう言い方。

⑬ 「拝聴」は、聴くことの謙譲表現。

⑭ 「愈々」は、ここでは、ついに、とうとう、という意味。

⑮ 「拝承致し」は、聞くことをへりくだっていう言い方。謹んで伺い、という意味。

⑯ 「同慶」は、相手の慶び事は自分にとっても喜ばしいと、共に喜ぶ気持ちを示す語。

⑰ 「定めし」は、おそらく。きっと。さぞかし。

⑱ 「遺憾」は、期待したようにならず、心残りであること。残念に思うこと。

⑲ 「相成り」は、「なる」の改まった言い方。

⑳ 「〜の程」は、直接の表現を避けて、その状態であることを示す敬語表現を作る語。

㉑ 「何卒」は、どうぞ。どうか。

㉒ 「海容」は、海のように広い寛容な心で、相手の過ちや無礼などを許すこと。

㉓ 「伏して」は、切に願うさま。くれぐれも。謹んで。

㉔ 「卑書」は、自分の手紙の謙称。

第4章　案内状、招待状＆返信　　273

45－1　取引先との懇親会への案内

一般的な文例

謹啓　時下益々ご隆盛の由慶賀に存じます①。日頃は種々お力添え下さり感謝申し上げます②。

　さて、先頃発足した新内閣の環境安全対策の変更により、建築資材に関わる材料規制が、今後さらに厳しくなりそうです③。

　そこで、当業界と致しましては、規制が強化される材料品目と規制の程度を事前に予測し、対応策を早期に準備する事が必要と思います④。

　ついては、当業界の牽引的立場の尊台と株式会社○○建材の山下勉社長と私により、緊急に鳩首凝議を行いたいと存じます⑤。

　また、当業界の抱えるその他諸問題についても、いろいろ⑥ご相談申し上げたく存じますので⑦、左記の要領にて、ご参集賜りますれば幸甚に存じます。この機会に皆様と懇親を深め⑧、当業界の未来を語り合いたいので⑨、何卒宜しくお願い申し上げます。

　まずは、懇談、懇親会のご案内まで申し述べます。　　敬白

（「記」　省略）

格上げのポイント

①　前文の充実が、格上げの第一歩です。この部分を、「溽暑の節貴社益々御隆盛の御事慶賀の至りに存じます」などとします。下線部が、

補足、改変箇所です。「溽暑」の「溽」は蒸し暑いという意味。「御事」は、〜とのこと、をさらに丁寧にいう言い方。「の至り」は、〜の極み、極限、最高という意味。大げさな言い回しですが、格上げ手紙には効果的です。

② ここも平凡な印象なので、「平素は一方ならぬ御力添えに預かり万謝申し上げます」として、改まった印象を強めます。「平素」は、いつも。「一方ならぬ」は、並々ならぬ。普通ではない。「預かり」は、〜していただき。「万謝」は、厚くお礼する、深謝する、という意味。

③ 「厳しくなりそうです」は「厳格化される模様です」に変え、改まった印象を加えます。

④ 「思います」を「存じます」に変えます。「存じ」は、思い、の謙譲表現です。

⑤ 敬意の込め方が幾分か不足しているように感じられるので、この部分を、次のように改めます。「つきましては、当業界の牽引的御立場におられる尊台と株式会社○○建材の山下勉社長とわたくしにより、緊急に鳩首凝議を行いたいと存じますが、如何なものでしょうか」。下線部が補足、改変箇所です。「ついては」より「つきましては」のほうが丁寧です。「立場」は「御立場」に、「私」は「わたくし」に、そして、「如何なものでしょうか」と、相談する形をとるほうが、謙虚な敬意が伝わります。「鳩首凝議」は、人々が集まって額を寄せ合い、熱心に相談すること。

⑥ 「いろいろ」を「種々」に変えて、改まった印象を強めます。

⑦ 「ので」を「故」に変えて、格式を高くします。

⑧ 「皆様と懇親を深め」は、丁寧さの点で、やや物足りないので、「御諸賢とより一層懇親を深め」とします。

⑨ この部分の「未来を語り合いたいので」は、いささか敬意が物足りないので、「未来を語り合う光栄を賜りますよう」とします。格上

第4章 案内状、招待状＆返信 275

げ手紙では、こうしたもってまわった言い方により余裕を表現します。気ぜわしさの対極にある余裕は、重厚な敬意の表現に役立ちます。

☆ 「一般的な文例」にある、敬意を強めるために用いた「お」「ご」は、格上げの際には「御」に変更しました。「御」を用いるほうが、改まった印象や格式の高さを強調するのに効果的だからです。

格上げ後の文例

謹啓　溽暑の節貴社益々御隆盛の御事慶賀の至りに存じます。平素は一方ならぬ御力添えに預かり万謝申し上げます。

　さて、先頃発足した新内閣の環境安全対策の変更により、建築資材に関わる材料規制が、今後さらに厳格化される模様です。

　そこで、当業界と致しましては、規制が強化される材料品目と規制の程度を事前に予測し、対応策を早期に準備する事が必要と存じます。

　つきましては、当業界の牽引的御立場におられる尊台と株式会社○○建材の山下勉社長とわたくしにより、緊急に鳩首凝議を行いたいと存じますが、如何なものでしょうか。

　また、当業界の抱えるその他諸問題につきましても、種々御相談申し上げたく存じます故、左記の要領にて、御参集賜りますれば幸甚に存じます。この機会に御諸賢とより一層懇親を深め、当業界の未来を語り合う光栄を賜りますよう、何卒宜しく御願い申し上げます。

　まずは、懇談、懇親会への御案内まで申し述べます。　敬白

（「記」　省略）

45-2 返信（出欠）

模範文例

〈出席するとき〉

謹復　平素より格段①の御高配②に預かり③、深謝④申し上げます。

　さて、今後の材料規制についての御懇談⑤、御懇親⑥の会につきましての御丁寧な御案内、誠にありがとうございます。

　すでに建設資材費の高騰に加え、人件費も高止まりする現状において、新たなる規制基準によりさらに資材費が値上がりすれば、今後当業界は…と、独り大変苦慮⑦しておりましたところに、正に渡りに舟のお申し越しを拝読⑧致し、感銘⑨の至りに存じます。

　是非参会させていただき、皆様の御高見⑩を賜りたく存じますので、何卒宜しく御願い申し上げます。

　当日拝眉の栄⑪を得ますことを、今より心待ちに致しております。

　先ずは寸書⑫にて御返事まで申し上げます。　　草々頓首⑬

〈欠席するとき〉

謹復　ただ今貴報⑭有り難く拝受致しました。なるほど備えあればの教えに従い、早期に対策を練る必要を痛感⑮致しました。

　確かに震災以来の人手不足、人件費の高騰は、弊社におきましても大問題であり、その上規制強化となれば、益々利益率が低下し、

第4章　案内状、招待状＆返信　　277

経営見通しに暗雲が垂れ込めること必至⑯に存じます。

つきましては、早速御諸賢の御高説⑰を拝聴⑱致し、良策を模索したく存じますが、誠に申し訳ございません。当日のいくつかの先約の調整が、如何ともしがたく⑲、今回は参会が叶いません。

誠に恐縮ですが、事情御賢察⑳の上、御海容㉑いただきたく存じます。

次回は必ず参会の栄を得たく存じますので、是非ともまた御報知賜りますよう、くれぐれも㉒宜しく御願い申し上げます。

頓首

語 句 の 解 説

① 「格段（かくだん）」は、違いが大きく、かけはなれていること。格別。破格。

② 「高配（こうはい）」は、相手の配慮を敬って言う語。

③ 「預かり（あず）」は、〜していただく。

④ 「深謝（しんしゃ）」は、深く感謝すること。

⑤ 「懇談（こんだん）」は、打ち解けて話し合うこと。

⑥ 「懇親（こんしん）」は、親しみ合うこと。交際をあつくすること。親睦。

⑦ 「苦慮（くりょ）」は、苦心していろいろと考えること。

⑧ 「拝読（はいどく）」は、読むことの謙譲表現。

⑨ 「感銘（かんめい）」は、深く感動して忘れないこと。

⑩ 「高見（こうけん）」は、優れた意見・識見。

⑪ 「拝眉の栄（はいびのえい）」は、お会いすることの栄誉。

⑫ 「寸書（すんしょ）」は、自分の手紙の謙称。

⑬ 「草々頓首（そうそうとんしゅ）」は、まとまらず不十分で失礼とは存じますが、謹んで申し上げました、という意味の四字結語。

⑭　「貴報」は、相手の通知、案内を尊敬していう言い方。

⑮　「痛感」は、強く心に感ずること。身にしみて感ずること。

⑯　「必至」は、必ずそうなること。そうなることが避けられないこと。

⑰　「高説」は、優れた説。相手の話を敬っていう言い方。

⑱　「拝聴」は、聴くことをへりくだっていう言い方。

⑲　「如何ともしがたく」は、どうしようもない。解決の手立てがまったくない。

⑳　「賢察」は、相手が推察することを敬って言う語。

㉑　「海容」は、海のように広い寛容な心で、相手の過ちや無礼などを許すこと。

㉒　「くれぐれも」は、どうか。どうぞ。

第４章　案内状、招待状＆返信　　279

46－1　懇親視察旅行への案内

一般的な文例

謹啓　時下益々ご清栄の段慶賀の極みに存じます①。

さて、先頃招集された定期役員会にて、毎年恒例の懇親視察旅行のスケジュール②が、同封別紙の通り決定しましたので、ご案内申し上げます③。

当視察旅行も回を重ねるごとに会員の皆様方からの関心が高まり、皆様方のご賛同、ご協力が益々得られ、その結果、会員相互の親睦融和のみならず、国内市況の体感という二大目的が十分に達成される旅行との定評を得られるようになりました④。

ついては、当業界の未来を築く一助となり得ます当イベントに、何卒ご参加賜りますよう、お願い申し上げます⑤。

右書面にて謹んでご案内まで申し述べます。　　　　敬白

（「別紙」　省略）

格上げのポイント

① 　いささか事務的な印象で、挨拶の優雅さが不足しています。この部分を、「目下秋容清爽の節貴台におかれましては益々御清栄の御由承り慶賀の極みに存じます」と変えます。下線部が補足、改変箇所です。「目下」は、ただ今。「秋容清爽」は、秋の景色がさわやかなこと。「貴台」は、相手の敬称。「御由承り」は、〜とのこと、お伺いしまして、という意味。

280　第4章　案内状、招待状＆返信

② 　「スケジュール」を「次第」とすると、改まった印象にするために役立ちます。

③ 　この部分は淡泊な印象なので、「同封別紙の如く決定と相成りましたので、茲に謹んで御案内申し上げます」とします。下線部が、補足、改変箇所です。「通り」を「如く」に、「決定しました」を「決定と相成りました」に変え、「茲に謹んで」を補足します。

④ 　この部分をもう少し丁寧な敬意を表すために、「二大目的が十二分に達成される意義深い旅行との定評を得られるようになりました次第です」などとします。下線部が、補足、改変箇所です。「十分」をランクアップし「十二分」とし、「意義深い旅行」と、賞賛の言葉で装飾します。「次第です」は、〜というわけです、という意味。重々しさをつけるのに役立ちます。

⑤ 　この部分は、いささか淡泊な印象なので、次のように変え、改まった印象を強めます。「つきましては、御多用の時期に恐縮至極に存じますが、当業界の未来を築く一助となり得ます、欠くべからざる当イベントに、何卒御参加賜りますよう、衷心より伏して御願い申し上げます」。「ついては」は「つきましては」に変え、丁寧な印象を強めます。「御多用の時期〜」に参加を求める失礼を、恐縮する姿勢も、一段上の敬意にかないます。「恐縮至極」の「至極」は、極み、極限、という意味の大げさな表現です。「欠くべからざる」も「衷心より伏して」も、やはり大げさな表現ですが、格上げ手紙では、しばしば効果的です。「衷心より」は、心の奥底から。「伏して」は、謹んで。

☆ 　「一般的な文例」にある、敬意を強めるために用いた「お」「ご」は、格上げの際には「御」に変更しました。「御」を用いるほうが、改まった印象や格式の高さを強調するのに効果的だからです。

第4章　案内状、招待状＆返信　　281

格上げ後の文例

謹啓　目下秋容清爽の節貴台におかれましては益々御清栄の御由承り慶賀の極みに存じます。

　さて、先頃招集された定期役員会にて、毎年恒例の懇親視察旅行の次第が、同封別紙の如く決定と相成りましたので、茲に謹んで御案内申し上げます。

　当視察旅行も回を重ねるごとに会員の皆様方からの関心が高まり、皆様方の御賛同、御協力が益々得られ、その結果、会員相互の親睦融和のみならず、国内市況の体感という二大目的が十二分に達成される意義深い旅行との定評を得られるようになりました次第です。

　つきましては、御多用の時期に恐縮至極に存じますが、当業界の未来を築く一助となり得ます、欠くべからざる当イベントに、何卒御参加賜りますよう、衷心より伏して御願い申し上げます。

　右書面にて謹んで御案内まで申し述べます。　　　　敬白

（「別紙」　省略）

46－2　返信（出欠）

模 範 文 例

〈出席するとき〉

謹復　清秋①に相応しい②御案内を賜り、大変嬉しく存じます。

御吉例③の懇親視察旅行、本年も御開催の御由④、心よりの御賛意を御伝え致します。一昨年参加の栄を得て、京都視察に参りました際、なるほど市内各所の様相の変化に瞠目⑤した次第です。

百聞は一見に如かずの感を強くするとともに、感動、感銘を共にする親睦⑥の効果は絶大であり、懇親＋視察の相乗効果を痛感⑦させていただきました。

つきましては、今回もまた視察により新たな知見を得、さらには会員御諸賢⑧とのさらなる懇親⑨も深めたく存じますので、是非とも参加させていただきとう存じます故、何卒宜しく御願い申し上げます。

先ずは御知らせへの御礼と御返事のみ申し上げます。　謹白

〈欠席するとき〉

謹復　待ちに待った御案内を拝読致し、昨年参加させいただきました札幌の視察を昨日のことの如く想起⑩しました。市内発展の模様は小社販売戦略に多大なるヒントを与え、夜半の美酒佳肴⑪による懇親会の充実は、当業界振興会会員組織に在籍する安心感を、一層高めるために大いに役立った次第です。

つきましては、万難を排し⑫て本年また御同道の栄誉を得る

第4章 案内状、招待状＆返信　　283

べく計画しておりましたが、実は先頃福岡支社にて突発的な事態が生じ、緊急に対応せねばならぬ状況となりました故、誠に無念に存じますが、今回の御参加は見送らざるを得ません。

　折角⑬の御案内に沿えません遺憾⑭の意を、本状に認めさせていただきます。

　取りあえず略儀⑮、御返事まで申し上げます。　　　　　　敬白

語 句 の 解 説

① 「清秋（せいしゅう）」は、空が澄んで清らかな秋。
② 「相応（ふさわ）しい」は、似合っている。
③ 「吉例（きちれい）」は、めでたいしきたり。
④ 「御由（おんよし）」は、〜とのこと、を敬っていう言い方。
⑤ 「瞠目（どうもく）」は、驚いたり感心したりして目を見張ること。
⑥ 「親睦（しんぼく）」は、互いに親しみ合って仲良くすること。
⑦ 「痛感（つうかん）」は、強く心に感じること。身にしみて感じること。
⑧ 「諸賢（しょけん）」は、多くの人々に対して敬意を込めて呼ぶ語。代名詞的にも用いる。皆様。
⑨ 「懇親（こんしん）」は、親しみ合うこと。交際を厚くすること。親睦。
⑩ 「想起（そうき）」は、思い出すこと。
⑪ 「美酒佳肴（びしゅかこう）」は、おいしいお酒とおいしい料理。
⑫ 「万難（ばんなん）を排（はい）し」は、どんな困難なことがあっても、何としても、という意味。
⑬ 「折角（せっかく）」は、滅多に得られない、恵まれた状況を大切に思う気持ちを表す語。
⑭ 「遺憾（いかん）」は、期待したようにならずに心残りであること。残念に思うこと。
⑮ 「略儀（りゃくぎ）」は、略式。

47-1　新会社設立披露への招待

一般的な文例

謹啓　陽春清和の候、貴社益々のご隆昌お慶び申し上げます①。平素は格別なお引き立て②に預かり改めて深謝③申し上げます。

さて、私こと④、一昨年秋○○陶器株式会社社長を退任後、新会社設立準備に勤しみ、この程遂に、オランダの陶器メーカー、△△社の日本総代理店のライセンスを取得、株式会社△△・ジャパンを設立することとなりました⑤。

これも偏に沼田様を始めとする皆様方の格別な⑥ご指導、ご鞭撻の賜物と感謝⑦申し上げる次第です。

今後は皆様方のご期待に違わぬ成果を上げるべく、一層努力するつもりですので⑧、倍旧のご厚情、ご厚誼を賜りますよう、何卒宜しくお願い申し上げます。

就きましては、皆様方へのご披露を兼ねまして、左記の要領にて設立披露の小宴を張りたく存じます故、ご繁忙のところ誠に恐縮至極に存じますが、ご来駕賜りますようお願い申し上げます⑨。

先ずは略儀ながら本状にてご招待まで申し上げます。　謹言

（「記」　省略）

格上げのポイント

① このままでも十分改まった印象がありますが、さらに格上げするには、「貴社益々御隆昌の趣奉賀致します」などとします。下線部が、補足、改変箇所です。「ご隆昌」を「御隆昌」とするだけでも、重厚感がやや増します。そして、「お慶び申し上げます」という一般的な言い方を改め「奉賀」という見慣れない言葉を用いると、新鮮な印象となり、さらに改まり、敬意も増します。「奉賀」は、謹んでお祝いを申し上げる、という意味。

② 一般的な「お引き立て」を「御高庇」に変え、新鮮な敬意を強めます。「高庇」は、他人を敬い、その人から受けた厚意、援助、庇護などをいう語。

③ 一般的な「深謝」を「万謝」に変え、やはり新鮮な敬意を強めます。「深謝」も「万謝」も、深く感謝すること。

④ 「私こと」は、へりくだり、改まった印象を醸したいときに使います。私は、という意味。ここを、「私儀」とすると、さらに相手への敬意が強まります。「私儀」も、私は、という意味。

⑤ 「設立することとなりました」は、一般的な言い方なので、「設立する運びと相成りました」として、改まった印象を加えます。「運び」は、物事の進んでいく具合。また、段取り。「相成り」は、「なる」の改まった言い方。

⑥ 「皆様方の格別な」は、一般的な言い方なので、「御諸賢の並々ならぬ」として、新鮮な敬意を醸します。「諸賢」は、皆様方という意味。

⑦ 「感謝」を「深謝」とし、より丁寧な印象にします。「深謝」は、深く感謝すること。

⑧ 「一層努力するつもりですので」は、改まった印象や力強さが不

足しているので、「奮励の限りを尽くす所存ですので」とします。「奮励」は、気力をふるい起こして一心に努め励むこと。「所存」は、考え。

⑨　「ご来駕賜りますようお願い申し上げます」をさらに丁寧な印象にするには、「沼田様には特に御来駕の程御願い奉ります」などとします。相手を名指すことにより、親密な敬意を表現できる場合もあります。「来駕（らいが）」は、他人の来訪を敬って言う語。「の程（ほど）」は、断定を避けて、表現をやわらげ、それによって敬意を示すときに用いる語。「奉り（たてまつ）」は、〜申し上げます、という意味の敬意を示す語。

☆　「一般的な文例」にある、敬意を強めるために用いた「お」「ご」は、格上げの際には「御」に変更しました。「御」を用いるほうが、改まった印象や格式の高さを強調するのに効果的だからです。

格上げ後の文例

謹啓　陽春清和の候、貴社益々御隆昌の趣奉賀致します。平素は格別な御高庇に預かり誠に有り難く改めて万謝申し上げます。

　　　　　　　　　　　　　　　　　さて、私儀、一昨年秋○○陶器株式会社社長を退任後、新会社設立準備に勤しみ、この程遂に、オランダの陶器メーカー、△△社の日本総代理店のライセンスを取得、株式会社△△・ジャパンを設立する運びと相成りました。

　これも偏に沼田様を始めとする御諸賢の並々ならぬ御指導、御鞭撻の賜物と深謝申し上げる次第です。

　今後は皆様方の御期待に違わぬ成果を上げるべく、奮励の限りを尽くす所存ですので、倍旧の御厚情、御厚誼を賜りますよう、何卒宜しく御願い申し上げます。

第4章　案内状、招待状＆返信　　　287

　就きましては、皆様方への御披露を兼ねまして、左記の要領にて設立披露の小宴を張りたく存じます故、御繁忙のところ誠に恐縮至極に存じますが、沼田様には特に御来駕の程御願い奉ります。

　先ずは略儀ながら本状にて御招待まで申し上げます。　謹言

（「記」　省略）

47－2　返信（出欠）

模　範　文　例

〈出席するとき〉

謹復　只今御朗報①に接し、御同慶②の極みに存じ上げ、先ずは心よりの慶祝③の微衷④を御伝え致します。

　△△社の日本総代理店のライセンスの取得は、これまで大手各社が挑戦しながら結果が出ぬ難関と仄聞⑤しております。定めし⑥これまで陶器に生涯をおかけになられてきました尊台⑦の陶器への深い愛情が、先方にも理解されたものと拝察⑧致します。

　オランダの名ブランドと尊台の卓越した御手腕を以てすれば⑨、今後の御繁栄は約束されたも同然と存じ上げ、かかる⑩大いなる御期待を胸に、御披露の宴に末席⑪を頂戴できますれば、幸いこの上ございません。

　右取り急ぎ御返事のみ謹んで御送り申し上げます。　　謹言

〈欠席するとき〉

謹復　只今貴信⑫拝受、この程新会社御設立の御吉事⑬拝承⑭
致し、感激も一入⑮に存じ上げます。
　ライセンス取得に御奔走の御様子、何度か拝聴⑯の機会あり、
その都度、大変な御苦労と敬服するばかりでございましたが、
尊台におかれましては、成果なくしては苦労といえず、無駄の積み
重ねと、御自身を鼓舞⑰される御様子、学ぶところ大なりと、常々
感銘⑱を禁じ得ませんでした。
　就きましては、設立御披露の祝宴の日を待たずして、即刻
御祝いに拝趨⑲したく存じますが、この所やや体調整わず、
どちら様にも失礼を重ねております。
　左程遠くない時期、恢復の見込み故、やがて御祝いに伺う心算⑳
です。今回貴意に添えぬ㉑御無礼を、何卒御容赦賜りますよう、
くれぐれも宜しく御願い申し上げます。
　取りあえず御祝福方々御詫びまで申し述べます。　　　　謹言

語 句 の 解 説

① 「朗報」は、明るい内容の知らせ。嬉しい知らせ。
② 「同慶」は、自分にとっても喜ばしいこと。
③ 「慶祝」は、喜び祝うこと。
④ 「微衷」は、自分のまごころ、本心をへりくだっていう語。
⑤ 「仄聞」は、人づてなどによって、うすうす聞くこと。
⑥ 「定めし」は、おそらく。きっと。
⑦ 「尊台」は、相手の尊称。
⑧ 「拝察」は、推察することをへりくだっていう言い方。

第4章　案内状、招待状＆返信　289

⑨　「以てすれば」は、〜によってすれば、という意味。

⑩　「かかる」は、このような、という意味の古風な言い方。

⑪　「末席」は、自分が出席して与えられる席を、へりくだっていう言い方。

⑫　「貴信」は、相手の手紙の尊称。

⑬　「吉事」は、おめでたい出来事。

⑭　「拝承」は、聞くこと、承知することをへりくだって言う語。

⑮　「一入」は、一層。ひときわ。

⑯　「拝聴」は、聴くことの謙譲表現。

⑰　「鼓舞」は、励ましふるい立たせること。

⑱　「感銘」は、深く感動して忘れないこと。

⑲　「拝趨」は、出向くことをへりくだって言う語。急いでお伺いすること。参上。

⑳　「心算」は、つもり。

㉑　「貴意に添えぬ」は、相手の意見、考えに従えないことを、敬っていう言い方。

290 第4章　案内状、招待状＆返信

48－1　支店開設披露への招待

一般的な文例

謹啓　秋暑の候益々ご隆盛の事と存じます。常々格別のお引き立てを賜り深謝申し上げます①。

　さて②、今般業務拡張のため、尊宅近くの③左記の所にて支店を開設致しましたので、何卒本社同様④ご下命下されたく、お願い申し上げます⑤。

　つきましては⑥、左記日程にて、支店開設披露の会を催す所存です。ご多用中のところ誠に恐縮ですが、是非ご来会くださいませ⑦。

　何卒ご検討賜りますようお願い申し上げます。

　まずは支店開設のご案内とご招待まで申し置きます。　謹白

（「記」　省略）

格上げのポイント

①　この冒頭部分は、格調が不足しているので、「秋暑の折柄尊台益々御隆盛の段賀し奉ります。降って弊社儀常々格別の御引き立てを蒙り有り難く深謝申し上げます」と改めます。下線部が、補足、改変箇所です。「候」を「折柄」とするだけでも、改まった印象になります。「折柄」は、ちょうどその時。相手の敬称である「尊台（そんだい）」をあえて入れ、親密な敬意を強調するのが効果的な場合もあります。「段」は、〜とのこと。「由」より、格調高い印象となります。「賀し奉る」

は、お祝い申し上げます、をより丁寧にいう言い方。「降って」は、相手の位置より下がる、という意味で、へりくだった印象を強める語。「弊社儀」は、弊社は、という意味を、格調高くいう言い方です。「蒙り」は、〜していただく、という意味。新鮮な印象となります。

② 「さて」を「偖」と漢字にして、格調を加えます。

③ 「尊宅近くの」を「御尊邸に程近い」と変え、敬意と格調を高めます。

④ 「何卒本社同様」は、淡泊な印象なので、「何卒本社同様特別の御贔屓を以て続々」などと、丁寧を極めます。「御贔屓を以て」は、目をかけてお力添えくださるそのお気持ちによって、という意味になります。「続々」は、次々に。

⑤ 「お願い申し上げます」は平凡な印象しかないので、「偏に願い上げ奉ります」に変え、熱意を強め格式を上げます。「偏に」は、ひたすら。ただただ。「願い上げ奉ります」は、お願い申し上げます、のワンランク上の敬語表現です。

⑥ 「つきまして」は「就きまして」とし、改まった印象を強めます。

⑦ この部分は、そっけない印象です。格上げ手紙では、さらに丁寧に格調高くお願いする必要があります。たとえば、以下のようにします。「御多用中のところ誠に不躾とは存じますが、御来会の栄に預かりますれば、わたくしはもとより一同これに如く慶びはございません」。下線部が、補足、改変箇所です。「不躾」は、不作法。「御来会の栄に預かる」は、来ていただく栄誉をいただく、という意味。もってまわった言い方ですが、格上げ手紙では、重厚感を醸し効果的です。「これに如く慶び」は、これに匹敵する慶び、という意味。

☆ 「一般的な文例」にある、敬意を強めるために用いた「お」「ご」は、格上げの際には「御」に変更しました。「御」を用いるほうが、改まった印象や格式の高さを強調するのに効果的だからです。

292　　第4章　案内状、招待状＆返信

格上げ後の文例

謹啓　秋暑の折柄尊台益々御隆盛の段賀し奉ります。降って弊社儀
常々格別の御引き立てを蒙り有り難く深謝申し上げます。
　偖、今般業務拡張のため、御尊邸に程近い左記の所にて支店を
開設致しましたので、何卒本社同様特別の御贔屓を以て続々
御下命下されたく、偏に願い上げ奉ります。
　就きましては、左記日程にて、支店開設披露の会を催す所存
です。御多用中のところ誠に不躾とは存じますが、御来会の栄に
預かりますれば、わたくしはもとより一同これに如く慶びは
ございません。
　何卒御検討賜りますよう御願い申し上げます。
　まずは支店開設の御案内と御招待まで申し置きます。　　謹白

　（「記」　　省略）

48－2　返信（出欠）

模　範　文　例

〈出席するとき〉

謹復　余熱①なお未だ退かぬ折柄②愈々御盛栄③の段④御慶び
申し上げます。
　さて、支店御開設の御慶事承り、誠に御目出度く存じ上げ、
衷心より御祝賀申し上げます。

第4章 案内状、招待状＆返信

　○○地区への御進出は、尊台⑤始め役員御諸賢⑥年来の御宿願でしたので、定めし⑦皆様方御慶びの御事⑧と拝察⑨する次第です⑩。

　就きましては、支店御開設の御披露の宴に有り難くも御招待賜りましたので、喜んで出席させていただき、御挨拶の御時間を頂戴できますれば、幸いこの上なく存じ上げます。

　先ずは取り急ぎ寸簡にて御祝い並びに御返事まで御伝え申し上げます。　　　　　　　　　　　　　　　　　　謹白

〈欠席するとき〉

謹復　只今誠に御目出度い御吉報⑪に接し⑫、胸躍る思いとめどなく湧き上がります。支店の御開設、誠におめでとうございます。満腔⑬の御祝意を、御伝え申し上げます。

　近年○○地区における顧客の争奪は熾烈を極めておりますが、貴社御進出により、早晩貴社が顧客の御獲得をほしいままにされることと拝察致す次第です。

　就きましては、折角⑭の御招待故、同日御席を頂戴致し、輝かしい御開設を御祝福申し上げたく存じますが、誠に遺憾⑮ながら、出張の前約の調整叶わず、申し訳なくも代理の水上が御伺い致す事となりました故、事情御賢察⑯の上、悪しからず⑰御海容⑱賜りますよう、くれぐれも宜しく御願い申し上げます。

　取り急ぎ御慶祝の微意⑲と心よりの御詫びまで申し述べます。　　　　　　　　　　　　　　　　　　　　敬白

語 句 の 解 説

① 「余熱」は、残暑。

② 「折柄」は、ちょうどその時。

③ 「盛栄」は、相手の生活、健康、繁栄などを祝う言葉。

④ 「段」は、〜とのこと。

⑤ 「尊台」は、相手の尊称。

⑥ 「諸賢」は、皆様方の尊称。

⑦ 「定めし」は、おそらく。きっと。さぞかし。

⑧ 「御事」は、〜とのこと、を丁寧にいう言い方。

⑨ 「拝察」は、人の心中などを推測することをへりくだって言う語。

⑩ 「次第です」は、〜というわけです。

⑪ 「吉報」は、めでたい、喜ばしい知らせ。

⑫ 「接し」は、ここでは、受ける、という意味。

⑬ 「満腔」は、体中の。

⑭ 「折角」は、わざわざ。

⑮ 「遺憾」は、思い通りでなく残念なこと。残り惜しく思うこと。

⑯ 「賢察」は、相手が推察することを敬って言う語。

⑰ 「悪しからず」は、悪く思わないで。

⑱ 「海容」は、大きな度量で人の罪や過ちを許すこと。

⑲ 「微意」は、自分の意志をへりくだって言う語。

第4章　案内状、招待状＆返信　　295

49－1　上棟式への案内

一般的な文例

謹啓　春暖の候①益々ご清祥の段慶祝の至りに存じます。平素は並々ならぬご芳情②を頂き③深謝④申し上げます。

さて、先日⑤着手致しました小社新社屋建設工事が、お陰様で⑥順調に進み、左記次第により、上棟式を行う事となりました⑦。

つきましては、尊台を始めとする関係ご諸賢各位にご臨席を賜り⑧たく、謹んでご案内申し上げる次第でございます。

ご繁忙の御事とは存じますが、何卒ご来臨賜りますよう⑨、くれぐれも宜しくお願い申し上げます。

先ずは右ご案内並びにご依頼まで申し上げます。　　　　頓首

（「記」　省略）

格上げのポイント

① 「春暖の候」だけではなく、「時下」「好季」などの語を交え、「時下春暖好季の候」とすると、より丁寧な印象となり、敬意が強まります。

② 「芳情」だけでなく「厚恩」などを列記すると、さらに改まった印象を強めることができます。「芳情(ほうじょう)」は、相手の思いやりの気持ちを敬っていう言い方。「厚恩(こうおん)」は、人から受ける非常に深い恩。

③ 「頂き」を「蒙り」とすると、新鮮な敬意を表現できます。

④ 「深謝」だけでも、十分丁寧ですが、さらに丁寧を極めるには、

「千万深謝」とします。「千万（せんばん）」は、甚だ。全く。

⑤ 「先日」を「過般」と、古風に表現すると、重厚な印象を醸すことができます。「過般」は、さきごろ。このあいだ。

⑥ 「お陰様で」をより丁寧に言うには、「御陰様をもちまして」とします。「もちまして」は、「もって」を丁寧に表現した形で、「もって」は、〜によって、という意味。

⑦ 「上棟式を行う事となりました」では、重厚感が足りません。もう少し仰々しくするために、「上棟式を執り行う事と相成りました」と変えます。「相成る」は、「なる」を語調を整え改まった印象を強めるための言い方。

⑧ 「ご臨席を賜り」だけで、十分丁寧ですが、さらに謙虚な姿勢、恐縮する気持ちを伝えるには、「忝くも御臨席を賜り」とします。「忝（かたじけな）くも」は、申し訳ありませんが、という意味。

⑨ 「ご来臨賜りますよう」に「栄」を交え、「御来臨の栄（えい）を賜りますよう」とすると、より一層丁寧な印象となります。

☆ 「一般的な文例」にある、敬意を強めるために用いた「お」「ご」は、格上げの際には「御」に変更しました。「御」を用いるほうが、改まった印象や格式の高さを強調するのに効果的だからです。

格上げ後の文例

謹啓　時下春暖好季の候益々御清祥の段慶祝の至りに存じます。平素は並々ならぬ御芳情御厚恩を蒙り千万深謝申し上げます。

　さて、過般着手致しました小社新社屋建設工事が、御陰様をもちまして順調に進み、左記次第により、上棟式を執り行う事と相成りました。

　つきましては、尊台を始めとする関係御諸賢各位に忝くも

第4章 案内状、招待状＆返信　　　297

御臨席を賜りたく、謹んで御案内申し上げる次第でございます。

　御繁忙の御事とは存じますが、何卒御来臨の栄を賜りますよう、くれぐれも宜しく御願い申し上げます。

　先ずは右御案内並びに御依頼まで申し上げます。　　　頓首

（「記」　省略）

49－2　返信（出欠）

模　範　文　例

〈出席するとき〉

謹復　春陽の訪れ御同慶①に存じます。今しがた貴信②有り難く拝受致しました。

　過日起工式を済まされたと思いきや、早くも御上棟の御祝い。御進捗③の御様子、定めし④御順調と拝察⑤致し、心より御慶祝⑥申し上げます。

　当日は勿論慶んで参列させていただき、親しく御祝詞⑦を申し上げ、さらには今後の工事の順調な進行を、御祈りさせていただきとう存じます。

　委細⑧は拝眉⑨の上種々⑩申し上げる所存⑪です。

　先ずは本状をもって御祝い並びに御返事まで申し上げます。

　　　　　　　　　　　　　　　　　　　　　　　　敬白

第4章　案内状、招待状＆返信

〈欠席するとき〉

謹復　尊状⑫只今拝受申し上げ、恐縮に存じます。

此度⑬は御建設中の貴社早くも御上棟の御由⑭、誠に御目出度く衷心⑮より御祝い申し上げます。

東京○○の一等地に、壮大なる貴社ビル御建設の御事は、

わたくしども日頃より御贔屓に預かる⑯者にとりましても、格別なる名誉と存じ上げ、欣喜⑰の極みに他なりません。

つきましては、当日拝趨⑱の上、万々⑲御慶びを申し上ぐべきとは存じますが、誠に遺憾⑳ながら、生憎㉑動かしがたい前約㉒があり、代理の者を差し向ける事となりました。

何卒事情御賢察㉓の上、御海容㉔賜りますよう、御願い申し上げます。

取り急ぎ右御祝い方々心よりの御詫びまで申し上げます。敬白

語 句 の 解 説

①　「同慶（どうけい）」は、相手と同じように喜ばしく思うこと。

②　「貴信（きしん）」は、相手の手紙の尊称。

③　「進捗（しんちょく）」は、進み具合。

④　「定めし（さだ）」は、おそらく。きっと。さぞかし。

⑤　「拝察（はいさつ）」は、推察、想像することを、へりくだっていう言い方。

⑥　「慶祝（けいしゅく）」は、喜び祝うこと。

⑦　「祝詞（しゅくし）」は、お祝いの言葉。

⑧　「委細（いさい）」は、詳しいこと。

⑨　「拝眉（はいび）」は、相手に会うことを、へりくだっていう言い方。

第4章 案内状、招待状&返信　299

⑩　「種々」は、いろいろ、という意味。

⑪　「所存」は、考え。

⑫　「尊状」は、相手の手紙の尊称。

⑬　「此度」は、この度。

⑭　「御由」は、〜とのこと、という意味を、さらに丁寧にいう言い方。

⑮　「衷心」は、心の底。

⑯　「御贔屓に預かる」は、目をかけて助けていただく、という意味。

⑰　「欣喜」は、大喜び。

⑱　「拝趨」は、急いで伺うことを、へりくだっていう言い方。

⑲　「万々」は、十分に。

⑳　「遺憾」は、思い通りでなく残念なこと。残り惜しく思うこと。

㉑　「生憎」は、折悪しく、具合悪く、という意味。

㉒　「前約」は、以前からの約束。

㉓　「賢察」は、相手が推察することを敬って言う語。

㉔　「海容」は、広い心で許すこと。

300　　第4章　案内状、招待状＆返信

50−1　落成式への案内

一般的な文例

謹啓　浅春の節、貴社には益々ご繁栄の御事と拝察致し、慶賀の至りに存じます。平素格段のご高配を賜り、深謝申し上げます①。

さて、予て建設中の弊社社屋、この程②漸く落成となりました③。

これもひとえに、日頃のお力添えお導きの賜物と、お礼申し上げます④。

つきましては⑤、新社屋のご披露と関係各位への礼意を表すべく⑥、左記の要領にて、祝宴を催しますので⑦、ご多用中誠に恐縮ですが、ご光来賜りますようお願い申し上げます⑧。

先ずは略儀ながら書面にて、謹んでご挨拶方々ご案内迄申し上げます。　　　　　　　　　　　　　　　　　　　　　　　　謹白

（「記」　省略）

格上げのポイント

①　ここは、格上げ手紙の冒頭挨拶として、問題ありませんが、さらにかしこまった印象を新鮮にするために、「平素賜りし格段の御高配に、改めて深謝申し上げます」などとするのも効果的です。

②　「この程」を「此の程」とし、改まった印象を強めます。

③　「落成となりました」は、さらに改まった印象を加えたいところです。そこで、「落成の運びと相成りました」に変えます。「運び」

第4章　案内状、招待状&返信　　301

とは、物事が進んで、ある段階に至ること。「相成る」は、「なる」
の改まった言い方。

④　ここは、いささかそっけなく、敬意が不足している印象なので、
「これも偏に、貴社の日頃の格別なる御力添え、適切無比な御導き
の賜物あればこそと、茲に満腔の礼意を呈上する次第です」としま
す。下線部が、補足、改変箇所です。「偏に」は、原因・理由・条件
などが、それに尽きるさま。もっぱら。「御力添え」と「御導き」を、
それぞれ丁寧に修飾します。「適切無比」は、他に比べるものがなく
適切、という意味。「賜物」は、結果として生じた、すばらしい事物。
「茲に」は、現在の時点、場所を示す語。この時、この場所で、を
改まっていう言い方。「満腔」は、体中。「呈上」は、贈ることの謙
譲語。差し上げる。「次第」は、わけ。

⑤　「つきましては」は「就きましては」とし、改まった印象を強め
ます。

⑥　淡泊で敬意不足の印象なので、ここは、「貴社並びに関係各位への
厚謝の微衷を表すべく」に変えます。深く感謝するという意味の「厚
謝」など、あまり見慣れない語を使うと、新鮮な敬意を強調するこ
とができます。しかも、わずかな気持ちという意味の「微衷」など
を加え、「厚謝の微衷」とすると、一層謙虚で敬意に満ちた印象を醸
し出すことができます。

⑦　「祝宴を催しますので」は、「小宴を張る所存故」と変え、へりく
だった印象と格式を感じるようにします。「所存」は、考え。

⑧　この部分の格式を上げ、敬意を強めに、「御光来の栄を賜りますれ
ば幸甚に存じ上げます」と変更します。「御光来」は、相手に来ても
らうことを敬っていう言い方。「栄」は、栄誉。名誉。「幸甚」は、
非常に幸せなこと。格上げ手紙では、このように、やや大げさに表

現することで、強い敬意を効果的に醸し出すことができます。

☆ 「一般的な文例」にある、敬意を強めるために用いた「お」「ご」は、格上げの際には「御」に変更しました。「御」を用いるほうが、改まった印象や格式の高さを強調するのに効果的だからです。

格上げ後の文例

謹啓　浅春の節、貴社には益々御繁栄の御事と拝察致し、慶賀の至りに存じます。平素賜りし格段の御高配に、改めて深謝申し上げます。

　さて、予て建設中の弊社社屋、此の程漸く落成の運びと相成りました。

　これも偏に、貴社の日頃の格別なる御力添え、適切無比な御導きの賜物あればこそと、茲に満腔の礼意を呈上する次第です。

　就きましては、新社屋の御披露と貴社並びに関係各位への厚謝の微衷を表すべく、左記の要領にて、小宴を張る所存故、御多用中誠に恐縮ですが、御光来の栄を賜りますれば幸甚に存じ上げます。

　先ずは略儀ながら書面にて、謹んで御挨拶方々御案内迄申し上げます。　　　　　　　　　　　　　　　　　　　　　　　謹白

（「記」　省略）

第4章　案内状、招待状＆返信　　303

50－2　返信（出欠）

模　範　文　例

〈出席するとき〉

謹復　春寒の砌①愈々御隆盛の段②御慶び申し上げます。

　さて、此の程は無事貴社新社屋御落成の御事③、誠に喜ばしく感銘の極みと存じ上げます。

　就きましては、即時拝趨親しく④御祝詞を申し上げたく存じますが、御祝宴の日時御決定とあらば、同日末席を頂戴する⑤栄誉に浴する事と致します。

　御宿願の御達成に際しまして、種々⑥申し上げたく存じますが、余⑦は拝眉⑧の際に多々御伝え致します。

　先ずは書面にて御祝いと御返事のみ、謹んで申し上げます。

敬白

〈欠席するとき〉

謹復　この度は図らずも⑨御慶事⑩の御報知を賜り恐懼感激⑪の至りに存じます。さらには、数ならぬ⑫わたくしどもにまで、御祝宴への御招待を頂き、恐縮のほかございません。

　当日には是非拝趨の上、万々⑬御祝詞を申し上げたく存じますが、誠に遺憾⑭ながら、海外出張の旅程が年初めより決定しており、繰り合わせが困難故、本状を以て御詫びを申し上げざるを得ません。

　来月中旬出張先のニューヨークから帰国する予定ですので、以降尊台⑮の御都合を伺い、早速御挨拶に御伺いする所存⑯です。

第4章　案内状、招待状＆返信

　　かかる⑰御無礼を何卒御容赦賜りますよう御願い申し上げ
ます。
　　取り急ぎ略儀ながら寸書⑱にて御盛会を御祈りしつつ、謹んで
御詫び迄申し上げます。　　　　　　　　　　　　恐惶謹言⑲

語 句 の 解 説

① 　「砌」は、ちょうどその時。
② 　「段」は、〜とのこと。
③ 　「御事」は、〜とのこと、を丁寧にいう言い方。
④ 　「拝趨親しく」は、急いで伺い、直接に、という意味。
⑤ 　「末席を頂戴する」は、出席することを、へりくだっていう言い
　方。
⑥ 　「種々」は、いろいろ。
⑦ 　「余」は、残りのこと。言い足りないこと。
⑧ 　「拝眉」は、面会することを、へりくだっていう言い方。
⑨ 　「図らずも」は、思いがけず。意外にも。
⑩ 　「慶事」は、おめでたい出来事。
⑪ 　「恐懼感激」は、嬉しさのあまりに、恐れかしこまりながらも喜
　ぶこと。
⑫ 　「数ならぬ」は、数のうちに入らない。へりくだった言い方。
⑬ 　「万々」は、十分に。
⑭ 　「遺憾」は、思い通りではなく残念なこと。
⑮ 　「尊台」は、相手の尊称。
⑯ 　「所存」は、考え。意見。
⑰ 　「かかる」は、このような。
⑱ 　「寸書」は、自分の手紙の謙称。
⑲ 　「恐惶謹言」は、かしこまり謹んで申し上げました、という意味
　の四字結語。

第4章　案内状、招待状＆返信　　305

51－1　社長就任披露への招待

一般的な文例

謹啓　陽春の候愈々ご清適の御事、大賀に存じ上げます①。平素格別なご高配を賜り、衷心よりお礼申し上げます②。

　　　　　　　　　　　　　　　　さて、私、この度③加藤仙一の後を受け、株式会社○○代表取締役社長に就任致しましたので、ご報告申し上げます④。

　もとより経験浅く未だ諸先輩方に⑤、ご教導を仰ぐ身ではございますが、今後は身命を賭す覚悟にて、社業に献身する所存ですので⑥、何卒旧に倍するご支援、ご鞭撻に預かりますよう、切にお願い申し上げる次第でございます。

　ついては、日頃のご厚恩に深謝し、今後の経営に関してのご意見を伺いたく⑦、別紙の次第にて小宴を開催致しますので、ご多用中誠に恐縮至極に存じますが、ご来駕の栄を賜りますれば、幸いこの上なく存じます。

　右略儀ながら本状にて、ご報告方々ご招待迄申し上げます。

　　　　　　　　　　　　　　　　　　　　　　謹言

（「別紙」　省略）

格上げのポイント

①　一定の格式の高さを感じる時候の挨拶ですが、さらに丁寧さを加えるには、「陽春清和の時節を迎え、尊台におかれましては愈々御清適の御事と拝察致し、大賀に存じ上げます」などとします。下線部

が補足、改変箇所です。「陽春」は、陽気の満ちた暖かい春。「清和」は、空が晴れてのどかなこと。相手の敬称である「尊台」をあえて入れ、明確に敬意の方法を示すと、より改まった印象になる場合があります。「清適」は、心身がすがすがしく、安らかなこと。「御事」は、〜とのこと、を丁寧にいう言い方。「拝察」は、推察の謙譲表現です。

② この部分は、もう少し格調高く表現したいので、「毎々並々ならぬ御高配に預かり感佩のほかなく、衷心より御礼申し上げます」などとします。「毎々」は、いつも。「御高配に預かり」は、ご高配をいただき。「感佩のほかなく」は、当然、間違いなく、ありがたいと心に感ずる、感銘する、という意味。

③ 「私、この度」に「儀」を加え、「私儀、この度」とすると、格調高くなります。「儀」は、〜は、という意味。

④ 「ご報告申し上げます」だけでは淡泊な印象なので、「謹んで御報告申し上げます」として、丁寧でかしこまった印象を加えます。

⑤ 「諸先輩方に」と、漠然と感謝の対象を示すだけではなく、「尊台を始めとする諸先輩方に」と、明確に相手に感謝したほうが、より効果的な場合があります。

⑥ 「社業に献身する所存ですので」などと、自社だけのことを視野に入れるのは不心得です。「社業並びに御協賛賜ります皆様方の御発展、御活躍に献身する所存ですので」などと、協賛者、支援者への配慮も忘れないことが、礼儀の基となります。

⑦ この部分は淡泊で、やや敬意が物足りないので、次のように変えます。「就きましては、平素の御厚恩に厚謝致し、向後の経営に関しましての御高見を拝承致したく」。下線部が、補足、改変箇所です。「ついては」を「就きましては」に、「日頃」を「平素」に、「深謝」を「厚謝」に、「今後」を「向後」に、「関しての」を「関しましての」に、「伺いたく」を「拝承致したく」に変え、改まった印象を強

めました。「厚謝」は、意味としては深謝と同じですが、新鮮な印象
が敬意と格式の印象を高めるのに役立ちます。

☆ 「一般的な文例」にある、敬意を強めるために用いた「お」「ご」
は、格上げの際には「御」に変更しました。「御」を用いるほうが、
改まった印象や格式の高さを強調するのに効果的だからです。

格上げ後の文例

謹啓　陽春清和の時節を迎え、尊台におかれましては愈々
御清適の御事と拝察致し、大賀に存じ上げます。毎々並々ならぬ
御高配に預かり感佩のほかなく、衷心より御礼申し上げます。

　　　　　　　　　　　　　　　　　　　　　　さて、私儀、
この度加藤仙一の後を受け、株式会社○○代表取締役社長に
就任致しましたので、謹んで御報告申し上げます。

　もとより経験浅く未だ尊台を始めとする諸先輩方に、御教導を
仰ぐ身ではございますが、今後は身命を賭す覚悟にて、社業並びに
御協賛賜ります皆様方の御発展、御活躍に献身する所存ですので、
何卒旧に倍する御支援、御鞭撻に預かりますよう、切に御願い
申し上げる次第でございます。

　就きましては、平素の御厚恩に厚謝致し、向後の経営に関し
ましての御高見を拝承致したく、別紙の次第にて小宴を開催させて
頂きますので、御多用中誠に恐縮至極に存じますが、御来駕の
栄を賜りますれば、幸いこの上なく存じます。

　右略儀ながら本状にて、御報告方々御招待迄申し上げます。

　　　　　　　　　　　　　　　　　　　　　　　　　　謹言

（「別紙」　省略）

51－2　返信（出欠）

〈模範文例〉

〈出席するとき〉

謹復　暖和①の折柄②貴台③並びに貴社益々御盛栄の御事④誠に大賀至極⑤に存じます。平素⑥の格別なる御引き立て⑦に改めて深謝⑧申し上げます。

　さて、承りますれば⑨貴台におかれましては此の度、株式会社○○代表取締役社長に目出度く御就任の御由⑩、衷心より⑪御慶び申し上げます。多年の御経験と卓越した御手腕を以てして、今後は一層目覚ましき御発展に貴社を御導きになるものと、欣喜⑫の情、湧き上がります。

　多事⑬御繁忙の日々となります故、更に御自愛遊ばされ⑭ますよう、御願い申し上げます。

　つきましては、有り難き御招きに従いまして、当日喜んで御祝賀の御席を賜りたく存じます故、何卒⑮宜しく御願い申し上げます。

　御時間を頂けましたら、親しく千万⑯御挨拶申し上げたく存じます。

　先ずは寸書⑰にて謹んで御返事まで申し述べます。　　謹白

〈欠席するとき〉

御芳墨拝承⑱致しました。株式会社○○代表取締役社長に御就任の御事、誠におめでとうございます。此の度の御慶事に、先ずは

第4章　案内状、招待状&返信　　309

衷心より御慶びの微意⑲を御伝え申し上げます。

　此度の御就任は、尊台の御栄誉に留まらず、平素より格別な御厚誼⑳を賜ります私どもにとりましても欣喜の至りと存じ上げ、御同慶の極みとはまさにこの事と、感激弥増す㉑ばかりでございます。

　つきましては、御祝賀の宴に拝趨㉒の上、多々御祝詞㉓を申し上げたく存じますが、誠に遺憾ながら㉔現在入院臥床の身にて、外出ままならない状況にあります。御祝賀の宴当日の頃には退院の見込みながら、暫くは静養必要との事です。

　かかる㉕事情御賢察㉖賜り、御容赦㉗頂きたく存じます。

　猶、容体は良好にて何卒御放念㉘くださいませ。

　先ずは書面にて御祝い並びに御詫び迄申し上げます。　　敬白

語 句 の 解 説

① 「暖和」(だんわ)は、暖かで穏やかな様子。

② 「折柄」(おりから)は、ちょうどその時。

③ 「貴台」(きだい)は、相手を敬って、その家屋敷をいう語。また、相手を敬って呼ぶときの、二人称の人代名詞。

④ 「御事」(おんこと)は、「事」を丁寧にいう言い方。

⑤ 「大賀至極」は、最も大いに祝福すべき事。

⑥ 「平素」(へいそ)は、いつも。

⑦ 「御引き立て」は、特に目をかけ、ひいきにすること。

⑧ 「深謝」(しんしゃ)は、非常に感謝すること。

⑨ 「承りますれば」は、伺いましたところ。

⑩ 「御由」(おんよし)は、～とのこと、をさらに丁寧にいう語。

⑪ 「衷心より」(ちゅうしん)は、心の底から。

⑫　「欣喜」は、非常に喜ぶこと。

⑬　「多事」は、忙しいこと。

⑭　「御自愛遊ばされ」は、自分のお体を大切にされ、という意味。
　「遊ばされ」は、最上級の敬語を作る語。

⑮　「何卒」は、どうか。

⑯　「千万」は、いろいろ。

⑰　「寸書」は、自分の手紙の謙称。

⑱　「芳墨拝承」の「芳墨」は、相手の手紙の尊称。「拝承」は、謹ん
　で聞く。

⑲　「微意」は、自分の気持ちの謙称。

⑳　「厚誼」は、情が厚い交際。深い親しみの気持ち。

㉑　「弥増す」は、いよいよ多くなる。ますます甚だしくなる。

㉒　「拝趨」は、急いで伺うこと。

㉓　「祝詞」は、お祝いの言葉。

㉔　「遺憾ながら」は、残念ですが。

㉕　「かかる」は、このような。

㉖　「賢察」は、相手の推察を敬っていう語。

㉗　「容赦」は、許すこと。

㉘　「放念」は、忘れること。

第4章　案内状、招待状＆返信　　311

52－1　創立記念祝賀会への招待

一般的な文例

謹啓　秋涼の候いよいよご隆盛の段お慶び申し上げます①。常々格別のお引き立てを賜り深謝申し上げます②。

さて、弊社は、来る平成○年○月○日、創立二十周年を迎える事となりました③。これも偏に、関係ご諸賢④の並々ならぬご支援ご鞭撻⑤あればこそと、心よりお礼申し上げます⑥。

つきましては、創立二十周年を記念し、併せて尊堂並びに関係ご諸賢に対しまして、これまでの厚恩に深謝致したく、別添えの次第により小宴を催す事となりました⑦。

ご多用中誠に恐縮ですが、ご光来賜りますよう⑧、何卒宜しくお願い申し上げます。

先ずは略儀ながら書面を以て、ご挨拶方々ご招待迄申し上げます。　　　　　　　　　　　　　　　　　　　　　　　謹白

（「別添え」　省略）

格上げのポイント

① 冒頭の時候の挨拶で、まず格式の高さを示すために、この部分を次のように変えます。「秋涼の候尊堂愈々御隆盛の段賀し奉ります」。下線部が補足、改変箇所です。「尊堂」は、二人称の人代名詞。相手を敬っていう語。あなた様。「いよいよ」も「愈々」と漢字にすることで、威厳を強めます。「賀し奉ります」は、ご祝福申し上げます、をさらにワンランク上の敬意で表現した言い方。

312 第4章 案内状、招待状＆返信

② この部分も格式を上げるために、「降って弊社常々格別の御引き立てを蒙り深謝申し上げます」と変えます。下線部が補足、改変箇所です。「降って」は、相手の位置より一段下がって、という謙遜のニュアンスを示す語。「賜り」を「蒙り」とするのは、新鮮な敬意を示すためです。

③ この部分は、格調が不足しているので、「さて、弊社こと、来る平成○年○月○日をもちまして、創立二十周年を迎える事と相成りました」と変えます。下線部が、補足、改変箇所です。「こと」は、〜は、という意味で、格調を高め威厳を強めたいときに使います。

④ 「関係ご諸賢」だけでは、相手への感謝が伝わりにくい場合があります。そこで、「尊堂並びに関係御諸賢」などと、あえて相手を名指しします。

⑤ 「ご支援ご鞭撻」を、更に丁寧に言うために、「御懇情溢れる御支援御鞭撻」とします。「懇情」は、親切で真心を尽くした心くばり。

⑥ 「心よりお礼申し上げます」は、平凡で格調と新鮮な敬意が不足しています。そこで、「感佩の念を禁じ得ません」に変えます。「感佩」は、心から感謝して忘れないこと。

⑦ この部分をより一層格調高く言うために、「就きましては、栄えある創立二十周年を記念致し、併せて尊堂並びに関係御諸賢に対しまして従前の御厚恩に厚謝致し、今後も倍旧の御力添えを御願い申し上げたく、別添えの次第により小宴を催する事と相成りました」とします。下線部が、補足、改変箇所です。「栄えある」は、栄誉ある。栄誉が感じられる。「従前」は、以前から今まで。「厚恩」は、人から受ける非常に深い恩。「厚謝」は、深く感謝すること。「今後も〜」などと、今後のこともお願いすると、より丁寧で敬意のこもった印象となります。「相成りました」は、「なりました」を、より丁寧にいう言い方。

⑧ 淡泊な印象なので、この部分を「御多用中誠に恐縮至極に存じま

第4章　案内状、招待状＆返信　　313

すが、御繰り合わせの上、御光来の栄に預かりますよう」と改めます。下線部が、補足、改変箇所です。「恐縮至極」は、恐縮の極限、という意味。「繰り合わせる」は、うまく調整すること。「光来」は、相手が来ることを敬って言う語。「御光来の栄に預かります」は、わざわざ来ていただけるという有り難い栄誉をいただく、という意味。

☆　「一般的な文例」にある、敬意を強めるために用いた「お」「ご」は、格上げの際には「御」に変更しました。「御」を用いるほうが、改まった印象や格式の高さを強調するのに効果的だからです。

格上げ後の文例

謹啓　秋涼の候尊堂愈々御隆盛の段賀し奉ります。降って弊社常々格別の御引き立てを蒙り深謝申し上げます。

　さて、弊社こと、来る平成○年○月○日をもちまして、創立二十周年を迎える事と相成りました。これも偏に、尊堂並びに関係御諸賢の並々ならぬ御懇情溢れる御支援御鞭撻あればこそと、感佩の念を禁じ得ません。

　就きましては、栄えある創立二十周年を記念致し、併せて尊堂並びに関係御諸賢に対しまして従前の御厚恩に厚謝致し、今後も倍旧の御力添えを御願い申し上げたく、別添えの次第により小宴を催する事と相成りました。

　御多用中誠に恐縮至極に存じますが、御繰り合わせの上、御光来の栄に預かりますよう、何卒宜しく御願い申し上げます。

　先ずは略儀ながら書面を以て、御挨拶方々御招待迄申し上げます。　　　　　　　　　　　　　　　　　　　　　　謹白

（「別添え」　省略）

52－2　返信（出欠）

模　範　文　例

〈出席するとき〉

> 謹復　秋冷の砌①、貴社におかれましては愈々御多祥②の御事御慶び申し上げます。平素③は一方ならぬ④御厚誼⑤を賜り感謝この上なく存じます。
>
> 　さて、此の度は貴社御創立二十周年の御祝賀と伺い、誠に御同慶の至り⑥に存じます。貴社の目覚ましき御発展の二十年により、御陰様で弊社も順調着実に成長を遂げる事と相成り、茲に⑦改めて厚く御礼申し上げる次第です。
>
> 　また今回は、数ならぬ小社までも御披露の催しに御席を頂戴致し、恐懼感激⑧のほかございません。
>
> 　当日は必ず拝趨⑨致し、御時間頂戴できますれば、縷々御挨拶、御祝詞を申し上げたく存じます。
>
> 　取りあえず書中にて右まで申し上げます。　　　　　　敬白

〈欠席するとき〉

> 謹復　晩秋⑩の節貴社益々御発展の御事慶賀の至りに存じます。平素は一方ならぬ御指導を賜り深謝申し上げます。
>
> 　さて、此の度は御創立二十周年の御披露の会に、数ならぬ⑪小社までも末席を御用意くださり、感激一入⑫に存じます。
>
> 　拝承⑬致しますに、貴社の現在の御繁栄は、

第4章　案内状、招待状&返信　　315

湯沢社長並びに御創立に参加された現役員の皆様方の類稀なる御奮闘の賜物と伺い、改めて崇敬⑭の念を強く致し、わたくしどもの範とさせていただく所存です。

　つきましては、是非御祝賀に参上⑮致し、御祝いの御挨拶を申し上げたく存じますが、前約の繰り合わせがつかず、出席かなわぬ無念を御伝え申し上げる事となりました。誠に恐縮です。

　何卒御海容⑯くださるよう御願い申し上げます。

　不躾ながら書面にて御祝いの微意⑰並びに御詫びの微衷⑱を申し上げます。　　　　　　　　　　　　　　　　　謹白

語　句　の　解　説

① 「砌（みぎり）」は、ちょうどその時。
② 「多祥（たしょう）」は、幸いの多いこと。
③ 「平素（へいそ）」は、日頃、という意味の改まった言い方。
④ 「一方（ひとかた）ならぬ」は、ひととおりでない、普通でない、という意味の改まった表現。
⑤ 「厚誼（こうぎ）」は、心からの親しいつきあい。
⑥ 「同慶（どうけい）の至（いた）り」は、相手と同じように喜ばしいことの極限、同じように最高に嬉しい、という意味。
⑦ 「茲（ここ）に」は、現在の時点、場所を示す語。この時、この場所で、を改まっていう言い方。
⑧ 「恐懼感激（きょうくかんげき）」は、嬉しさのあまりに、恐れかしこまりながらも喜ぶこと。
⑨ 「拝趨（はいすう）」は、急ぎ伺うこと。
⑩ 「晩秋（ばんしゅう）」は、秋の終わり頃。

⑪ 「数ならぬ」は、参加者として数え上げられるほどの存在ではない、という謙譲表現。

⑫ 「一入」は、一層、ひときわ、という意味。

⑬ 「拝承」は、謹んでうけたまわること。

⑭ 「崇敬」は、あがめうやまう気持ち。

⑮ 「参上」は、相手の所へ伺うこと。

⑯ 「海容」は、広く大きな気持ちで許すこと。

⑰ 「微意」は、わずかな気持ち。自分の気持ちをへりくだっていう言い方。

⑱ 「微衷」は、些細な思い。自分の気持ちをへりくだっていう言い方。

第4章 案内状、招待状＆返信 317

53－1　開店披露への案内

一 般 的 な 文 例

拝啓　薫風の候益々のご多祥大賀に存じます①。

　さて、この程②、左記の通り文京区○○に於きまして、プリントショップ「△△」を開店する事となりました③。

　経験浅く、微力な私どもですから、大先輩にご教導を賜りたく、左記の要領で開店祝いと祝宴を催すことに致しました④。

　ついては、ご多用中誠に恐縮ですが、ご来駕賜りますよう、宜しくお願い申し上げます⑤。

　先ずは右、ご案内まで申し上げます。　　　　　　　敬白

（「記」　省略）

格上げのポイント

①　冒頭の時候の挨拶は、格調の高さを醸すために、重要です。ここは淡泊で月並みな印象なので、「粛啓　薫風緑樹の候尊堂益々御多祥の趣大賀の至りに存じ上げます」と変えます。下線部が、補足、改変箇所です。「拝啓」は一般的な頭語なので、「粛啓」や「謹啓」を用います。「薫風」だけでなく「薫風緑樹」とし、相手の敬称である「尊堂」、～とのことという意味の「趣」などを加えます。また、「大賀」を「大賀の至り」と、大げさに言うことも、格上げ手紙では効果的な場合があります。

②　「さて、この程」の後に、「御陰様にて万事首尾よく相運び」を補足すると、丁寧な印象を加えることができます。「にて」は、原因、

理由を示す語。「万事」は、すべて。「首尾よく」は、うまい具合に。「相運び」は、運ぶを丁寧にいう言い方。「相」には語調を整える効果もあります。

③ 「なりました」を「相成りました」と変えるのも、語調を整え、より丁寧な印象にするためです。

④ この部分は、格調と丁寧さと敬意をさらにグレードアップするために、「もとより経験浅く、極めて微力なる私ども故、斯業界の大先輩であらせられる尊堂に、何分の御教導と御同情を賜りたく、左記の次第により開店祝いを兼ね、聊か祝宴を相催す所存です」などとします。下線部が、補足、改変箇所です。「もとより」は、元来。いうまでもなく。「斯業界」は、この業界。「あらせられる」は、〜でいらっしゃる、という意味の最上敬語。「尊堂」は、相手の敬称。あえて相手を名指すことで、敬意を差し向ける目標を明確に示します。「何分の」は、なんらかの。「聊か」は、この場合、ちょっとした、という意味。謙虚な姿勢を示す語。「相催す」は、催すを丁寧にいう言い方。「所存」は、考え。

⑤ この締めくくりの部分もまた、もう少し丁寧に格調高く表現するために、「つきましては、御多用中誠に恐縮千万ではございますが、御来駕の栄を賜りますよう、何卒宜しく御願い申し上げます」とします。「ついては」を「つきましては」に、「恐縮」を「恐縮千万」に変えます。「千万」はこの場合、その程度が甚だしいという意を添えます。来ていただくという意味の「来駕」に「栄」を加え、「来駕の栄」とすると、より丁寧で感謝のこもった印象になります。「栄」は、栄誉。どうか、という意味の「何卒」を加えることも、力強い誠意を伝えるために重要です。

☆ 「一般的な文例」にある、敬意を強めるために用いた「お」「ご」は、格上げの際には「御」に変更しました。「御」を用いるほうが、改まった印象や格式の高さを強調するのに効果的だからです。

第4章　案内状、招待状&返信　　319

格上げ後の文例

粛啓　薫風緑樹の候尊堂益々御多祥の趣大賀の至りに存じ上げます。

　さて、この程御陰様にて万事首尾よく相運び、左記の通り文京区○○に於きまして、プリントショップ「△△」を開店する事と相成りました。

　もとより経験浅く、極めて微力なる私ども故、斯業界の大先輩であらせられる尊堂に、何分の御教導と御同情を賜りたく、左記の次第により開店祝いを兼ね、聊か祝宴を相催す所存です。

　つきましては、御多用中誠に恐縮千万ではございますが、御来駕の栄を賜りますよう、何卒宜しく御願い申し上げます。

　先ずは右、御案内まで申し上げます。　　　　　　　　　敬白

（「記」　省略）

53-2　返信（出欠）

模 範 文 例

〈出席するとき〉

謹復　御書面謹んで拝見致しました。おめでとうございます。愈々年来の御希望を達せられ、御開店の御由①、誠に慶祝②の至りと存じ上げます。場所柄宜しく、御手腕は申すまでもなく、

320 第4章 案内状、招待状＆返信

人一倍の御奮闘の御性分故、今後は定めし御隆昌の御事③と、確信する次第でございます。

　就きましては、御開店の御祝いに当方までも態々御招待くださり誠に有り難く、憚りながら④謹んで参上⑤致し、その節細々の御祝言⑥を申し上げる所存です。

　先ずは右まで、御挨拶申し上げます。　　　　　　　　敬白

〈欠席するとき〉

謹復　御丁寧な御招きを賜り痛み入り⑦ます。

　此の度は愈々御開店の御運び⑧になります御由承り⑨、心より御祝い申し上げます。

　仰せの通り⑩、何分御同業の御厚誼に預かる私どもでございます故、私どもこそ今後何かと御支援を賜る事になろうかと存じます。何卒宜しく御願い申し上げます。

　つきましては、御招待の思し召しに従いまして、当日は是非参堂⑪致したく予定調整致しましたが、生憎⑫かなり以前からの前約⑬動かし難い状況でございます。

　誠に遺憾⑭ながら、改めて後日御祝いの御挨拶に伺う御無礼を、御承認いただきたく存じます。

　右御挨拶方々御詫びまで申し上げます。　　　　　　謹白

語 句 の 解 説

① 「御由」は、～とのこと、という意味を、さらに丁寧にいう言い方。

② 「慶祝」は、喜び祝うこと。

第4章　案内状、招待状＆返信　　321

③　「御事」は、〜とのこと、をさらに丁寧にいう言い方。

④　「憚りながら」は、遠慮すべきことかもしれないが。

⑤　「参上」は、相手の所へ伺うこと。

⑥　「祝言」は、ここでは祝いの言葉。

⑦　「痛み入り」は、相手の親切、好意に恐縮すること。

⑧　「運び」は、物事が進んで、ある段階に至ること。

⑨　「御由承り」の「御由」は、〜とのこと、という意味を、さらに丁寧にいう言い方。「承り」は、謹んで拝聴すること。

⑩　「仰せの通り」は、おっしゃるとおり。

⑪　「参堂」は、人の家を訪問することのへりくだった言い方。

⑫　「生憎」は、折悪しく、具合悪く、という意味。

⑬　「前約」は、以前からの約束。

⑭　「遺憾」は、期待したようにならず、心残りであること、残念に思うこと。

322　　第4章　案内状、招待状&返信

54－1　長寿祝いへの招待

一 般 的 な 文 例

謹啓　厳寒の砌皆様御健勝の段慶賀の至りに存じます①。

さて、来月末日左記の通り小生お陰様で②古希を迎えることになりました③。つきましては、皆々様方の年来の御厚情御庇護への御礼方々、祝宴を相催す事となりました④。

⑤左記の要領にて開催の予定故、拙宅まで御光来頂きますれば幸甚に存じます。

遠路の所誠に申し訳ございません。またなるべくは、御奥様同伴にて御臨席賜りますよう願い上げる次第です⑥。

先ずは右御招待迄申し上げます。　　　　　　　　謹言

（「記」　省略）

格上げのポイント

① 　この部分の格調を上げるには、「御一統様御揃いにして御健勝にわたらせられ慶賀の至りに存じ奉ります」などとします。「御一統様」は、御一同様と同じ意味で、新鮮な印象を与えます。「わたらせられ」は、～でいらっしゃる、という意味の上級の敬語を示す語。「奉ります」も、～と申し上げます、という意味の上級敬語を作る語。

② 　「お陰様で」は「御陰様を以て」に変えると、かしこまった印象が強まります。「以て」は、～によって。原因、理由を示す語。

第4章　案内状、招待状＆返信　　323

③　「古希を迎えることになりました」は、淡泊で格調が感じられないので、「古希に達する事と相成りました」に変えます。「相成る」の「相」は、語調を整え、より丁寧な表現を作る語。

④　ここは、月並みな表現なので、格調と敬意の点で、不十分な印象です。「桑田様を始めとする皆々様方の年来の御厚情御庇護への御礼方々、是非祝宴を相催す様にと、家内一同騒ぎ立てて居ります」と変えます。

⑤　この部分に、「誠に形ばかりの小宴にして却って御迷惑とは存じますが」と補足すると、非常に謙虚で丁寧な印象になります。

⑥　この部分を格上げ表現するには、次の方法があります。「また相成るべくは、御令室様御同伴にて御臨席の栄を賜りますよう伏して願い上げる次第です」。下線部が、補足、改変箇所です。「なるべくは」は「相成るべくは」とし、「御奥様」は「御令室様」に変えます。「御臨席賜り」も「御臨席の栄を賜り」と、「栄」を補うと、さらに格調高くなります。「栄」は、栄誉。「伏して」は、謹んで、という意味。

格上げ後の文例

> 謹啓　厳寒の砌御一統様御揃いにして御健勝にわたらせられ慶賀の至りに存じ奉ります。
>
> 　さて、来月末日左記の通り小生御陰様を以て古希に達する事と相成りました。つきましては、桑田様を始めとする皆々様方の年来の御厚情御庇護への御礼方々、是非祝宴を相催す様にと、家内一同騒ぎ立てて居ります。
>
> 　誠に形ばかりの小宴にして却って御迷惑とは存じますが、左記の要領にて開催の予定故、拙宅まで御光来頂きますれば幸甚に存じます。

第４章　案内状、招待状＆返信

　　遠路の所誠に申し訳ございません。また相成るべくは、御令室様御同伴にて御臨席の栄を賜りますよう伏して願い上げる次第です。

　　先ずは右御招待迄申し上げます。　　　　　　　　　　謹言

（「記」　省略）

54－2　返信（出欠）

模　範　文　例

〈出席するとき〉

　謹復　仰せの如く①寒気凛冽②の時節となりました。貴家御一統様御健勝の御事③慶賀④の至りでございます。

　　さて、尊台⑤には来月古希の寿⑥をお迎えになり、御賀宴⑦を御催しになられる御由、誠に御目出度く、貴家御一統様の御慶びもいかばかりか⑧と、御同慶⑨の至りに存じます。

　　つきまして、数ならぬ⑩野生⑪までも御賀宴への御招きに預かり、望外⑫の幸福を深謝⑬申し上げます。

　　誠に僭越⑭ですが御言葉に甘え、当日は是非陪席⑮仕り⑯、御高寿⑰にあやかり⑱たく存じますので、何卒宜しく御願い申し上げます。

　　先ずは御慶びと御返事のみ申し述べます。　　　　　　敬白

第4章　案内状、招待状＆返信　　325

〈欠席するとき〉

玉章有り難く拝受致しました。

此の度貴台⑲におかれましては、目出度く古希の寿を御迎えに
なられる御由、衷心より⑳御慶賀申し上げます。

貴台益々の御繁栄のもと、格別御健勝にて古希の御賀宴を
張られる貴台並びに御一統様の御胸中、定めし㉑御満足の御事と
拝察致す次第でございます。

就きましては、折角㉒の御招き故、是非参堂㉓の上、縷々㉔
御祝詞㉕申し上げたく存じますが、生憎㉖当日は昨年から予定して
おりました旧友との旅程㉗と重なり、如何ともし難い㉘状況で
ございます。

後日改めて御祝賀に参上致す所存です。御無礼を御海容㉙賜り
ますようくれぐれも宜しく御願い申し上げます。

先ずは御祝い並びに御詫びまで、本状㉚にて御伝え申し上げ
ます。　　　　　　　　　　　　　　　　　　草々頓首㉛

語 句 の 解 説

① 　「仰せの如く」の「仰せ」は、目上の人からの「言いつけ」「命令」
の尊敬語。お言いつけ。ご命令。「如く」は、〜の通り。従って「仰
せの如く」は、お言いつけの通り。

② 　「凛冽」は、寒さが厳しく身にしみ入る様子。

③ 　「御事」は、〜とのこと、をさらに丁寧にいう言い方。

④ 　「慶賀」は、喜び祝うこと。

⑤ 　「尊台」は、相手の尊称。

⑥ 　「古希の寿」は、七十歳の祝うべきめでたい事柄。

⑦ 　「賀宴」は、祝いの酒盛り。喜びの宴会。

⑧　「いかばかりか」は、どれほどか。

⑨　「同慶」は、同じように嬉しいこと。

⑩　「数ならぬ」は、数に入らない。謙虚な言い方。

⑪　「野生」は小生。自分をへりくだって言う語。

⑫　「望外」は、望んでいた以上に良いこと。

⑬　「深謝」は、深く感謝すること。

⑭　「僭越」は、自分の身分、地位を越えて、出過ぎた事をすること。

⑮　「陪席」は、身分の高い人と同席すること。

⑯　「仕り」は、～申し上げる。最も謙虚な言い方を作る語。

⑰　「高寿」は、長寿。

⑱　「あやかり」は、めでたい物、幸福な人に似て自分も幸福に恵まれること。また、恵まれるように願うこと。

⑲　「貴台」は、相手を敬って、その家屋敷をいう語。また、相手を敬って呼ぶときの、二人称の人代名詞。

⑳　「衷心より」は、心より、という意味の改まった言い方。

㉑　「定めし」は、おそらく。きっと。

㉒　「折角」は、わざわざ。

㉓　「参堂」は、人の家を訪問することのへりくだった言い方。

㉔　「縷々」は、こまごまと話す様子。

㉕　「祝詞」は、お祝いの言葉、手紙。

㉖　「生憎」は、具合が悪いことに。

㉗　「旅程」は、旅行の行程、距離。旅行の日程。

㉘　「如何ともし難い」は、どうにもできない。どのように対処するとしても困難がある。

㉙　「海容」は、広い心で許すこと。

㉚　「本状」は、この手紙。

㉛　「草々頓首」は、まとまらず不十分で失礼とは存じますが、謹んで申し上げました、という意味の四字結語。

第4章　案内状、招待状＆返信　　327

55－1　快気祝いへの招待

一 般 的 な 文 例

謹啓　陽春の候益々ご隆昌の段大慶に存じます①。

　さて、弊社会長脇田信弘入院中は、ご多用中にもかかわらず②度々お見舞い下され③、且つ結構なるお見舞い品まで下し置かれ、ありがとう存じます④。

　お陰様でこの程全快致しましたので、ご休心下さるようお願い致します⑤。つきましては、左記の通り、祝宴を開き⑥、併せて病臥中の格別なるご厚情に御礼申し上げたく存じ上げます。

　ご多用中ご迷惑とは存じますが、ご来会をお待ち申し上げます⑦。

　まずはお礼かたがたご招待まで⑧。　　　　　　　　　謹白

（「記」　省略）

格上げのポイント

① 　さらに格上げするために、ここを、「温暖陽春の時節を迎え益々御隆昌の段大慶に存じ上げます」とします。下線部が、補足、改変箇所です。「温暖」を加え、「候」を「時節を迎え」に変え、新鮮で丁寧な印象を付け加えます。また、「存じます」を「存じ上げます」に変え、格調と敬意のレベルを一段上げます。

② 　「さて」を「偖」に、「ご多用中」を「御多用中」に、「かかわらず」を「拘わらず」にします。漢字にすることで、格調が高まります。

③　「度々お見舞い下され」は、「御丁寧に」を加え、「度々御丁寧に御見舞い下され」とすると、文字通り丁寧な印象が増します。

④　「ありがとう存じます」は「千万忝く存じ上げます」に変えます。「千万」は、いろいろ、甚だ、という意味。「忝く」は、身に過ぎてありがたい。

⑤　いささか淡泊な印象で格調、丁寧さの不足が感じられるので、この部分を、「御陰様を以て、治療着々と進み、この程全快致し、殆ど健康体に復しました故、憚りながら御休心下さるよう御願い致します」とします。下線部が、補足、改変箇所です。「以て」は、〜によって。「憚りながら」は、遠慮すべきことかもしれないが。恐れながら。

⑥　「祝宴を開き」は、「聊か心ばかりの祝宴を相開き」と変え、謙虚さと丁寧さを加えます。「聊か」は、ちょっと。「相開き」は、開くを丁寧にいう言い方。

⑦　この部分を、さらに格上げするには、「御多用中却って御迷惑とは存じますが、枉げて御承引賜りますれば幸甚に存じます」とします。下線部が、補足、改変箇所です。「却って」は、むしろ逆に。謙虚な姿勢の表現に効果的です。「枉げて」は、無理でも。是が非でも。「承引」は承知して引き受けること。「幸甚」は、非常に幸いなこと、満足なこと。

⑧　「まずはお礼かたがたご招待まで」は、省略形で丁寧さと敬意が不足します。「先ずは御礼方々御招待迄申し上げます」と変えます。

☆　「一般的な文例」にある、敬意を強めるために用いた「お」「ご」は、格上げの際には「御」に変更しました。「御」を用いるほうが、改まった印象や格式の高さを強調するのに効果的だからです。

第4章　案内状、招待状＆返信　　　329

格上げ後の文例

謹啓　温暖陽春の時節を迎え益々御隆昌の段大慶に存じ上げます。

　偖、弊社会長脇田信弘入院中は、御多用中にも拘わらず度々御丁寧に御見舞い下され、且つ結構なる御見舞い品迄下し置かれ、千万忝く存じ上げます。

　御陰様を以て、治療着々と進み、この程全快致し、殆ど健康体に復しました故、憚りながら御休心下さるよう御願い致します。つきましては、左記の通り、聊か心ばかりの祝宴を相開き、併せて病臥中の格別なる御厚情に御礼申し上げたく存じ上げます。

　御多用中却って御迷惑とは存じますが、枉げて御承引賜りますれば幸甚に存じます。

　先ずは御礼方々御招待迄申し上げます。　　　　　　　謹白

（「記」　省略）

55－2　返信（出欠）

模　範　文　例

〈出席するとき〉

謹復　御芳書①に接し②歓喜胸中に溢るる思いでございます。
　その後は何かと取り紛れ③、御見舞いも申し上げず失礼致し

ましたが、承りますれば④此の度貴社会長脇田様におかれましては、御全快との御趣⑤、大慶至極⑥に存じ奉り⑦ます。定めし⑧御家族様並びに貴社御諸賢⑨、御祝着⑩の御事⑪と拝察⑫申し上げる次第⑬です。

　つきましては、御祝いの御宴に御招待賜り、誠に忝く⑭存じ奉ります。御言葉に甘えて同日拝趨⑮の上、御元気な御様子に接し、御祝詞⑯を申し上げたく存じます。

　先ずは右御祝いに加え御返事迄⑰申し上げます。　　　　謹白

〈欠席するとき〉

謹復　只今御吉報⑱に触れ欣喜に堪えず⑲、衷心より⑳御祝い申し上げます。

　その後貴社会長におかれましては、如何にあらせられる㉑かと御案じ㉒申し上げておりましたところ、御病気御全快との御知らせを頂戴し、就きましては御祝賀の御宴にまで御招きを賜り、誠に忝く存じ上げます。

　この際何を差し置いても当日参堂㉓、拝芝㉔の栄㉕を得たく存じ上げますが、前約㉖の繰り合わせがつかず、御祝宴には伺いかねる状況でございます。誠に申し訳ございません。改めて貴社会長の御都合を御伺い致し、御祝いに駆け付ける所存㉗故、御海容㉘賜りますよう、伏して㉙御願い申し上げる次第です。

　取りあえず御祝い方々御詫びを申し上げます。　　　頓首㉚

第4章　案内状、招待状＆返信　　331

語 句 の 解 説

① 「芳書」は、相手の手紙の敬称。

② 「接し」は、ここでは、読むこと。

③ 「取り紛れ」は、雑事や仕事などに心が奪われること。

④ 「承りますれば」は、謹んでお伺いすること。

⑤ 「御趣」は、〜のご様子、を丁寧にいう言い方。

⑥ 「大慶至極」は、極めて大きな喜び。

⑦ 「奉り」は、〜申し上げる。

⑧ 「定めし」は、おそらく。きっと。

⑨ 「諸賢」は、皆さん、の丁寧な言い方。

⑩ 「祝着」は、喜び祝うこと。喜ばしいこと。慶賀。

⑪ 「御事」は、〜とのこと、をさらに丁寧にいう言い方。

⑫ 「拝察」は、人の心中などを推測することを、へりくだって言う語。

⑬ 「次第」は、〜というわけ、という意味。

⑭ 「忝く」は、ありがたい。恐れ多い。

⑮ 「拝趨」は、急いで伺うことを、へりくだっていう言い方。

⑯ 「祝詞」は、お祝いの言葉。

⑰ 「迄」は、だけ。のみ。

⑱ 「吉報」は、おめでたい良い知らせ。

⑲ 「欣喜に堪えず」の「欣喜」は、大喜び。「堪えず」は、感情などを抑えられない。

⑳ 「衷心より」は、心より、という意味の改まった言い方。

㉑ 「如何にあらせられる」の「如何に」は、どのように。「あらせられる」は、〜である、の尊敬表現。〜（で）いらっしゃる。

㉒ 「案じ」は、心配する。

332　　第4章　案内状、招待状＆返信

㉓　「参堂」は、人の家を訪問することのへりくだった言い方。

㉔　「拝芝」は、芝眉（お顔）を拝するの意。面会することを、その
相手を敬って言う謙譲語。拝顔。拝眉。

㉕　「栄」は、栄誉。

㉖　「前約」は、以前からの約束。

㉗　「所存」は、考え。

㉘　「海容」は、大きな度量で人の罪や過ちを許すこと。

㉙　「伏して」は、くれぐれも。謹んで。

㉚　「頓首」は、中国の礼式で、頭を地面にすりつけるように拝礼す
ること。ぬかずくこと。謹復を受ける敬意のこもった結語の一つ。

第4章　案内状、招待状＆返信　　333

56－1　宴席への招待

一般的な文例

謹啓　落葉の折柄いよいよ健勝の御事とお慶び申し上げます①。

さて、ご繁忙のところ誠に恐縮ですが、わずかなりと日頃の
ご支援に酬いる②とともに、忘年会を先取りし、いろいろと
ありました本年を振り返り、よりよい新年を迎えるために③、
さらには美味なる新酒を愉しむべく、小宴を左記の要領にて
開催することになりました④。

いつもお世話になっている皆様方にお集まりいただき⑤、
快談と哄笑で満たしつつ、この際痛飲したく存じます⑥。

ご多用のところ、また遠路、誠に恐縮ですが⑦、何卒
お繰り合わせの上、お運びいただきたく存じ上げます⑧。

まずはご招待まで申し上げます⑨。　　　　　　　　敬白

（「記」　省略）

格上げのポイント

① 冒頭が手紙全体の格調の高さを決定する場合があります。この部
分をさらに格上げするために、「秋蕭条の節、定めし愈々御健勝にて
御消光の御事と、御慶び申し上げます」などとします。下線部分が、
補足、改変箇所です。「蕭条」は、周囲の風景に目を楽しませるもの
がなくもの寂しい様子。「定めし」は、さぞかし。「消光」は、月日
を費やすこと。暮らすこと。「御事」は、〜とのこと、を丁寧にいう

言い方。

② この部分を格調高く表現するには、「聊か日頃の御眷顧に酬いる」
とします。「聊か」は、ちょっと。「眷顧」は、特別に目をかけるこ
と。ひいき。

③ この部分も次のように格調高く表現することができます。「忘年
の時期に早先駆け、多事多端なりし本年を振り返り記念し、よりよ
き新年を期するために」。「先駆け」は、ここでは他のものより先に
なること。「多事多端」は、仕事が多くて大変忙しい様子。「記念」
は、この場合は、過ぎ去った物事などを思い起こすこと。「期する」
は、期待する。

④ 「開催することになりました」は、「開催致すことと相成りました」
とすると、格調と丁寧さを付け加えることができます。「する」を「致
す」に、「なりました」を「相成りました」に変えます。「致す」は、
「する」のへりくだった言い方。「相成る」は、「なる」を丁寧にい
う言い方。語調を整える効果もあり、格調を高めるのに役立ちます。

⑤ この部分は、「尊台を始めとする平素御厚情を賜りし皆様方の御
臨席のもと」とし格調と敬意を高めます。「尊台」は、あなた様。相
手の敬称。漠然と「皆様」とするだけでなく、あえて相手を名指し、
感謝の目標を明確に示すことで、相手への敬意を強調します。「厚
情」は、厚い情け。心からの深い思いやりの気持ち。「臨席」は、そ
の席にのぞむこと。出席。

⑥ この部分をさらに丁寧に謙虚に表現するために、「この際痛飲し
たく存じますが、御賛同頂けますでしょうか」とします。下線部が、
補足箇所です。

⑦ 「誠に恐縮ですが」を「誠に忝く存じますが」に変えると、さら
に新鮮な敬意が強まります。「忝い」は、ここでは、身に過ぎてあり
がたい、という意味になります。

第4章　案内状、招待状＆返信　　335

⑧　「お運びいただきたく存じ上げます」を、さらに敬意のこもった、改まった印象にするために、「御来車賜りますよう、くれぐれも宜しく御願い申し上げます」とします。「来車」は、車で来ること。転じて、相手を敬って、その来訪をいう語。

⑨　「まずはご招待まで申し上げます」は、「先ずは御招待迄謹んで申し述べます」とすると、格調と謙虚さを、さらに付け加えることができます。通常漢字の多用は堅苦しさを高じさせ、親しみにくい手紙となるため、避ける傾向がありますが、格上げ手紙では逆に漢字を利用することにより、格調を高め、改まった印象を強める効果があります。また、ここでは、「謹んで」という言葉を挿入することで、敬意をより強めています。

☆　「一般的な文例」にある、敬意を強めるために用いた「お」「ご」は、格上げの際には「御」に変更しました。「御」を用いるほうが、改まった印象や格式の高さを強調するのに効果的だからです。

格上げ後の文例

謹啓　秋蕭条の節、定めし愈々御健勝にて御消光の御事と、御慶び申し上げます。

　さて、御繁忙のところ誠に恐縮ですが、聊か日頃の御眷顧に酬いるとともに、忘年の時期に早先駆け、多事多端なりし本年を振り返り記念し、よりよき新年を期するために、さらには美味なる新酒を愉しむべく、小宴を左記の要領にて開催致すことと相成りました。

　尊台を始めとする平素御厚情を賜りし皆様方の御臨席のもと、快談と哄笑で満たしつつ、この際痛飲したく存じますが、御賛同頂けますでしょうか。

336　　第４章　案内状、招待状＆返信

　御多用のところ、また遠路、誠に忝く存じますが、何卒御繰り合わせの上、御来車賜りますよう、くれぐれも宜しく御願い申し上げます。

　先ずは御招待迄謹んで申し述べます。　　　　　　　敬白

（「記」　省略）

56－2　返信（出欠）

模　範　文　例

〈出席するとき〉

　謹復　御貴簡①有り難く拝受②仕り③ました。

　就きましては、多幸なりし本年を記念④し、新春の清福⑤を期し、新酒の毒味をせんが為、愉しき宴御開催の御由⑥、心より御賛同の意を表する次第でございます。

　当日は何事も捨て置き、慶んで末席を汚す⑦心組み⑧でございます。何卒宜しく御願い申し上げます。

　尊堂⑨並びに御諸賢⑩に久方振りに拝眉の栄⑪を賜ります事、欣喜⑫感激に堪えず⑬、光栄の至りに存じます。

　先ずは取り急ぎ御礼方々御返事申し上げます。　　　敬白

第4章　案内状、招待状＆返信　　337

〈欠席するとき〉

謹復　平素⑭の格別なる御高配⑮に改めて深謝⑯申し上げます。

またこの度は、御宴会の御催しに際しまして、小生迄御寵招⑰に預かり⑱、誠に光栄の極みに存じます。衷心より⑲の御礼を申し上げます。

尊堂はもとより、御諸賢御集りとの御由、是非とも末席を頂戴致し、多々御高見⑳を拝聴㉑致し、秋爽㉒の一夜を有意義に過ごしたく存じますが、実は先日老父が倒れ自宅にて臥床㉓療養中にて、看護のため暫くは夜間外出の自由が制限される事となりました。大事には至らず御放念㉔賜りたく存じますが、かかる㉕事情故、誠に遺憾㉖ながら、折角㉗の御誘いも見送らざるを得ません。御海容㉘賜りますよう御願い申し上げます。

先ずは御返事のみ御伝え致します。末筆ながら㉙御盛会㉚を御祈念㉛申し上げます。　　　　　　　　　　　　　頓首

語 句 の 解 説

① 「貴簡」は、相手の手紙の尊敬表現。
② 「拝受」は、受け取ることをへりくだっていう語。
③ 「仕り」は、致します、という意味の改まった言い方。
④ 「記念」は、この場合は、過ぎ去った物事などを思い起こすこと。
⑤ 「清福」は、幸福のこと。
⑥ 「御由」は、〜とのこと、をさらに丁寧にいう語。
⑦ 「末席を汚す」は、出席することを、へりくだっていう言い方。
⑧ 「心組み」は、心積もり。心構え。
⑨ 「尊堂」は、相手を敬って言う語。あなた様。
⑩ 「諸賢」は、皆さん、の丁寧な言い方。

⑪ 「拝眉の栄」の「拝眉」は、相手に会うことを、へりくだっていう言い方。「栄」は、栄誉。

⑫ 「欣喜」は、大喜び。

⑬ 「堪えず」は、感情などを抑えられない、という意味。

⑭ 「平素」は、いつも。

⑮ 「高配」は、相手の配慮を、敬って言う語。

⑯ 「深謝」は、非常に感謝すること。

⑰ 「寵招」は、特別の恩恵をもって招かれること。

⑱ 「預かり」は、目上からのおほめや志を受けること。〜していただく。

⑲ 「衷心より」は、心より、という意味の改まった言い方。

⑳ 「高見」は、優れた意見・識見。

㉑ 「拝聴」は、聴くことの謙譲表現。

㉒ 「秋爽」は、秋の空気が澄明で気持ちのよいこと。

㉓ 「臥床」は、（病気で）床につくこと。

㉔ 「放念」は、忘れること。

㉕ 「かかる」は、かくある＝このようにある＝このような、という意味。

㉖ 「遺憾」は、期待したようにならず、心残りであること。残念に思うこと。

㉗ 「折角」は、わざわざ。

㉘ 「海容」は、海のような広い心で許すこと。

㉙ 「末筆ながら」は、大切なことを手紙の末尾で伝えることを、詫びる言葉。

㉚ 「盛会」は、盛大な会。

㉛ 「祈念」は、祈り願うこと。

第4章　案内状、招待状＆返信　　339

57－1　別荘への招待

一 般 的 な 文 例

謹啓　梅雨明けの宣言とともに猛暑となりましたが①、益々
ご健勝の事と拝察致します②。平素ご高配を賜り有り難く存じ
ます③。
　さて、早速ですが、夏季休暇中のお誘いを申し上げます④。
　当方の軽井沢の別荘⑤にて、夏季例年ＢＢＱパーティーを
開催しております。お取り引きの皆様や友人が集い⑥、高原の
清涼な林間に於いて、各種美酒美肴を愉しみながら、ご歓談の
ひと時をお過ごしいただきます⑦。
　本年は左記日程で行います⑧。吉岡様には是非ご来会賜りたく、
お誘い申し上げます⑨。
　ご検討賜りますよう宜しくお願い申し上げます。　　　　敬白

（「記」　省略）

格上げのポイント

①　「猛暑となりましたが」を「甚暑の到来と相成りましたが」に変
　え、格調を高めます。「甚暑」は、甚だしく暑いこと。「相成る」は、
　「なる」を丁寧にいう言い方。語調を整える効果もあり、格調を高
　めるのに役立ちます。

②　ここはいささか淡泊な印象なので、新鮮な敬意を加えるために、

340　第4章　案内状、招待状＆返信

「益々御健勝にて御活躍の御事と拝察致します」に変えます。「御事」は、〜とのこと、を丁寧にいう言い方。「拝察」は、推察の謙譲表現です。

③　ここは次のように変え、さらに丁寧な敬意を込めます。「毎々種々格別なる御高慮、御芳情に預かり、誠に恐縮千万に存じ上げます」。「毎々」は、いつも。「種々」は、いろいろ。「高慮」は、相手の配慮を敬って言う語。「芳情」は、相手の親切な気持ちを敬っていう言い方。「預かり」は、〜していただく。「千万」は、甚だしい様子。

④　この部分を格調と重厚感を加えるために、「今回寸書認めましたのは他でもなく、夏季休暇中の御誘いでございます」とします。下線部が、補足、改変箇所です。「寸書」は、自分の手紙の謙称。「他でもなく」は、大事であるのはまさにこのことであって、別のことではない、という意味。

⑤　「別荘」を「茅屋」に変え、謙遜することにより敬意を示します。「茅屋」は、みすぼらしい家。あばらや。また、自分の家をへりくだっていう語。

⑥　「お取り引きの皆様や友人が集い」は「御取り引きの御諸賢並びに知友相集い」に変え、より丁寧に伝えます。「諸賢」は、皆さん、の丁寧な言い方。「相〜」は、語調を整え、より丁寧な言葉を作る語。

⑦　ここは、より謙虚な姿勢を示すために、「御歓談のひと時を御過ごし頂きたいと存じますが、如何なものでしょうか」と、疑問形にします。

⑧　「行います」は「執り行います」とし、改まった印象と格調を高めます。

⑨　この部分は、「吉岡様には是非御来会賜りたく、伏して御誘い申し上げる次第です。御予定頂戴できますれば幸いこの上なく存じ上げ

第4章　案内状、招待状&返信　　　341

ます」として、丁寧を極めます。下線部が、補足、改変箇所です。
「伏して」は、くれぐれも。謹んで。「次第」は、わけ。より丁寧な
印象を加えるために、「御予定〜」以下を加えるのがポイントです。
☆　「一般的な文例」にある、敬意を強めるために用いた「お」「ご」
は、格上げの際には「御」に変更しました。「御」を用いるほうが、
改まった印象や格式の高さを強調するのに効果的だからです。

格上げ後の文例

> 謹啓　梅雨明けの宣言とともに甚暑の到来と相成りましたが、
> 益々御健勝にて御活躍の御事と拝察致します。毎々種々格別なる
> 御高慮、御芳情に預かり、誠に恐縮千万に存じ上げます。
> 　さて、今回寸書認めましたのは他でもなく、夏季休暇中の
> 御誘いでございます。
> 　　　　　　　　　　　　　　当方の軽井沢の茅屋にて、
> 夏季例年ＢＢＱパーティーを開催しております。御取り引きの
> 御諸賢並びに知友相集い、高原の清涼な林間に於いて、各種
> 美酒美肴を愉しみながら、御歓談のひと時を御過ごし頂きたいと
> 存じますが、如何なものでしょうか。
> 　本年は左記日程で執り行います。吉岡様には是非御来会賜り
> たく、伏して御誘い申し上げる次第です。御予定頂戴できますれば
> 幸いこの上なく存じ上げます。
> 　御検討賜りますよう宜しく御願い申し上げます。　　　敬白
>
>
> （「記」　省略）

57－2　返信（出欠）

模　範　文　例

〈出席するとき〉

謹復　御書状謹んで拝読致しました。

今夏清涼爽快なる軽井沢の御別邸にてパーティーを御開催に際しましては、数ならぬ①小生迄御寵招②を忝うし③深謝④仕ります⑤。

唐松の古木の林間を吹き抜ける爽風が、美味なる食材の香ばしさを鼻孔に運び、御臨席⑥の皆様方の御歓談が青き清潔な芝生の御会場に満ちる御様子を想像するだに、えもいわれぬ⑦幸福と慶びが胸中に満ち溢れる思いでございます。

誠に恐縮至極に存じますが、御言葉に甘え、当日御伺い致したく存じます。

先ずは御礼方々御返事迄申し上げます。

余⑧は拝眉⑨の上万々⑩御挨拶申し上げます。　　　　　謹白

〈欠席するとき〉

謹復　夏季休暇を前に、望外⑪の御誘いを賜り恐懼感激⑫のほかございません。

尊台⑬御別邸に於ける御恒例の貴パーティーにつきましては、仄聞⑭致しておりましたが、よもや⑮御招待賜るなどとは、ゆめゆめ想像だにせぬこと故、喜びを超え驚き入るばかりに存じます。

第4章 案内状、招待状＆返信　　343

　　無論拝趨⑯の上、親しく⑰御招待への感謝を申し上げ、御光来⑱の皆様方の貴重な御歓談にも加わりたく存じますが、大変申し訳なくも、当日は前年からの前約がございます。是が非でも貴パーティーに参加させて頂きたく、鋭意⑲調整致しましたが、甲斐なく御出席を見合わせざるを得ない状況でございます。

　　折角⑳の御誘いを無に致し恐縮至極に存じますが、御諒承㉑賜りますよう伏して㉒願い上げる次第です。

　　先ずは御招待への感謝と御詫びまで申し述べます。　　謹言

語 句 の 解 説

①　「数ならぬ」は、数に入らない。謙虚な言い方。
②　「寵招」は、特別の恩恵をもって招かれること。
③　「忝うし」は、〜していただきまして、という意味。
④　「深謝」は、深く感謝すること。
⑤　「仕ります」は、〜申し上げます、という意味。
⑥　「臨席」は、その席にのぞむこと。出席。
⑦　「えもいわれぬ」は、言い表すことも出来ないほど、優れている。
⑧　「余」は、その他伝えきれなかったこと。
⑨　「拝眉」は、会うことをへりくだって言う語。拝顔。
⑩　「万々」は、十分に。
⑪　「望外」は、望んでいた以上に良いこと。
⑫　「恐懼感激」は、嬉しさのあまりに、恐れかしこまりながらも喜ぶこと。
⑬　「尊台」は、あなた様。相手の敬称。
⑭　「仄聞」は、人づてなどによって、うすうす聞くこと。
⑮　「よもや」は、まさか。

344　　第4章　案内状、招待状＆返信

⑯　「拝趨」は、急いで伺うことを、へりくだっていう言い方。

⑰　「親しく」は、じかに、直接。

⑱　「光来」は、他人の来訪を敬って言う語。

⑲　「鋭意」は、精一杯励むこと。

⑳　「折角」は、わざわざ。

㉑　「諒承」は、相手の申し出や事情などを納得して承知すること。

㉒　「伏して」は、ひれ伏して。切に願う様子。くれぐれも。謹んで。

第　5　章

見舞状、お悔やみ状＆返信

346

第5章　見舞状、お悔やみ状＆返信　　347

58—1　病気見舞い

一般的な文例

拝啓　いつもご無沙汰ばかりで申し訳ございません①。

その後お元気かと思っていましたところ②、うかがえば、先月からご病気とのこと、大変驚いております。心からお見舞い致します③。

ご病状はよくないのでしょうか。ご入院したからにはご容体重く、皆々様、さぞかしご心配の事と拝察致します④。

しかしながらこの数日来病気の勢いが衰え、十日足らずでご退院とのお噂、嬉しい限りです⑤。

そのうち伺い、いろいろご挨拶する心づもりですが⑥、取りあえず書中にてお見舞いまで申し上げます。　　　　　謹白

格上げのポイント

① 冒頭の格調を高めるには、この部分を、「謹啓　平素は御無沙汰にて打ち過ぎ御詫び申し上げます」などとします。「拝啓」は「謹啓」に変えます。「平素」は、いつも、という意味。改まった印象にするとき用います。「打ち過ぎ」は、時が経過する。古風な言い方ですが、格調が高くなります。

② 格調と敬意が不足した表現です。「尊台御近況如何かと御案じ申し上げていましたところ」と変えます。「尊台」は、相手の尊称。「案じ」は、心配する。

③ この部分も格調、敬意不足なので、「承りますれば、先月来御病臥

中との御由、全く驚愕の他なく、心より御見舞い申し上げます」と
します。「承り」は、謹んで聞くこと。誰から聞いたということは、
特に明記する必要はありません。「先月来」は、先月から。「病臥」
は、病気で寝ること。「御由」は、〜とのこと、という意味を、さら
に丁寧にいう言い方。「驚愕」は、非常に驚くこと。「他なく」は、
それ以外ないこと。「驚愕の他なく」で、非常に驚く以外にない。「他
なく」により、「驚愕」の程度を強めることができます。

④ 「病状がよくない」とか「容体が重い」とか、そうした表現は避
けます。また、この部分は、格調と丁寧さが不足しているので、次
のように変えます。「御病状詳しく存じ上げませんが、御入院を要
するとなれば御容体軽からず、尊台はもとより御家族御一同様、さ
らには貴社の皆々様、さぞかし御心配の御事と拝察致します」。「御
事」は、〜のこと、をさらに丁寧にいう言い方。

⑤ この部分は、格調を高め、忌み言葉を避けるために、「御病勢鎮ま
り、旬日を待たずして御退院との御噂、愁眉を開く思いに存じます」
とします。「病気の勢いが衰え」は、めでたいことですが、「衰え」
が忌み言葉なので、避けたほうが無難です。「十日足らず」は、「旬
日を待たず」とすると、格調高くなります。また、「嬉しい限り」を
「愁眉を開く思い」に変えることでも、新鮮な格調を高められます。
「愁眉を開く」は、憂いを含んだ眉＝愁眉がなくなること。安心す
ること。

⑥ この表現は格調と敬意不足なので、「何れ参上、縷々御挨拶致す心
算ではございますが」とします。「何れ参上」は、そのうち伺うこと。
「縷々」は、こまごまと話す様子。「心算」は、心づもり。

☆ 「一般的な文例」にある、敬意を強めるために用いた「お」「ご」
は、格上げの際には「御」に変更しました。「御」を用いるほうが、
改まった印象や格式の高さを強調するのに効果的だからです。

第5章　見舞状、お悔やみ状＆返信　　349

格上げ後の文例

謹啓　平素は御無沙汰にて打ち過ぎ御詫び申し上げます。

　尊台御近況如何かと御案じ申し上げていましたところ、承りますれば、先月来御病臥中との御由、全く驚愕の他なく、心より御見舞い申し上げます。

　御病状詳しく存じ上げませんが、御入院を要するとなれば御容体軽からず、尊台はもとより御家族御一同様、さらには貴社の皆々様、さぞかし御心配の御事と拝察致します。

　しかしながらこの数日来御病勢鎮まり、旬日を待たずして御退院との御噂、愁眉を開く思いに存じます。

　何れ参上、縷々御挨拶致す心算ではございますが、取りあえず書中にて御見舞いまで申し上げます。　　　　　　　　謹白

58－2　返信（お礼）

模　範　文　例

謹復　この度は小社社長篠田正行入院に際しまして、早々に御懇篤①なる見舞状並びに結構なる御品を頂戴仕り②、常ながらの御厚情③有り難く、篠田に成り代わりまして、深甚④の感謝を申し上げます。

　幸いにも病勢⑤確かに止み回復の兆し濃厚にて、来月初旬には退院の見込みと相成り⑥、本人はもとより家族、小社一同、

安堵⑦の胸を撫で下しております。何卒他事ながら御放念⑧賜りますよう、くれぐれも宜しく御願い申し上げます。

　なお、御見舞いの御気遣いは、御気持ちのみ頂戴致し、御足労⑨には及びませんとは本人の意向でございます。御諒承⑩賜りたく存じます。

　右取り敢えず本人に成りかわり御礼迄⑪申し上げます。敬白

語 句 の 解 説

① 「懇篤（こんとく）」は、親切で手厚いこと。

② 「仕り（つかまつ）」は、〜申し上げる。最も謙虚な言い方を作る語。

③ 「厚情（こうじょう）」は、思いやりの深い相手の気持ち。

④ 「深甚（しんじん）」は、程度がとても深いこと。

⑤ 「病勢」は、病気の悪くなる勢い。

⑥ 「相成り（あいな）」は、「なる」の改まった言い方。

⑦ 「安堵」は、安心すること。

⑧ 「他事ながら御放念」は、そもそも他人事でご心配には及びませんが、万一ご心配いただいているようなら、どうぞお忘れください、という意味。

⑨ 「足労（そくろう）」は、足を使って移動する労力、疲れ。

⑩ 「諒承（りょうしょう）」は、相手の申し出や事情などを納得して承知すること。

⑪ 「迄（まで）」は、だけ。のみ。

第5章　見舞状、お悔やみ状＆返信　　351

59－1　事故見舞い

一般的な文例

急啓　今朝ニュースで貴社○○営業所の駐車場での事故のことを知り、大変驚いております①。

　ご来社中のお客様の乗用車の急発進により、尊台ご乗車のお車が背後から追突され、尊台には全治二週間のお怪我と報じられていますが、その後のお加減は如何でしょうか。依然お痛みになりますか②。

　③

　やがて程なくご快復の事④とは存じますが、ご加療、ご静養十分に、完治まではご自重ください⑤。

　すぐに伺い、いろいろお慰めしたく存じますが、ご治療の妨げになりませんよう、時を見計らい、伺うつもりです⑥。

　先ずは書面にてお見舞いまで申し上げます⑦。　　　　　頓首

格上げのポイント

① 　この部分は淡泊で、格調が不足しているので、「今朝方報道により貴社○○営業所にての駐車場事故を拝承致し、驚愕の他ございません」とします。「今朝方」は、今朝ぐらい。こうしたぼやかす言い方は、格調高く表現する際、しばしば利用されます。「ニュース」より「報道」のほうが、改まった印象になります。「拝承」は、聞くこと、承知することをへりくだって言う語。「驚愕」は、非常に驚くこと。

② 　この部分の、「ご来社／ご乗車」の「ご」を「御」に変え、「お客様／お車／お怪我／お加減／お痛み」の「お」を「御」に変えて、

格調と改まった印象を高めます。

③ この部分に、「謹んで御伺い申し上げます。」を挿入すると、非常に丁寧な印象になります。

④ 「ご快復の事」は、「御快復の御事」に変えます。「御事」は、〜のこと、をさらに丁寧にいう言い方。

⑤ 淡泊な印象なので、「くれぐれも御加療、御静養十分に、完治までは御自重くださりますよう御願い申し上げます」とし、丁寧を極めます。下線部が、補足、改変箇所です。「くれぐれも」は、どうか。どうぞ。「自重」は、この場合、自分自身の体を大切にして健康を損なわないようにすること。自愛。

⑥ この部分は、格調と敬意が不十分なので、「早速拝趨の上、種々御慰め申し上げたく存じますが、御治療の妨げになりませんよう、時を見計らい、参上致す所存です」とします。「拝趨」は、急いで伺うことを、へりくだっていう言い方。「種々」は、いろいろ。「所存」は、考え。

⑦ 「お見舞いまで申し上げます」を「御見舞いの微衷を御伝え申し上げます」に変えると、格調が高まります。

格上げ後の文例

急啓　今朝方報道により貴社〇〇営業所にての駐車場事故を拝承致し、驚愕の他ございません。

　御来社中の御客様の乗用車の急発進により、尊台御乗車の御車が背後から追突され、尊台には全治二週間の御怪我と報じられていますが、その後の御加減は如何でしょうか。依然御痛みになりますか。

　謹んで御伺い申し上げます。

　やがて程なく御快復の御事とは存じますが、くれぐれも御加療、

第5章　見舞状、お悔やみ状＆返信　　　353

御静養十分に、完治までは御自重くださりますよう御願い申し上げます。

　早速拝趨の上、種々御慰め申し上げたく存じますが、御治療の妨げになりませんよう、時を見計らい、参上致す所存です。

　先ずは書面にて御見舞いの微衷を御伝え申し上げます。頓首

59－2　返信（お礼）

模　範　文　例

謹復　此の度は早速の御見舞いの御厚情①、大変嬉しく有り難く、感佩②に堪えず、衷心より③厚謝④申し上げます。

　怪我につきましては軽い頚椎捻挫にて、特に大きな痛みはなく、業務に支障もございません。後遺症も今のところは皆無⑤ですので、何卒⑥御休心⑦賜りたく存じ上げます。

　ただし、御客様が私の車に追突後、営業所門扉に激突、重傷となられました事は、誠に遺憾⑧に存じます。御命に別条⑨は御座いませんが、一日、一刻も早い御快復を願ってやみません。

　大変御騒がせ致し誠に申し訳なく、謹んで御詫び致し、御懇篤⑩なる御見舞いに対しまして、改めて満腔⑪の謝意を本状にて御伝え申し上げる次第です。

　なお、御見舞いの為に御光来⑫賜りますことは、謹んで御遠慮申し上げます。有り難い御気遣いのみ頂戴致します。

　先ずは寸書⑬にて御礼のみ申し上げます。　　　　　敬白

354　第5章　見舞状、お悔やみ状＆返信

語 句 の 解 説

① 「厚情（こうじょう）」は、思いやりの深い相手の気持ち。
② 「感佩（かんぱい）」は、心から感謝して忘れないこと。
③ 「衷心（ちゅうしん）より」は、心の底から。
④ 「厚謝（こうしゃ）」は、厚く礼を言うこと。深謝。
⑤ 「皆無」は、全くないこと。
⑥ 「何卒（なにとぞ）」は、どうか。
⑦ 「休心（きゅうしん）」は、安心。
⑧ 「遺憾（いかん）」は、ここでは、残念に思うこと。
⑨ 「別条（べつじょう）」は、異常なさま。
⑩ 「懇篤（こんとく）」は、心がこもっていて手厚いこと。
⑪ 「満腔（まんこう）」は、体中の、の意。
⑫ 「光来（こうらい）」は、他人の来訪を敬って言う語。
⑬ 「寸書（すんしょ）」は、自分の手紙の謙称。

第5章　見舞状、お悔やみ状＆返信　　355

60－1　地震見舞い

一般的な文例

拝啓① 御地昨夜半、激震に襲われ、多大な被害があったとのこと②、誠に驚いております③。

竹内様はもとよりご家族様はご無事でしょうか。ご心配申し上げております④。

皆様にわずかのお怪我もないことを願って、心からお見舞いを申し上げます⑤。

しばらくはご不便ご不自由あるかと存じます⑥。必要な物⑦ございましたら、何なりとお申し越しくださいませ。

まずは取り急ぎお見舞いまで申し上げます。　　　　　草々⑧

格上げのポイント

① 「拝啓」を「急啓」に変え、急いで見舞う臨場感を醸すことで、敬意を強めます。

② この部分を、「稀なる激震に襲われ、被害甚大の由」に変え、格調を高めます。下線部が、補足、改変箇所です。「稀なる」を加えると、相手への同情が強まります。「甚大（じんだい）」は、非常に大きいこと。「由（よし）」は、〜とのこと。

③ 「誠に驚いております」を「誠に驚愕に存じます」とすると、格調が高まり、同情が強まります。

④ ここは、さらに改まった印象と敬意を強めるために、「尊台始め貴家御一同様には御安否如何でしょうか。御怪我などなければと御案

じ申し上げております」とします。「竹内様」を「尊台」に、「ご家族様」を「貴家御一同様」に変えます。「安否」は、無事かどうか。「案じ」は、心配する。

⑤　この部分を、もう少し重厚な印象にするために、「尊台並びに皆様に僅かも御障りなきことを念じ、心より御見舞いを申し上げます」に変えます。あえて「尊台」と明記することで、敬意を強めます。月並みな「お怪我」の代わりに「御障り」を用い、新鮮な印象を加えます。「障り」は、支障、妨げ。つまり無事の妨げ、怪我などのこと。「念じ」は、願う。

⑥　この部分は、格式と敬意が不足気味です。「暫くの間何かと御不便御不自由あるかと拝察致します」に変えます。「しばらく」は「暫く」とすると、改まった印象が増します。「拝察(はいさつ)」は、人の心中などを推測することをへりくだって言う語。

⑦　「必要な物」は、ぞんざいな印象です。丁寧に言うため、「御入り用の物」に変えます。

⑧　「草々」を「敬白」に変えます。見舞いの手紙の場合、「急啓」に対する結語は、「草々」などとするという伝統的な習慣がありますが、「草々」はおざなりな印象となる場合があるので、「敬白」と、丁寧に結んだほうがよい場合もあります。

☆　「一般的な文例」にある、敬意を強めるために用いた「お」「ご」は、格上げの際には「御」に変更しました。「御」を用いるほうが、改まった印象や格式の高さを強調するのに効果的だからです。

格上げ後の文例

急啓　御地昨夜半、稀なる激震に襲われ、被害甚大の由、誠に驚愕に存じます。
　尊台始め貴家御一同様には御安否如何でしょうか。御怪我などなければと御案じ申し上げております。

第5章　見舞状、お悔やみ状＆返信　357

　尊台並びに皆様に僅かも御障りなきことを念じ、心より御見舞いを申し上げます。

　暫くの間何かと御不便御不自由あるかと拝察致します。御入り用の物ございましたら、何なりと御申し越しくださいませ。

　先ずは取り急ぎ御見舞いまで申し上げます。　　　　敬白

60－2　返信（お礼）

模 範 文 例

　謹復　この度当地を襲いました地震に際しまして、早速御懇切①な御見舞いを賜り誠に有り難く、厚く御礼申し上げます。

　昨夜半寝入り端、突如突き上げるように激震起こり、室内の家具散乱し、戸外へ逃れれば隣接の古家が半壊、相当な惨害②を目の当たりに致し、震撼③の一夜でございましたが、幸い一同全員怪我もなく、家屋の損害もなき模様です。何卒御休心④賜りますよう御願い申し上げます。

　右取り敢えず御礼方々御報知まで申し上げます。　　　敬白

語 句 の 解 説

① 「懇切」は、行き届いて親切なこと。
② 「惨害」は、痛ましい被害。
③ 「震撼」は、人を震え上がらせること。
④ 「休心」は、安心。

61−1　水害見舞い

一般的な文例

急啓　先日来の豪雨で○○川増水し、お宅周辺の浸水ひどく、最近にない被害との事、太田様はご無事と思いますが、お家の方はいかがですか①。

　確か貴邸は高台でしたから、被害はないと思いますが、今回は想定を超える洪水とのことでしたから、きっとご不安な数日を過ごされたことでしょう。心からお見舞い申し上げます②。

　なお、当地の△△川も出水致し、河畔に大きな被害をもたらしましたが、我が家は全く無事ですのでご心配には及びません③。

　先ずは取りあえず右お見舞いまで申し上げます。　　　草々

格上げのポイント

①　格調の高さがないので、この部分を、「承りますれば先日来の豪雨にて○○川出水致し、御地周辺の浸水甚だしく近年稀なる被害との事、貴台始め皆様方には、御無事の御事と拝察致しますが、貴邸の御損害は、如何でしょうか」とします。下線部が、補足、改変箇所です。「承り」は、謹んで聞くこと。「増水し」は、「出水致し」と変えます。「出水」は自然現象で自分の行為ではないので、「致す」と謙譲表現をするのは誤りとする立場もありますが、誤りとせず、謙虚な姿勢を示すために有効とする見解もあるので、ここでは、後者に従います。「最近にない被害」は、「近年稀なる被害」に変え、格調を高めます。「御事」は、〜のこと、をさらに丁寧にいう言い方。「いかがですか」より「如何でしょうか」のほうが、より丁寧な印象になります。

第5章　見舞状、お悔やみ状＆返信　　　359

② 格調と敬意不足なので、この部分を、「確か貴邸は高燥なる御住居なれば、格別の御被害なきものと存じますが、今回は想定を超える洪水との事、定めし御不安な数日を過ごされたに相違ございません。心より御見舞い申し上げます」とします。下線部が、補足、改変箇所です。「高燥」は、土地が高く湿気が少ないこと。「定めし」は、おそらく。きっと。

③ この部分は、敬意も格調も不足しているので、「小宅は全く無事ですので御放念遊ばされたく存じます」とします。「小宅」は、自分の家の謙称。「放念」は、忘れること。「御放念遊ばされ」は、お忘れになられる、という意味。「遊ばす」は、最上級の敬語を作る語。

☆ 「一般的な文例」にある、敬意を強めるために用いた「お」「ご」は、格上げの際には「御」に変更しました。「御」を用いるほうが、改まった印象や格式の高さを強調するのに効果的だからです。

格上げ後の文例

急啓　承りますれば先日来の豪雨にて〇〇川出水致し、御地周辺の浸水甚だしく近年稀なる被害との事、

貴台始め皆様方には、御無事の御事と拝察致しますが、貴邸の御損害は、如何でしょうか。

　確か貴邸は高燥なる御住居なれば、格別の御被害なきものと存じますが、今回は想定を超える洪水との事、定めし御不安な数日を過ごされたに相違ございません。心より御見舞い申し上げます。

　なお、当地の△△川も出水致し、河畔に大きな被害をもたらしましたが、小宅は全く無事ですので御放念遊ばされたく存じます。

　先ずは取りあえず右御見舞いまで申し上げます。　　　草々

360　　第5章　見舞状、お悔やみ状＆返信

61－2　返信（お礼）

模　範　文　例

謹復　当地襲来の豪雨による洪水に就き①、早速御見舞い状を賜り御厚情②有り難く存じ奉ります③。

　当地方は数日来の間断なき④未曽有⑤の豪雨にて〇〇川氾濫、数千戸の家屋と相当の田畑が浸水致しました。就きましては私ども所有の耕作地も一部被害を受けたものの、小宅のある宅地は丘陵の高台にあるため、浸水の災厄⑥を免れ、一同安堵⑦致しております。

　一同全員無事にて、僅かの怪我さえもございません。御休心賜りたく存じます。

　幸い本日より降雨止み次第に天候回復の模様です。縷々⑧御知らせすべきとは存じますが、何かと取り込み中故、余は後便⑨に譲ることとさせていただきます。

　取り急ぎ御礼方々⑩御報告まで申し上げます。　　　　　　頓首

語　句　の　解　説

① 「就き」は、〜について。

② 「厚情」は、思いやりの深い相手の気持ち。

③ 「奉ります」は、〜申し上げます。謙譲の意を表す。「有り難く存じ奉ります」は、ありがたくお思い申し上げます、という意味。

④ 「間断なき」は、絶え間ない。

⑤ 「未曽有」は、歴史上、今まで一度も起こったことがないこと。

第5章　見舞状、お悔やみ状＆返信 　361

⑥　「災厄」は、わざわい。災難。

⑦　「安堵」は、物事がうまく行って安心すること。

⑧　「縷々」は、こまごまと話す様子。

⑨　「余は後便」は、申し上げられない部分は、今度出す手紙で、追ってお伝えします、という意味。

⑩　「方々」は、〜を兼ねて、〜がてら、という意味。

362 第5章 見舞状、お悔やみ状&返信

62−1 近火見舞い

一般的な文例

急啓 昨夜のそちらの大火災を今朝新聞で知り、大変驚き、早速地図で調べたところ、お宅は類焼を免れたようですが、ご無事ですか。ご心配致しております①。

いずれにしても、きっと不安な一夜を過ごされた事と、心からお見舞い申し上げます②。

早速伺うべきですが、遠方にてままならず、失礼をお許しください③。

お取り込み中恐れ入りますが、ご家族様とお宅のご様子、お知らせいただければ幸いです④。

先ずはお見舞いかたがたお尋ねまで申し上げます。　草々⑤

格上げのポイント

① この部分は、全体的に格調と敬意が不足しているので、次のように修正します。「昨夜の御地の大火災を今朝新聞にて拝承致し、驚き入り、早速地図にて調べましたところ、貴邸辛うじて類焼の災厄を免れた模様と存じますが、御無事でしょうか。御案じ申し上げております」。下線部が、補足、改変箇所です。「御地」は相手の土地の敬称。「新聞で知り」は、「新聞にて拝承致し」と丁寧に言い換えます。「拝承」は、聞くこと、承知することをへりくだって言う語。「お宅」は「貴邸」に変えます。「ご心配」も、「御案じ」に変えると、改まった印象になります。

② この部分を格上げするには、「何れに致しましても、定めし御不安

な一夜を過ごされた事と拝察致し、衷心より御見舞い申し上げます」
とします。下線部が、補足、改変箇所です。「きっと」は、おそらく、
という意味の「定めし」という古風な表現に変えて格調を高めます。
「拝察」は、人の心中などを推測することをへりくだって言う語。
「衷心より」は、心より、という意味の改まった言い方。

③　この部分は、次のように格上げします。「早速参上仕るべき筈の
所、遠方にてままならず、失礼の段悪しからず御寛恕下されますよ
う御願い申し上げます」。下線部が、補足、改変箇所です。「早速伺
うべきですが」は、「早速参上仕るべき筈の所」に変え、敬意を強め
改まった印象を高めます。「参上」は、相手の所に伺うことを、さら
にへりくだっていう言い方。「仕る」は、致します、という意味の
改まった言い方。「筈」は、当然そうあるべきだの意を表す語。「寛
恕」は、過ちなどをとがめずに、広い心で許すこと。

④　この部分は、相手が気ぜわしいときに安否の知らせを要求する姿
勢として、少し丁寧さが不足しています。そうした点を改善するに
は、「御取り込み中誠に恐縮に存じますが、御家族様並びに貴邸の御
様子、御一報に預かりたく御待ち申し上げております」とします。
「御一報に預かり」は、御一報いただく、をさらに丁寧にいう言い
方。

⑤　この部分も、さらに丁寧に言うために、「先ずは御見舞い方々御尋
ねまで、かくの如きでございます。草々頓首」などとします。「かく
の如き」は、この通りです、という意味。古風な言い方ですが、新
鮮で改まった印象が強まります。「草々」は「草々頓首」に変え、格
調を高め丁寧さを強めます。

☆　「一般的な文例」にある、敬意を強めるために用いた「お」「ご」
は、格上げの際には「御」に変更しました。「御」を用いるほうが、
改まった印象や格式の高さを強調するのに効果的だからです。

364　第5章　見舞状、お悔やみ状＆返信

格上げ後の文例

急啓　昨夜の御地の大火災を今朝新聞にて拝承致し、驚き入り、早速地図にて調べましたところ、貴邸辛うじて類焼の災厄を免れた模様と存じますが、御無事でしょうか。御案じ申し上げております。

　何れに致しましても、定めし御不安な一夜を過ごされた事と拝察致し、衷心より御見舞い申し上げます。

　早速参上仕るべき筈の所、遠方にてままならず、失礼の段悪しからず御寛恕下されますよう御願い申し上げます。

　御取り込み中誠に恐縮に存じますが、
御家族様並びに貴邸の御様子、御一報に預かりたく御待ち申し上げております。

　先ずは御見舞い方々御尋ねまで、かくの如きでございます。

草々頓首

62－2　返信（お礼）

模　範　文　例

謹復　此の度は近火に就きまして、態々①御懇切②なる御見舞い状を賜り深謝③申し上げます。昨夜は小宅火元の風下にあたり、到底罹災④は免れずと観念⑤致し、貴重品大半持ち出しましたところ、正に天祐⑥にて風向き急変致し、間一髪⑦にて災厄⑧を免れましたので、何卒御放慮⑨くださいますよう御願い申し上げます。

第5章　見舞状、お悔やみ状＆返信　　365

　家人も全員出火間もなく近隣の親戚宅に避難し終え、幸い何らの負傷もなく無事でございます。

　御見舞い状に加え御心尽しの御見舞い品まで賜り、格別なる御芳志⑩に、感佩感激⑪の念禁じ得ません。

　先ずは取り急ぎ御礼迄申し上げます。

　取り込み中にて乱筆乱文⑫を御容赦くださいませ。

草々頓首⑬

語 句 の 解 説

① 　「態々」は、普通なら、しないでいいことなのに、またはそこまではしない情況なのに、特にそれをするという意味。

② 　「懇切」は、行き届いて親切なこと。

③ 　「深謝」は、深く感謝すること。

④ 　「罹災」は、災害を受けること。被災。

⑤ 　「観念」は、もうこれまでだと、あきらめること。

⑥ 　「天祐」は、天の助け。

⑦ 　「間一髪」は、すきまが髪の毛一本の幅しかないこと。転じて、事が非常に切迫すること。危ないところ。

⑧ 　「災厄」は、わざわい。災難。

⑨ 　「放慮」は、相手の身になって考えることから離れる。放念。忘れること。

⑩ 　「芳志」は、他人の親切な志を敬って言う語。お志。

⑪ 　「感佩感激」は、深く感謝して強く心を動かすこと。

⑫ 　「乱筆乱文」は、粗雑な文字とふつつかな文章という意味。自分の文字と文章を謙遜する言葉。

⑬ 　「草々頓首」は、改まった手紙に用いられる四字結語。いささか粗雑で申し訳ございませんが、謹んで申し上げました、という意味。

366 第5章 見舞状、お悔やみ状&返信

63－1　類焼見舞い

一 般 的 な 文 例

急啓　昨日貴地にて大火起こり、貴家類焼との事①、誠に驚き入り②、心よりお見舞い申し上げます。

　皆様ご無事に避難され、ご不幸中の幸いと存じます③。

　さぞかしお取り込みでいろいろご不自由の事と思いますので④、何なりとおっしゃってください⑤。すぐにお送りしますので、ご遠慮なさらないようにお願い致します⑥。

　先ずはお見舞い申し上げます⑦。　　　　　　　　　　草々

格上げのポイント

① 　「貴家類焼との事」は、淡泊で格調と敬意が不足しているので、「貴家不慮の類焼の災厄に罹らせられし事拝承致し」に変えます。下線部が、補足、改変箇所です。「不慮」は、思いがけずに降りかかる（不幸な）こと。「災厄」は、わざわい。災難。「罹らせられし」の「罹る」は、受ける。「罹らせられし」で、お受けになった。「拝承」は、聞くこと、承知することをへりくだって言う語。

② 　「誠に驚き入り」を「誠に驚愕の他なく」に変えると、より丁寧で同情する気持ちが強い印象になります。「驚愕」は、非常に驚くこと。「他なく」は、それ以外にないこと。

③ この部分は、月並みな印象で新鮮な敬意が感じられず、しかも一つタブーをおかしています。「ご不幸中の幸い」は、見舞う側が使ってはいけない言葉です。たとえ一命を取り留めたとしても、罹災し

た場合は、「幸い」などないからです。次のように変更します。「御一統様には御無事に御立ち退きの由、御不幸中にも何よりの事と存じます」。「皆様」より「御一統様」のほうが改まった印象になります。「避難」を「御立ち退き」とすると、新鮮な印象になります。「ご不幸中の幸い」は、「御不幸中にも何よりの事」に変えます。

④ この部分を格調高く、改まった印象にするために、「御取り込み且種々御不自由の事と拝察致しますので」とします。下線部が、補足、改変箇所です。「種々」は、いろいろ。「拝察」は、人の心中などを推測することをへりくだって言う語。

⑤ 「おっしゃってください」をより丁寧に言うと、「御申し越しくださいませ」となります。「申し越し」は、相手が言ってよこすこと。

⑥ 格調と丁寧さをさらに高めるには、「早速御用意致し御送り申し上げますので、御遠慮なきよう切に願い上げます」とします。下線部が、補足、改変箇所です。「切に」は、心から。

⑦ この部分は、次のように、さらに格上げして締めくくります。「先ずは寸書にて御見舞い迄申し上げます」。下線部が、補足、改変箇所です。「寸書」は、取るに足りない手紙、という意味。自分の手紙をへりくだっていう言い方。「迄」は、だけ。のみ。

☆ 「一般的な文例」にある、敬意を強めるために用いた「お」「ご」は、格上げの際には「御」に変更しました。「御」を用いるほうが、改まった印象や格式の高さを強調するのに効果的だからです。

格上げ後の文例

急啓　昨日貴地にて大火起こり、貴家不慮の類焼の災厄に罹らせられし事拝承致し、誠に驚愕の他なく、心より御見舞い申し上げます。

368　　第5章　見舞状、お悔やみ状＆返信

　御一統様には御無事に御立ち退きの由、御不幸中にも何よりの事と存じます。

　さぞかし御取り込み且種々御不自由の事と拝察致しますので、何なりと御申し越しくださいませ。早速御用意致し御送り申し上げますので、御遠慮なきよう切に願い上げます。

　先ずは寸書にて御見舞い迄申し上げます。　　　　　　草々

63－2　返信（お礼）

模　範　文　例

　謹復　一昨日は不慮①の災禍②に遭遇③し、家屋家財殆ど全てを焼失致し、途方に暮れ④ておりましたところ、早速御親身なる御見舞い状を賜り、感銘⑤の至りに存じます。

　ただ命大事と一切を振り棄て避難致しましたので、幸い全員怪我もなく無事です。何卒御放念⑥くださいますよう御願い致します。

　現在知人宅に居りますが、御言葉に甘え、今後何か御世話になるやも知れません。その節は何分の御高配⑦を賜りますよう、伏して⑧願い上げる次第です。

　尚、御見舞いの御品も大変有り難く重宝⑨しております。文末にて失礼ですが、併せて深甚⑩の感謝を御伝え致します。

　右取り敢えず乱筆ながら厚く御礼まで申し述べます。匆々⑪

第5章　見舞状、お悔やみ状＆返信　　369

語 句 の 解 説

① 　「不慮」は、思いがけずに降りかかる（不幸な）こと。

② 　「災禍」は、天災や事故によって受けるわざわい。思いがけない
災難。

③ 　「遭遇」は、予期せずに出会うこと。

④ 　「途方に暮れ」は、方法や手段が尽きて、どうしてよいかわから
なくなる。

⑤ 　「感銘」は、深く感動して忘れないこと。

⑥ 　「放念」は、忘れること。

⑦ 　「高配」は、相手の配慮を、敬って言う語。

⑧ 　「伏して」は、くれぐれも。謹んで。

⑨ 　「重宝」は、便利で役に立つこと。便利なものとして常に使うこ
と。

⑩ 　「深甚」は、意味・気持ちが非常に深いこと。

⑪ 　「匆々」は、草々と同じ。新鮮な印象となる。

64-1　社屋火災見舞い

一般的な文例

急啓　昨夜のご出火により貴社ご社屋塵芥に帰しました由ただ今知り、大変驚いております①。

　貴社皆々様のご落胆さぞかしと存じます②。今回お一人の怪我もなく皆様無事に避難されましたのは、せめてもの幸いと存じます③。

　ついてはお見舞いの印として④、緊急時に役立てる諸々のお品をご送付申し上げました。ご利用賜りたく存じます。

　尚、お手伝いの者も数名明日伺わせます。何なりとお申し付けください⑤。その他ご入り用の物ございましたら、ご遠慮なさらずお申し越しくださるようお願い致します。

　そのうちお見舞いに伺いますが⑥、取り急ぎ右まで申し述べます。　　　　　　　　　　　　　　　　　　　　　　　草々⑦

格上げのポイント

①　格調、敬意、配慮など、不足の目立つ冒頭です。次のように修正します。「昨夜の災禍により無念にも貴社御社屋烏有に帰しました由只今承知仕り、驚愕至極に存じます」。下線部が、補足、改変箇所です。「御出火」といった直接的で相手の心痛を強める言葉は避けます。また、凶事に「御」を付けることも、避けるのが一般的です。「塵芥に帰す」といった、生々しく刺激的な表現も避け、すっかりなくなるという意味の「烏有に帰し」などを用います。「由」は、〜

とのこと。「仕り」は、〜致す、という意味。非常にへりくだった
姿勢を示します。「驚愕至極」は、極めて驚くべきこと、という意味。
② この部分に、「尊台並びに」を補足し、対象を明確にすることによ
り、敬意を強めます。また、「さぞかし」は「さこそ」に変え、新鮮
で改まった印象を付け加えます。そして、「存じます」は淡泊な印象
なので、「御察し申し上げます」とし、丁寧を極めます。
③ この部分は、格上げのために、次のように修正します。「此の度御
一人の御怪我もなく皆様御無事に御避難遊ばされましたのは、せめ
てもの御事と存じ上げます」。下線部が、補足、改変箇所です。丁寧
語を作る「お」を「御」と漢字にしたり、「怪我」などに「御」を加
え「御怪我」とするなどして、丁寧で格調高い印象を醸します。ま
た、「避難され」を「避難遊ばされ」にして、最上級の敬語表現を織
り交ぜるのも効果的です。なお、「せめてもの幸い」は、避けます。
全焼により幸いなど、全くないからです。「幸い」は「御事」に変え
ます。
④ この部分は敬意が不足しているので、「就きましては御見舞いの
微意と致しまして」とします。「ついては」より「就きましては」の
ほうが丁寧です。「お見舞いの印」も「御見舞いの微意」も、ほとん
ど意味も敬意も同じですが、「印」より「微意」のほうが新鮮な印象
なので、その分敬意も強まります。なお、「微意」は、わずかな気持
ち。自分の気持ちを謙遜していう言い方です。
⑤ 「お申し付けください」は、「御申し付けくださいませ」に変えま
す。「ます」の命令形「ませ」を加えることで、より丁寧な印象にな
ります。
⑥ 「そのうちお見舞いに伺いますが」は、おざなりで格調不足な印
象なので、「何れ参上御見舞い申し上げる所存ですが」とします。「参
上」は、伺うことをへりくだっていう言い方。「所存」は、考え。改

372　第5章　見舞状、お悔やみ状＆返信

まった印象になります。

⑦　「草々」は「草々拝具」とします。「急啓」に対しては「草々」で結ぶのが習わしですが、格上げ手紙では、より丁寧な印象のある「草々拝具」を利用するとよいでしょう。

☆　「一般的な文例」にある、敬意を強めるために用いた「お」「ご」は、格上げの際には「御」に変更しました。「御」を用いるほうが、改まった印象や格式の高さを強調するのに効果的だからです。

格上げ後の文例

急啓　昨夜の災禍により無念にも貴社御社屋烏有に帰しました由只今承知仕り、驚愕至極に存じます。

　尊台並びに貴社皆々様の御落胆さこそと御察し申し上げます。此の度御一人の御怪我もなく皆様御無事に御避難遊ばされましたのは、せめてもの御事と存じ上げます。

　就きましては御見舞いの微意と致しまして、緊急時に役立てる諸々の御品を御送付申し上げました。御利用賜りたく存じます。

　尚、御手伝いの者も数名明日伺わせます。何なりと御申し付けくださいませ。その他御入り用の物ございましたら、御遠慮なさらず御申し越しくださるよう御願い致します。

　何れ参上御見舞い申し上げる所存ですが、取り急ぎ右まで申し述べます。　　　　　　　　　　　　　　　　　　　草々拝具

第5章　見舞状、お悔やみ状&返信　　373

64－2　返信（お礼）

模　範　文　例

謹復　弊社出火に就きましては早速御丁寧な御見舞い状並びに重宝①な各種の御品々を御恵贈②下され鳴謝③奉り④ます。

　御推察の通り、新築間もない社屋全焼致しました事は、残念無念に存じますが、幸い一同無事に退避致し、また多数の皆様方の御尽力によりまして、業務推進に不可欠な重要書類、データ等は大半取り出すことができました。

　直後は一同途方に暮れる⑤ばかりでございましたが、雨露凌ぐ⑥のみとは申せ、仮設社屋に引き移り、再建に向け一歩ずつ踏み出すうちに、各人愁眉を開き⑦つつありますので、何卒御休心⑧くださいませ。

　御言葉に甘え御力添え頂く貴社よりの御二方、何卒⑨宜しく御願い申し上げます。

　何れ落ち着き次第⑩委細⑪申し上げるべきと存じますが、先ずは取り込み中につき御礼のみ寸簡⑫にて申し上げます。　　頓首⑬

語　句　の　解　説

① 　「重宝」は、便利で役に立つこと。便利なものとして常に使うこと。

② 　「恵贈」は、人から物を贈られることを敬っていう言い方。

③ 　「鳴謝」は、厚く礼を述べること。

④ 　「奉り」は、〜申し上げる。

⑤　「途方に暮れる」は、方法や手段が尽きて、どうしてよいか分からなくなること。

⑥　「雨露凌ぐ」は、雨露を防いで耐え忍ぶ。

⑦　「愁眉を開き」は、心配事や悲しみがなくなって、安心することのたとえ。

⑧　「休心」は、安心。

⑨　「何卒」は、どうか。

⑩　「次第」は、〜するとすぐ。

⑪　「委細」は、詳しいこと。

⑫　「寸簡」は、自分の手紙を謙遜していう言い方。

⑬　「頓首」は、中国の礼式で、頭を地面にすりつけるように拝礼すること。ぬかずくこと。「謹啓」「謹復」を受ける敬意のこもった結語の一つ。

第5章　見舞状、お悔やみ状＆返信　　375

65−1　負傷見舞い

一般的な文例

急啓　この程鈴木様には、過日業務の最中に負傷ご入院とのこと、謹んでお見舞い申し上げます①。

　ご本人と共に奥様、貴社皆様には、さぞかしご心配、ご心痛の日々を過ごされた事と存じ上げ、心よりご同情申し上げます②。

　術後の経過とても良好とのこと③、小生並びに一同ほっとしております④。程なくご退院、ご復帰のご吉報を伺う⑤ものと存じますが、何卒予後ご自愛専一に⑥、ゆっくりご復帰⑦なされますようお願い申し上げます。

　近々ご様子を伺いに上がるつもりですが⑧、先ずは取り急ぎ書面にてお見舞いまで申し上げます。　　　　　　草々⑨

格上げのポイント

①　丁寧な印象が不足しているので、「この程貴台には、過日御業務の最中に御負傷御入院の由本日拝聞致し、遅ればせながら謹んで御見舞い申し上げます」とします。下線部が、補足、改変箇所です。「鈴木様」と名指すより、「貴台」とするほうが、敬意が伝わります。「業務」、「負傷」に「御」を付けることも必要です。「の由本日拝聞致し」は、〜との事本日お伺い致し、という意味。より丁寧な印象になります。「遅ればせながら」も、丁寧な感じを醸します。最適な時期は

過ぎてしまいすみませんが、というお詫びの気持ちを、この言葉に込めます。

② 　さらに格調高く表現するために、「貴台はもとより御令閨様、貴社御諸賢におかれましては、定めし御心配、御心痛の日々を御過ごし遊ばされた事と拝察致し、心より御同情申し上げる次第です」と変えます。下線部が、補足、改変箇所です。「ご本人」は「貴台」、「奥様」は「御令閨様」、「貴社皆様」は「貴社御諸賢」に変え、敬意を高めます。「さぞかし」は「定めし」にすると、格調高くなります。

　「過ごされた事と存じ上げ」は、より丁寧に、より格調高くするために、「御過ごし遊ばされた事と拝察致し」とします。「～遊ばされる」は、～なさる、という意味の最高ランクの敬語を作る語。「拝察」は、人の心中などを推測することをへりくだって言う語。

③ 　「術後の経過とても良好とのこと」には、重厚感と敬意が乏しいので、「術後の御経過甚だ芳しくあられるとの趣承り」と変えます。下線部が、補足、改変箇所です。「あられる」は、「いる」の敬語表現です。「芳しくあられる」は、すばらしい状態でいらっしゃる、という意味になります。

④ 　「ほっとしております」を格上げすると、「安堵の胸を撫で下しております」となります。「安堵」は、物事がうまく行って安心すること。

⑤ 　「ご吉報を伺う」は月並みな表現なので、「御吉報に接することができる」と、「接する」という言い方を使い、やや新鮮さを加えます。

⑥ 　「何卒予後ご自愛専一に」は、「予後」を省き「何卒御自愛専一に」とします。「予後」は「不良」とセットで「予後不良」という言葉として使われることが多いので、マイナスイメージを抱く方もいるからです。

第5章　見舞状、お悔やみ状＆返信　　377

⑦　「ゆっくりご復帰」は「ゆるゆる御復帰」とすると、格調の高さ
　が加わります。「ゆるゆる」は、ゆっくりと急がないさま。ゆったり
　としたさま。

⑧　この部分を、もう少し丁寧に言うために、「近々御様子伺いに参上
　する心組みに存じますが」とします。「参上」は、相手の所へ伺うこ
　と。「心組み」は、心積もり。心構え。

⑨　「草々」は「草々拝具」に変えて、敬意を加えます。

☆　「一般的な文例」にある、敬意を強めるために用いた「お」「ご」
　は、格上げの際には「御」に変更しました。「御」を用いるほうが、
　改まった印象や格式の高さを強調するのに効果的だからです。

格上げ後の文例

急啓　この程貴台には、過日御業務の最中に御負傷御入院の由
本日拝聞致し、遅ればせながら謹んで御見舞い申し上げます。
　貴台はもとより御令閨様、貴社御諸賢におかれましては、
定めし御心配、御心痛の日々を御過ごし遊ばされた事と拝察致し、
心より御同情申し上げる次第です。
　術後の御経過甚だ芳しくあられるとの趣承り、小生並びに一同
安堵の胸を撫で下しております。程なく御退院、御復帰の
御吉報に接することができるものと存じますが、何卒御自愛専一に、
ゆるゆる御復帰なされますよう御願い申し上げます。
　近々御様子伺いに参上する心組みに存じますが、先ずは取り
急ぎ書面にて御見舞いまで申し上げます。　　　　　草々拝具

378　第5章　見舞状、お悔やみ状&返信

65-2　返信（お礼）

模　範　文　例

謹復　この程は小生の不注意による負傷入院の事、図らずも①
御高聞に達し②、早速御丁寧な御見舞いを頂戴致し、恐縮至極に
存じます。

　かなり以前より、倉庫棚板の撓みを確認しており、作業員
作業中の荷崩れ事故を未然に防ぐべく、早急に修理を命じよう
としておりました矢先、小生が偶々倉庫に用向きがあり踏み入った
瞬間、撓みを生じておりました棚板が破損し荷崩れが起き、小生の
左腕が下敷きとなり、骨折入院手術と相成った③次第④で
ございます。

　作業員の負傷ではなく、小生の負傷も大事には至りません
でしたことが、せめても幸運に存じます。

　今後は尊台⑤並びに御諸賢⑥に御心配を御掛けせぬよう、
此れまで以上に細心の注意を以て業務に当たる所存⑦です。

　引き続き格別の御高配⑧を賜りますよう、くれぐれも⑨宜しく
御願い申し上げます。

　取り急ぎ寸書⑩にて御懇篤⑪なる御厚志⑫に厚謝⑬申し上げ
ます。　　　　　　　　　　　　　　　　　　　　　　敬白

語　句　の　解　説

① 「図らずも」は、思いがけないことに。

② 「高聞に達し」は、お耳に届き、という意味の敬った言い方。

第5章　見舞状、お悔やみ状＆返信　　379

③　「相成った」は、「なった」の改まった言い方。

④　「次第」は、〜というわけ、という意味。

⑤　「尊台」は、手紙で使う二人称代名詞。目上の相手に使う。あな
た様、という意味。

⑥　「諸賢」は、皆さん、の丁寧な言い方。

⑦　「所存」は、心に思っていること、考えを、改まって言うときの
言い方。

⑧　「高配」は、相手の配慮を、敬って言う語。

⑨　「くれぐれも」は、どうか。どうぞ。

⑩　「寸書」は、自分の手紙の謙称。

⑪　「懇篤」は、親切で手厚いこと。

⑫　「厚志」は、深い思いやりの気持ち。心のこもった親切。

⑬　「厚謝」は、厚く礼を言うこと。深謝。

第5章　見舞状、お悔やみ状＆返信

66－1　遭難見舞い

一般的な文例

急啓　ただ今新聞の夕刊で知り、驚いております①。
　健太郎様には、○○山で遭難とのこと、ご心配申し上げております②。貴台並びにご家族ご一同様にはさぞかしご心痛大きく、お力落しのことと、お察し申し上げます③。深くご同情致します④。
　一刻も早く救出されることを、お祈り申し上げます⑤。
　取り急ぎ以上申し上げます⑥。　　　　　　　　　草々⑦

格上げのポイント

① 　さらに改まった、厳粛な印象を加えるために、この冒頭部分を、「只今新聞の夕刊に接し、驚愕の他ございません」とします。「ただ今」を「只今」に、「知り」を「接し」に、「驚いております」を「驚愕の他ございません」に変えます。「驚愕（きょうがく）」は、非常に驚くこと。

② 　「健太郎様」の前に「御令息」を加え、より丁寧な印象を加えます。そして、次に続く表現は禁物です。たとえ遭難の可能性が強い場合でも、「○○山で遭難とのこと」と書くのは避け、「御遭難の疑あるの由」などとし、遭難ではない可能性を込めた表現で、先方をいたわります。また、「ご心配申し上げております」などの安易な慰めの言葉も避けます。人の気も知れずと、かえって反感を買うことにもなりかねません。「何とも申し上げ様もございません」と、正直に戸惑いを表現するほうが、より親身な気持ちが伝わるでしょう。

③ 　この部分も、想像力の欠如が感じられます。「さぞかしご心痛大

第5章　見舞状、お悔やみ状＆返信　　381

きく」と、相手の心痛や落胆が大きいと断じることは避けます。想像を絶する心痛だからです。「御心中御察し申し上げるに余りあります」などとするのが適切です。「貴台」は、相手の尊称です。

④　「深くご同情致します」を、さらに丁寧に伝えるには、「誠に御同情の念に堪えません」とします。最上級の同情を傾ける必要があります。

⑤　この部分に、さらに丁寧に心を込めるには、「一刻も早い御無事の御救出が叶い、貴台の愁眉が開かれます事を、心より御祈り申し上げます」とします。「愁眉を開く」は、心配事や悲しみがなくなって、安心することのたとえ。

⑥　「取り急ぎ以上申し上げます」を「寸書にて取り急ぎ右迄申し上げます」と変え、改まった印象を強めます。「寸書」は、自分の手紙の謙称。「右」は、右の本文、という意味。「迄」は、だけ。のみ。

⑦　「急啓」は「草々」で締めくくるのが一般的ですが、より丁寧な印象にするために、「草々拝具」に変えます。

☆　「一般的な文例」にある、敬意を強めるために用いた「お」「ご」は、格上げの際には「御」に変更しました。「御」を用いるほうが、改まった印象や格式の高さを強調するのに効果的だからです。

格上げ後の文例

急啓　只今新聞の夕刊に接し、驚愕の他ございません。

　御令息健太郎様には、○○山にて御遭難の疑あるの由、何とも申し上げ様もございません。

　貴台並びに御家族御一同様の御心痛、また御力落しの程いかばかりか、御心中御察し申し上げるに余りあります。誠に御同情の念に堪えません。

第5章　見舞状、お悔やみ状＆返信

　　一刻も早い御無事の御救出が叶い、貴台の愁眉が開かれます
事を、心より御祈り申し上げます。

　　寸書にて取り急ぎ右迄申し上げます。　　　　　　　草々拝具

66－2　返信（お礼）

模　範　文　例

謹復　過日は豚児①の遭難に際しまして、早々に有り難くも
御見舞いを賜り、心より鳴謝②申し上げます。すぐさま御礼をと
存じましたが、捜索の模様に心とらわれ、本日まで延引③する
始末、誠に申し訳なく衷心より万謝④申し上げます。

　　御陰様で豚児無事救出の運び⑤となりました。軽い凍傷はある
ものの完治する見込みです。天候の急転という不測の事態による
遭難でしたが、不測にも備える準備の怠りがあったためと、本人
猛省⑥、御心配頂いた皆様方に、只管⑦御詫びするのみと申し
上げておる次第です。

　　改めて豚児共々御騒がせの御詫びに御伺いする所存ですが、
取りあえず書面にて御報告方々御詫び迄申し上げます。　　謹言

語　句　の　解　説

① 　「豚児」は、自分の子供をへりくだっていう言い方。

② 　「鳴謝」は、厚く礼を述べること。

第5章　見舞状、お悔やみ状＆返信　　383

③　「延引」は、事がのびのびになること。

④　「万謝」は、深く詫びること。または、感謝すること。深謝、多
謝、と同じ。

⑤　「運び」は、物事が進んで、ある段階に至ること。

⑥　「猛省」は、強く反省すること。

⑦　「只管」は、ただその事だけに心が向かうさま。いちず。

384　　第5章　見舞状、お悔やみ状&返信

67－1　盗難見舞い

一般的な文例

急啓　聞くところによりますと、ご盗難に遭われたとの御事、大変驚き、お見舞い申し上げます①。
　いつも用心深く、防犯装置も入念にご準備されていた小山様が、まさか盗難に遭うとは信じられず、何とも油断のならない世の中です②。
　ともあれ凶器持参の盗賊に出会うなど、思うだけでぞっとすることにはならず、せめてもの幸いと③、存じ上げる次第です。
　あなた様と奥様は、さぞかし驚かれ動揺されたと思いますが、一日も早く元気を取り戻してくださるようお願い致します④。
　先ずは取りあえず右お見舞いまで申し述べます。　草々拝具

格上げのポイント

① 敬意不足で、格調が感じられないので、「承りますれば貴家盗難に遭遇の由、誠に驚愕の他なく、心より御見舞い申し上げます」と変更します。「承りますれば」は、謹んで聞くところによりますと、という意味。誰から聞いたということは、明記する必要はありません。「御盗難」と表現する場合もありますが、めでたいことではないので、「御」をつけて丁寧に言う必要はない、という立場もあります。「御事」についても同様で、凶事に「御」をつける違和感を、ここでは避けます。「由」は、とのこと。「驚愕の他なく」は、非常に驚く以外にどんな感情も持ち得ない、という意味で、最上級の驚きを示す表現です。

第5章　見舞状、お悔やみ状＆返信　　385

② 　この部分は、淡泊で格調や敬意が物足りないので、次のように変えます。「閑静な高級住宅地にあり、しかも防犯には御余念なきものと拝察された貴邸が、まさか盗難に遭われるとは想像を超え、何とも油断のならない御時世と御同情申し上げるばかりでございます」。「余念なき」は、十分集中して注意すること。「拝察」は、人の心中などを推測することをへりくだって言う語。

③ 　ぞんざいな言い方で、しかも違和感のある言葉があるので、次のように変えます。「想うだに恐ろしき事態とはならず、せめてもの事と」。「せめてもの幸い」は、ふさわしくありません。「幸い」は、見舞う側が使うべきではなく、もし使うとすれば、見舞われる側です。「せめてもの事」とは、不満足ながら、これだけでもと願う事柄。

④ 　この部分も格調と敬意不足です。「尊台並びに御令閨様には、御傷心浅からず、今も御動揺収まらぬ事と存じますが、一日も早く眉を御開きくださるよう御願い申し上げます」と変えます。「あなた様」は「尊台」に、「奥様」は「御令閨様」に、「元気を取り戻し」は「眉を御開き」に変えます。「眉を開く」は、心配事がなくなって、晴れやかな顔になること。「愁眉を開く」と同じです。

☆ 　「一般的な文例」にある、敬意を強めるために用いた「お」「ご」は、格上げの際には「御」に変更しました。「御」を用いるほうが、改まった印象や格式の高さを強調するのに効果的だからです。

格上げ後の文例

急啓　承りますれば貴家盗難に遭遇の由、誠に驚愕の他なく、心より御見舞い申し上げます。

　閑静な高級住宅地にあり、しかも防犯には御余念なきものと拝察された貴邸が、まさか盗難に遭われるとは想像を超え、何とも油断のならない御時世と御同情申し上げるばかりでございます。

第5章　見舞状、お悔やみ状&返信

ともあれ凶器持参の盗賊に出会うなど、想うだに恐ろしき事態とはならず、せめてもの事と、存じ上げる次第です。

尊台並びに御令閨様には、御傷心浅からず、今も御動揺収まらぬ事と存じますが、一日も早く眉を御開きくださるよう御願い申し上げます。

先ずは取りあえず右御見舞いまで申し述べます。　草々拝具

67-2　返信（お礼）

模　範　文　例

謹復　只今誠に御懇切①なる御見舞い状に接し、心深く癒され、感謝この上なく存じます。

仰る②通り実に物騒な世の中とは申せますが、もとより世の中は物騒と踏まえれば、私どもの備えの不十分により、かかる③事態を招来④したものと、夫婦共々反省の日々でございます。御心配を御掛けしました加藤様始め皆々様に、心より御詫び申し上げる次第です。

盗賊と遭遇、居直りにより揉み合い、負傷などすれば、最悪の事態も想像されます故⑤、僅かの金品を失うのみにて済みました事を、せめてもの事、あるいは厄落としと捉え、眉を開く⑥所存⑦です。

先ずは早速の御見舞いに対しまして、右一言御礼を御伝え申し上げます。　　　　　　　　　　　　　　　　　　　　謹白

第5章 見舞状、お悔やみ状＆返信

```
　語　句　の　解　説
```

① 「懇切」は、行き届いて親切なこと。

② 「仰る」は、「言う」の尊敬語。

③ 「かかる」は、このような。

④ 「招来」は、ある結果を引き起こすこと。

⑤ 「故」は、事の起こるわけ。理由。原因。〜のため。〜によって。
　〜がもとで。

⑥ 「眉を開く」は、心配事がなくなって、晴れやかな顔になること。

⑦ 「所存」は、考え。

68−1　親が逝去した方へのお悔やみ

一般的な文例

御父上ご急逝の由驚愕の事と存じます①。

日頃より頑健でいらしたので、ご訃音全く信じられぬ思いです②。

伺うところによりますと、発病後急激に容体悪化し、ご家族皆々様のご看護も空しくご逝去された由、皆様のご悲痛の程、想像に余りあります③。

早速伺うべきとは存じますが、遠路ゆえままならず④、誠に申し訳ございません。別包のご香典ご霊前にお供えください⑤。

謹んでお悔みを申し上げます⑥。

格上げのポイント

① 冒頭をさらに丁寧にするために、「御尊父様御急逝の悲報に接し誠に驚愕の事と存じます」とします。「御父上」より「御尊父様」のほうが、格上の敬意の表現になります。「悲報」は、悲しい知らせ。「驚愕」は、大きな驚きです。

② 丁寧さと格調が不足しているので、この部分を、「平素無病息災御丈夫にあらせられましたので、御訃音全く信じ兼ねる心持ちさえしております」などと変えます。「平素」は、日頃。「無病息災」は、病気せず、健康であること。元気なこと。「訃音」は、死亡の知らせ。「信じられぬ」を「信じ兼ねる」としたのは、表現に新鮮さを加え、敬意を強めるためです。

③ この部分は、敬意と格調が不足しているので、次のように変えます。「承りますれば御発病後急激に御容体悪化し、御家族皆々様の

第5章　見舞状、お悔やみ状＆返信　389

御心入れの御看護も甲斐なく御逝去されました趣、尊台並びに御家族御一統様の御悲痛、御落胆の程、いかばかりかと哀痛限りもありません」。下線部が、補足、改変箇所です。「伺うところによりますと」は、同じ意味で、さらにスマートな表現となる「承りますれば」を用います。「発病」「容体」は丁寧に言うために、「御」をつけます。〜とのこと、という意味の「由」は、同じ意味で、新鮮な印象のある「趣」に変えます。相手の尊称である「尊台」をあえて記すことで、哀悼を向ける対象の明確化を図ります。「御一統様」は、「皆々様」より、かしこまった印象になります。「いかばかりか」は、どれだけか。「哀痛」は、心から悲しみ嘆くこと。

④　この部分は、もう少し格調を加えるために、「早速拝趨すべきところ、遠隔の地にて参上叶わず」とします。「拝趨」は、急ぎ伺うこと。「参上」は、相手の所へ伺うこと。

⑤　「別包のご香典ご霊前にお供えください」は、格調と丁寧さを加えるために、「別包心ばかりの御香典御霊前に御供え賜りたく同封致しました」とします。「別包」は、同封書類の中の別の包みです。

⑥　締めくくりで格調を醸すために、「茲に」を加え、「茲に謹んで御悔みを申し上げます」とします。「茲に」は、現在の時点、場所を示す語。この時、この場所で、を改まっていう言い方。

☆　「一般的な文例」にある、敬意を強めるために用いた「お」「ご」は、格上げの際には「御」に変更しました。「御」を用いるほうが、改まった印象や格式の高さを強調するのに効果的だからです。

格上げ後の文例

御尊父様御急逝の悲報に接し誠に驚愕の事と存じます。

平素無病息災御丈夫にあらせられましたので、御訃音全く信じ兼ねる心持ちさえしております。

第5章　見舞状、お悔やみ状＆返信

承りますれば御発病後急激に御容体悪化し、御家族皆々様の御心入れの御看護も甲斐なく御逝去されました趣、尊台並びに御家族御一統様の御悲痛、御落胆の程、いかばかりかと哀痛限りもありません。

早速拝趨すべきところ、遠隔の地にて参上叶わず、誠に申し訳ございません。別包心ばかりの御香典御霊前に御供え賜りたく同封致しました。

茲に謹んで御悔みを申し上げます。

68－2　返信（お礼）

模　範　文　例

謹復　此の度は態々①御丁寧なる御弔詞②に添え、過分なる御香典を頂戴致し、御芳情③に深く感銘④仕り⑤ます。仰せ⑥の如く容体急変により、看病の暇⑦なく他界しました。一同未だに信じ難く、無情の浮世と痛嘆⑧致し、平素老父⑨無事の際、恃まれぬ明日を恃み⑩、日々油断して過ごし、何一つも孝行らしきを致さず過ごしました事を、今更ながら悔んで居ります。

生前に賜りし御厚情⑪に対しまして、亡父に代わり厚く御礼申し上げ、御挨拶とさせていただきます。　　　　　草々敬具⑫

第5章　見舞状、お悔やみ状＆返信　　　391

語 句 の 解 説

① 「態々」は、普通なら、しないでいいことなのに、またはそこまではしない情況なのに、特にそれをするという意味。

② 「弔詞」は、人の死をいたみ悲しむ気持ちを表した言葉や文。

③ 「芳情」は、他人を敬って、その思いやりの心を言う語。

④ 「感銘」は、深く感動して忘れないこと。

⑤ 「仕り」は、致します、という意味の改まった言い方。

⑥ 「仰せ」は、お言葉。

⑦ 「暇」は、忙しくないとき。

⑧ 「痛嘆」は、ひどく悲しみ嘆くこと。

⑨ 「老父」は、年をとった父親。

⑩ 「恃まれぬ明日を恃み」は、頼りになるものとしてあてにできない明日の運命をあてにして、という意味。

⑪ 「厚情」は、思いやりの深い相手の気持ち。

⑫ 「草々敬具」は、現在は一般的ではないが、かつては正式に使われた四字結語。取り込み中につきふつつかな文面となり申し訳ありませんが、謹んで申し上げました、という意味。

69－1　妻が逝去した方へのお悔やみ

一般的な文例

長くご入院中の奥様が、ご療養の甲斐なくご逝去されたと伺い、大変驚いております①。お子様を遺されて亡くなられた奥様のお心残り、あなた様のお力落としとお困りのほどは、想像を絶し、お慰めする言葉が見つかりません②。
　しかし、お気持ちとお体を患うことは奥様の願いではありません。どうかお心とお体をご大切になさるようお願い致します③。
　別封寸志のご香資、ご霊前にお供え下さい④。
　先ずはご弔詞を申し上げます⑤。

格上げのポイント

① この部分は、さらに格調を高め、敬意を強めるために、「只今御令閨様には久しく御病気にあらせられましたところ、御療養の効なく御逝去の由承り、驚愕の他ございません」とします。「御令閨様（ごれいけいさま）」は、相手の妻の尊称です。本来は「御令閨」ですが、昨今は「様」を加えることが多いようです。「あらせられる」は、ある、の敬語表現です。「由承り（よしうけたまわり）」は、～とのことをお伺い申し上げ、という意味。「驚愕」は、大変驚くこと。「他ございません」は、それ以外のことはない、という意味。「驚愕の他ございません」は、ただただ、大変驚いております、という意味になります。

② この部分は、十分丁寧な印象ですが、格調が不足しているので、次のように改めます。「御愛児を遺し先立たれる御令閨様の御心残

り、尊台の御力落とし御困惑、恐察に余りあり、御慰めの言葉に窮する次第に存じます」。「御愛児」は、親がかわいがっている子供。いとし子。「尊台」は、相手の尊称。「恐察」は、他人の事情を推察することをへりくだっていう言い方。拝察と同じ。「窮する」は、困り切ること。「次第」は、〜というわけ、という意味。

③　この部分も敬意や丁寧さが不足しているわけではありませんが、格調の点で不十分です。次のように変えます。「さりながら、御心気、御健康を損なわれるのは御令閨様の願いに非ず、何卒御身くれぐれも御大切になさいますよう御祈念申し上げます」。「さりながら」は、そうではあるが、しかし、という意味。古風な表現が、逆に新鮮な格調の高さを醸します。「心気」は、気持ち。「祈念」は、祈り願うこと。

④　「お供え下さい」をより丁寧に表現するには、「御供え下されたく願い上げます」などとします。「たく」は、希望の助動詞「たし」の未然形・連用形。話し手自身の希望を表します。

⑤　「先ずはご弔詞を申し上げます」に格調を付け加えるには、「先ずは右御弔詞まで申し上げます」とします。「右」と「まで」を補足しました。「右」は、右にこれまでにお示ししましたように、という意味。「まで」は、のみ、だけ、という意味。こうした古風な表現が改まった印象を強めます。「弔詞」は、人の死をいたみ悲しむ気持ちを表した言葉や文のことです。

☆　「一般的な文例」にある、敬意を強めるために用いた「お」「ご」は、格上げの際には「御」に変更しました。「御」を用いるほうが、改まった印象や格式の高さを強調するのに効果的だからです。

第5章　見舞状、お悔やみ状＆返信

格上げ後の文例

只今御令閨様には久しく御病気にあらせられましたところ、御療養の効なく御逝去の由承り、驚愕の他ございません。御愛児を遺し先立たれる御令閨様の御心残り、尊台の御力落とし御困惑、恐察に余りあり、御慰めの言葉に窮する次第に存じます。

　さりながら、御心気、御健康を損なわれるのは御令閨様の願いに非ず、何卒御身くれぐれも御大切になさいますよう御祈念申し上げます。

　別封寸志の御香資、御霊前に御供え下されたく願い上げます。

　先ずは右御弔詞まで申し上げます。

69－2　返信（お礼）

模　範　文　例

謹復　御懇ろ①なる御弔詞並びに御心尽し②の御供物③を賜り、御芳情④有り難く、亡き人と共に衷心より⑤深謝⑥申し上げます。療養長引き、次第に衰弱、心気の衰え日増しに目立ち、自ら余命を見定めたごとく静謐⑦なる臥床⑧の日が続きましたので、小生らも覚悟はして居りましたものの、いざ現実のものとなりますれば、哀惜⑨はかりしれず、悲嘆⑩の名状⑪すべくもなく、無人の荒野に寂然⑫と一人ある心持ちにて、頑是ない⑬子を見守りつつ当惑⑭するのみと申し上げるより他ございません。

第5章　見舞状、お悔やみ状＆返信　　　395

しかしながら心気の改良が追善⑮の第一と信じ、奮起⑯する所存⑰ですので、御休心⑱賜りますよう願い上げます。

取りあえず御礼のみ寸書⑲を以て⑳御伝え申し上げます。

謹白

語句の解説

① 「懇ろ」は、親切で丁寧な様子。

② 「心尽し」は、まごころがこもっていること。

③ 「供物」は、神仏に供える物。

④ 「芳情」は、他人を敬って、その思いやりの心をいう語。

⑤ 「衷心より」は、心より、という意味の改まった言い方。

⑥ 「深謝」は、非常に感謝すること。

⑦ 「静謐」は、静かで安らかなこと。

⑧ 「臥床」は、（病気で）床に伏すこと。

⑨ 「哀惜」は、人の死など、帰らないものを悲しみ惜しむこと。

⑩ 「悲嘆」は、悲しみ嘆くこと。

⑪ 「名状」は、物事のありさまを言葉で表現すること。

⑫ 「寂然」は、ひっそりとして静かなさま。

⑬ 「頑是ない」は、あどけないさま。無邪気だ。

⑭ 「当惑」は、事に当たってどうしてよいかわからず、戸惑うこと。

⑮ 「追善」は、死者の冥福を祈って行われる供養。

⑯ 「奮起」は、さあやるぞと決意で心が奮い立つこと。

⑰ 「所存」は、考え。

⑱ 「休心」は、安心すること。

⑲ 「寸書」は、自分の手紙の謙称。

⑳ 「以て」は、〜によって。

396 第5章 見舞状、お悔やみ状&返信

70－1　取引先社長逝去の際のお悔やみ

一般的な文例

> 貴社社長○○△△様には①、御養生叶わず②一昨日永眠され
> ました由③、一同驚き入っております。
> 　御家族様並びに貴社皆様方の御愁傷さぞかしと御察しし、
> 御同情申し上げます④。
> 　未だ古希にも達せず他界される事は⑤、誠に遺憾に存じ上げ⑥、
> 御哀悼の意を表す次第です⑦。
> 　向後は皆様奮励され、更なる御隆盛を迎えられる事こそが、
> 遺功顕彰の道にも叶う御供養と存じます⑧。
> 　別封御香料一包御霊前に御供え下されたく願い上げます。何れ
> 近日拝趨親しく御挨拶申し述べる所存ですが、取りあえず
> 右御弔詞まで、申し上げます。
> 　　　　　　　　　　　　　　　　　　　　　　　　　　⑨

格上げのポイント

① 　「には」を「におかれましては」に変えることで、丁寧で改まっ
　た印象を醸します。

② 　「御養生叶わず」に、「相」を補足し、「御養生相叶わず」とする
　と、格調高くなります。「相」は、動詞の前につけて、語調を整え、
　改まった印象を醸し出すのに効果的な語です。

③ 　「永眠されました由」は、より丁寧に敬意を込めるために、「御永
　眠遊ばされました由承り」に変えます。「遊ばされる」は、～なられ
　る、という意味で、最上級の敬語を作る言い方。「由承り」は、～と

第5章　見舞状、お悔やみ状＆返信　　397

のことをお伺い致し、という意味。

④　「御愁傷さぞかしと御察しし」とすると、御愁傷、すなわち嘆きや悲しみの程度が、漠然とでもこれぐらいだろうと想像できる、ということになってしまい、同情の程度が浅いと思われかねません。ここは、「御愁傷の程御察しするに余りあり」と改め、想像することなどできない、と伝えるほうが、丁寧な印象になります。したがって、「御同情申し上げます」も「御同情に堪えません」に変え、最大級の同情を伝えることが大切です。つまりこの部分は、「御家族様並びに貴社皆様方の御愁傷の程御察しするに余りあり、御同情に堪えません」と表現するのがよいでしょう。

⑤　「未だ古希にも達せず他界される事は」は、あっさりとし過ぎて、格調や丁寧さが不足気味です。次のように言葉を補います。「未だ古希にも達せず、壮者の活力漲らせた○○様が、命数を残しつつ他界される事は」。下線部が、補足箇所です。「壮者」は、壮年の人。働き盛りの人。「命数」は、天命。

⑥　「誠に遺憾に存じ上げ」にさらに無念を込めるには、「極みに」を補い、「誠に遺憾の極みに存じ上げ」とします。

⑦　「哀悼」、すなわち人の死を嘆き悲しむ気持ちをさらに強く伝えるには、「只管」を加え、「只管御哀悼の意を表す次第です」とします。「只管」は、ただその事だけに心が向かう様子を示す語。

⑧　この部分は、さらに敬意を込め、格調を高めるために、「向後は尊台を中心に皆様御奮励遊ばされ、更なる御隆盛を迎えられる事こそが、御遺功御顕彰の道にも叶い何よりの御供養と存じ上げます」とします。下線部が、補足、改変箇所です。「尊台を中心に」をあえて挿入することで、相手への敬意を強めます。「奮励」は、気力をふるい起こして一心に努め励むこと。「遊ばされ」は、〜なさる、という意味の最高級の敬語。「遺功」は、死後に残る功績。「何よりの御供

養」と、「何よりの」を補い、丁寧さを増すことも大切です。「供養」は、死者の霊に供え物をして、死者の冥福を祈ること。「奮励」「遺功」「顕彰」に、「御」をつけることも、格上げには効果的です。「顕彰」は、功績などを一般に知らせること。

⑨　お悔やみの手紙では、頭語も結語も入れないのが習わしですが、手を合わせるという意味の「合掌」という結語を入れて、より丁寧に締めくくることがあります。

> ## 格上げ後の文例

貴社社長○○△△様におかれましては、御養生相叶わず一昨日御永眠遊ばされました由承り、一同驚き入っております。

　御家族様並びに貴社皆様方の御愁傷の程御察しするに余りあり、御同情に堪えません。

　未だ古希にも達せず、壮者の活力漲らせた○○様が、命数を残しつつ他界される事は、誠に遺憾の極みに存じ上げ、只管御哀悼の意を表す次第です。

　向後は尊台を中心に皆様御奮励遊ばされ、更なる御隆盛を迎えられる事こそが、御遺功御顕彰の道にも叶い何よりの御供養と存じ上げます。

　別封御香料一包御霊前に御供え下されたく願い上げます。何れ近日拝趨親しく御挨拶申し述べる所存ですが、取りあえず右御弔詞まで、申し上げます。　　　　　　　合掌

第5章　見舞状、お悔やみ状＆返信　399

70－2　返信（お礼）

模 範 文 例

謹復　弊社①社長○○△△儀②死去の節は早速御懇篤③なる
御弔詞④に添えて過分なる⑤御香典を頂戴致し、謹んで万謝⑥申し
上げます。余りにも突然の永訣⑦により、一同悲嘆に暮れ茫然と
するばかりでございます。しかしながら、此の度尊台⑧より
有り難い御同情を賜りましたので、向後⑨は奮励せよとの御言葉を
励みに、社員一同一層業務に専心⑩致し、社業隆盛に導き、
尊台を始めとする関係御諸賢⑪と共に、更なる成長発展を遂げる
所存⑫です。それこそが、最良の追善⑬と決意を新たに致して
居ります次第です。何卒末長く御厚情⑭に預かり⑮ますよう宜しく
願い上げます。

　取りあえず御礼方々御挨拶を申し述べます。　　　　　敬白

語 句 の 解 説

① 　「弊社」は、自分の会社をへりくだっていう言い方。小社と同じ。
② 　「儀」は、人名、あるいはそれらの側の物を表す名詞について、
　〜こと、〜に関して、という意を表す。
③ 　「懇篤」は、懇切丁寧で心がこもっていること。
④ 　「弔詞」は、人の死をいたみ悲しむ気持ちを表した言葉や文。
⑤ 　「過分なる」は、分に過ぎた扱いを受けること。また、その様子。
　謙遜しながら感謝を表す場合に用いる。
⑥ 　「万謝」は、深く感謝すること。

⑦ 「永訣」は、永遠に別れること。また、死別すること。

⑧ 「尊台」は、あなた様。相手の敬称。

⑨ 「向後」は、今後。

⑩ 「専心」は、一つだけに心を傾けること。専念。

⑪ 「諸賢」は、多くの人々に対して敬意を込めて呼ぶ語。皆様。

⑫ 「所存」は、考え。

⑬ 「追善」は、死者の冥福を祈って行われる供養。

⑭ 「厚情」は、手厚い情け。

⑮ 「預かり」は、目上からのおほめや志を受けること。

第5章　見舞状、お悔やみ状＆返信　401

71－1　取引先社員逝去の際のお悔やみ

一 般 的 な 文 例

貴社営業部長○○△△様には、御永眠の由、謹んで弔辞を呈し①、哀悼の意を表します。

　御家族様並びに貴社の皆様方の御悲痛を恐察致し、御同情申し上げます②。小生にとりましても③、○○様には起業の際御支援いただき、いつか御報恩の機会をと願っていたので無念です④。

　この期に及んでは⑤○○様の御冥福を祈るばかりに存じます。

　本来御霊前に参拝致すべきですが、近来やや不調にて、何卒御海容賜りますよう願い上げます⑥。

　先ずは書面にて御悔みまで申し述べます。

格上げのポイント

① 　この冒頭部分を、さらに丁寧に敬意を込めるには、「貴社営業部長○○△△様御事、御永眠の趣承り、茲に謹んで弔詞を呈し」とします。下線部が、補足、改変箇所です。「御事」は、〜については、〜は、という意味の「事」に「御」をつけた、より丁寧な表現です。「趣承り」は、〜とのことお伺い致し、という意味で、「由」より丁寧な表現です。「茲に」は、現在の時点、場所を示す語。この時、この場所で、を改まっていう言い方。「弔詞」は、人の死をいたみ悲しむ気持ちを表した言葉や文。

② 　「御悲痛を恐察致し、御同情申し上げます」は、さらに先方の落胆の大きさに身を添わすために、「御悲痛の程、恐察するに余りあり、

御同情に堪えません」とします。相手の悲痛は推察できる程度ではなく、同情の程度も月並みではないことを示す必要があるからです。「恐察」は、他人の事情を推察することをへりくだっていう言い方。拝察と同じ。「同情に堪えません」は、同情の気持ちを抑えることができない、という意味。「悲痛」は、心の悲しみと痛み。「〜の程」は、断定を避けて、表現を和らげるのに用いる語。

③　「小生にとりましても」の前に「降って」を補い、「降って小生にとりましても」とすると、非常に丁寧な印象になります。「降って」は、相手のことを話してから、次に自分のことを言う場合に使われます。

④　この部分は、格調と敬意が不足気味なので、「○○様には起業の際格別なる御支援に預かり、いつか御報恩の機会をと願って居りましたので、無念此の上御座いません」とします。下線部が、補足、改変箇所です。「預かり」は、〜していただく。「報恩」は、恩返し。単なる「御支援」ではなく、「格別なる御支援」とし、「願っていた」ではなく、「願って居りました」と敬意を強め、「無念」ではなく「無念此の上御座いません」と、最上級の無念を伝えることが大切です。

⑤　「この期に及んでは」は、印象が良くないので、「かくなる上は」とします。「かくなる上は」は、このようになってしまった以上は、という意味。

⑥　この部分は、丁寧さと格調が不足気味なので、次のように変えます。「本来拝趨の上親しく御霊前に参拝致すべきでは御座いますが、近来やや不調にして移動不自由と相成り、意に任せず失礼申し上げます。何卒御海容賜りますよう願い上げます」。下線部が、補足、改変箇所です。「拝趨」は、急いで伺うこと。「親しく」は、直接。ただ「不調」を伝えるだけでなく、「移動不自由と相成り」などの言葉を加え、丁寧に説明することが大切です。「相成り」は、なる、を丁寧にいう言い方。「海容」は、海のような広い心で許すこと。

第5章　見舞状、お悔やみ状＆返信　　403

格上げ後の文例

貴社営業部長○○△△様御事、御永眠の趣承り、茲に謹んで弔詞を呈し、哀悼の意を表します。

御家族様並びに貴社の皆様方の御悲痛の程、恐察するに余りあり、御同情に堪えません。降って小生にとりましても、○○様には起業の際格別なる御支援に預かり、いつか御報恩の機会をと願って居りましたので、無念此の上御座いません。

かくなる上は○○様の御冥福を祈るばかりに存じます。

本来拝趨の上親しく御霊前に参拝致すべきでは御座いますが、近来やや不調にして移動不自由と相成り、意に任せず失礼申し上げます。何卒御海容賜りますよう願い上げます。

先ずは書面にて御悔みまで申し述べます。

71－2　返信（お礼）

模　範　文　例

謹復　此の度は、図らずも①弊社○○△△逝去の訃報②が御高聞に達し③、早速御真情④溢れる御弔詞⑤並びに過分⑥なる御香典を賜り、心より御礼申し上げます。創業当時より弊社牽引の原動力として、心血を注ぎ業務に専心⑦致し、更なる活躍を嘱望⑧されておりましただけに、弊社にとりましては痛恨の極み⑨であり、長く故人と苦楽を共にしてまいりました小生と致しましても、報恩の機会を失し、無念この上なき永訣⑩と申せます。

かくなる上は、故人の遺志を継ぎ、更なる社業の発展と、関係御諸賢⑪の尚一層の御繁栄のため、旧に倍して⑫全社一丸となり業務に精励⑬することこそが、追善の供養⑭となるものと存じます。

　文末恐縮に存じますが、御体御不調との事、御案じ申し上げております。何卒御自愛専一⑮に御過ごしくださるよう願い上げます。

　先ずは書面にて御礼のみ謹んで申し上げます。　　　　敬白

語 句 の 解 説

①　「図らずも」は、思いがけないことに。

②　「訃報」は、死亡の知らせ。

③　「高聞に達し」は、お聞きになり。「高聞」は、その人が聞くことを敬って言う語。

④　「真情」は、まごころ。

⑤　「弔詞」は、人の死をいたみ悲しむ気持ちを表した言葉や文。

⑥　「過分」は、程度が過ぎること。へりくだった言い方。

⑦　「専心」は、その事に心を集中して行うこと。専念。

⑧　「嘱望」は、前途、将来に望みをかけること。

⑨　「痛恨の極み」は、これ以上ない程に残念であること。

⑩　「永訣」は、永遠に別れること。死別すること。

⑪　「諸賢」は、多くの人々に対して敬意を込めて呼ぶ語。皆様。

⑫　「旧に倍して」は、以前の倍。以前にも増して、という意味。倍旧、とも言う。

⑬　「精励」は、一生懸命努力すること。

⑭　「追善の供養」は、死者の冥福を祈って行われる供養。

⑮　「自愛専一」は、まず第一に、自分自身を大切にすること。

第 6 章

書きにくい手紙＆返信

406

第6章　書きにくい手紙&返信　　　407

72－1　人の紹介の依頼

一般的な文例

謹啓　残暑の候益々ご清祥のことと存じます。いつも何かとお世話になり感謝申し上げます①。

　さて、この度はお願いがございます②。

　弊社この程、北海道○○地域のリゾート開発計画推進に際し③、同地不動産事情に精通されている④住宅評論家の桜坂幸雄先生にお会いして⑤、近年諸外国からも注目されている△△周辺のリゾートマンションの開発状況などについてご意見を得られれば⑥、弊社の同計画の推進が有利になると考えています⑦。

　ついては、桜坂先生とお知り合いの鈴木様に桜坂先生をご紹介いただければ幸いです⑧。

　誠に厚かましく恐縮ですが⑨、ご高配を賜りますよう、宜しくお願い申し上げます⑩。

　先ずはお願いまで申し上げます⑪。　　　　　　　　　　敬白

格上げのポイント

① 　この部分は、格調と敬意が不足気味なので、次のように変えます。「時下残暑の候益々御清祥の御事と慶賀の至りに存じます。平生は何かと御芳情に預かり深甚の感謝を申し上げます」。「時下」は、目下。今現在。「残暑の候」だけでなく「時下残暑の候」とすると、ほどよい重厚感が生まれます。また、重厚感と丁寧さを増すために、「ことと存じます」の部分を、「御事と慶賀の至りに存じます」に変

えます。「御事」は、〜のこと、をより丁寧にいう言い方。「慶賀」は、喜び祝うこと。「いつも」を「平生」に変え、「お世話になり」を「御芳情に預かり」に変えることも、格調を高くするのに役立ちます。「芳情」は、人が示してくれる親切な温かい心を敬って言う語。「預かり」は、〜していただき。「深甚」は、非常に深い、という意味。

② さらに改まった印象を醸すために、この部分を、「唐突ながら書面を以て謹んで御願い申し上げます」とします。「唐突ながら」は、突然、いきなりですみませんが、という意味。「以て」は、〜によって。

③ 「際し」は「際しまして」と、丁寧に言い換えます。

④ 「精通されている」は「精通されていらっしゃる」と、丁寧に言い換えます。

⑤ 「お会いして」は、改まった印象も丁寧さもないので、「御面会の栄を得」とします。「栄」は、栄誉。

⑥ 「ご意見を得られれば」もより格調高く丁寧に、次のように言い換えます。「貴重な御高見を賜ることができますれば」。「高見」は、相手の意見を敬っていう言い方。

⑦ この部分も丁寧さと格調のレベルを上げるために、「弊社の同計画の効果的な推進に多大なる有利をもたらすものと考えております」とします。下線部が、補足、改変箇所です。

⑧ 格式高く感謝の気持ちを明示するために、この部分を、「つきましては、桜坂先生と格別御昵懇の尊台に桜坂先生を御紹介いただくことができますれば、誠に幸甚この上なく存じます」に変えます。下線部が、補足、改変箇所です。「ついては」は「つきましては」に、「お知り合いの鈴木様に」は「格別御昵懇の尊台に」に変えます。「昵懇」は、親しくつきあう間柄です。「鈴木様」を「尊台」に変えるのも、敬意を高めるためです。「幸いです」は、「誠に幸甚この上

なく存じます」に変えます。「幸甚」は、非常に幸せなこと。少々大げさな物言いですが、格調高く書くときには、違和感がありません。

⑨　「恐縮ですが」は、「恐縮に存じますが」と、ワンランク敬意を上げます。

⑩　「宜しくお願い申し上げます」に「くれぐれも」を補い、「くれぐれも宜しく御願い申し上げます」と、より丁寧に書きます。

⑪　締めくくりの格調を高めることは重要です。「先ずはお願いまで申し上げます」は、「先ずは書面にて折り入って御願い迄申し上げます」に変えます。「折り入って」は、心を込めて、という意味。

☆　「一般的な文例」にある、敬意を強めるために用いた「お」「ご」は、格上げの際には「御」に変更しました。「御」を用いるほうが、改まった印象や格式の高さを強調するのに効果的だからです。

格上げ後の文例

謹啓　時下残暑の候益々御清祥の御事と慶賀の至りに存じます。平生は何かと御芳情に預かり深甚の感謝を申し上げます。

　さて、唐突ながら書面を以て謹んで御願い申し上げます。

　　　　　　　　　　　　　　　　　　　　弊社この程、北海道○○地域のリゾート開発計画推進に際しまして、同地不動産事情に精通されていらっしゃる住宅評論家の桜坂幸雄先生に御面会の栄を得、近年諸外国からも注目されている△△周辺のリゾートマンションの開発状況などについて貴重な御高見を賜ることができますれば、弊社の同計画の効果的な推進に多大なる有利をもたらすものと考えております。

　つきましては、桜坂先生と格別御昵懇の尊台に桜坂先生を御紹介いただくことができますれば、誠に幸甚この上なく存じます。

誠に厚かましく恐縮に存じますが、御高配を賜りますよう、くれぐれも宜しく御願い申し上げます。

先ずは書面にて折り入って御願い迄申し上げます。　　　敬白

72-2　返信（承諾・断り）

模範文例

〈承諾するとき〉

謹復　貴信①謹んで拝受致し、御返事を申し上げます。

桜坂幸雄氏御紹介の件、喜んで御引き受け致します。同氏とは学生時代より交際があり、卒業後も折に触れて連絡を取り合い面会を重ね、公私にわたり意見を交え、所謂肝胆相照らす②仲ですので、早速連絡を取ることに致します。

同氏も貴社ほどの御実績と社格を有する企業からの御声掛けとあらば、小生の紹介などなくとも、積極的に御支援の姿勢を取るに相違ございません。同氏の有する情報と知見により、貴社御開発計画が滞りなく推進される事を願ってやみません。

なお、同氏は取材もしくは講演などで、日々忙しく各地、各所を飛び回っている様子故、即時御対応致しかねる場合もあるかと存じますが、その点は悪しからず③御了承賜りますよう御願い申し上げます。

取り急ぎ、右まで御返事を申し述べます。　　　謹言

第6章　書きにくい手紙＆返信　　411

〈断るとき〉

謹復　平素④は格別なる御高配⑤を賜り、感謝この上なく、改めて御礼申し上げます。

　さて、御申し越し⑥の件につきまして、謹んで御答え致します。

　確かに小生は桜坂氏とは特別昵懇⑦の仲であり、常々格別なる御世話になっております尊台⑧の御依頼とあらば、即刻御紹介申し上げたく存じますが、実は桜坂氏は貴社と競合する他社と、特別顧問契約を結んでいます。従いまして、一般的な情報の御紹介はでき得ると致しましても、新規開発に益するきわどい有用情報となりますと、御話しになりにくい立場にあると申せます。

　以上の理由によりまして、誠に申し訳ございませんが、今回だけは御役に立つことができかねます。かかる⑨事情を御賢察⑩いただき、悪しからず御了承賜りますよう、伏して⑪御願い申し上げます。

　取り急ぎ御返事まで申し上げます。　　　　　　　敬白

語 句 の 解 説

① 「貴信」は、相手の手紙やメールの敬称。あなた様の通信、という意味。

② 「肝胆相照らす」は、互いに心の中まで打ち明けて、理解し合って、親しく付き合うこと。

③ 「悪しからず」は、相手の意向に添えないで、すまないという気持ちを表す語。悪く思わないで。

④ 「平素」は、いつも。

⑤ 「高配」は、相手の配慮を敬って言う語。

⑥ 「御申し越し」は、相手が言ってよこすことを、丁寧にいう言い方。

⑦ 「昵懇」は、親しく付き合う間柄。

⑧ 「尊台」は、あなた様。相手の敬称。

⑨ 「かかる」は、かくある、このような、という意味。古風な改まった言い方。

⑩ 「賢察」は、相手の推察を敬っていう言い方。

⑪ 「伏して」は、ひれ伏して。切に願う様子。くれぐれも。謹んで。

第6章　書きにくい手紙&返信　　413

73−1　接触を拒む交渉相手への依頼

一般的な文例

謹啓　時下ご隆昌の段お慶び申し上げます①。

改めてお願い申し上げます②。

弊社は、貴地域の将来的な発展③を願い、そのお手伝いを致したく④、商業ビル建設等を推進しております⑤。

都内至近の最優良地である貴地域は、その本来の価値に比べて、残念なことに現在の評価は、非常に低いといえます⑥。

ついては、これまでにもご説明致しております通り⑦、貴地域の総合的な再開発が必須にて、貴社ご所有の不動産の一部を購入させていただければ幸いです⑧。

同再開発が実現すれば⑨、貴社ご所有の他の不動産の価値もまた、飛躍的に増大することは確実です⑩。

ご購入の価格に関しましては、必ず他社を上回る額をご提示致す所存です。

お忙しい中誠にご迷惑とは存じますが、是非一度お会い致したく⑪、改めてお願い申し上げます⑫。

ご返事を心よりお待ち申し上げております⑬。　　　　謹言

格上げのポイント

① 　そっけなく、敬意も格調も足りないので、「陽春清和の折柄、貴社愈々御隆昌の段大賀の至りに存じます」などとします。「折柄」は、ちょうどその時。「愈々」は、ますます。より一層。「隆昌」は、栄

えること。「段」は、～とのこと。

② 丁寧さがないため、説得力に欠けるので、「改めてお願い申し上げます」を、「再三御連絡申し上げる御無礼を何卒御海容賜りますよう謹んで御願い申し上げます」に変えます。「海容」は、大きな度量で人の罪や過ちを許すこと。

③ 「発展」は「御発展」とするのが丁寧です。

④ 「そのお手伝いを致したく」は、「その御手伝いに微力を尽くしたく」に変えます。不遜な態度と思われないように、「微力を尽くす」という謙虚な姿勢を強調することが大切です。

⑤ 「推進しております」ではなく、「推進させていただいております」と、より謙虚に表現し、敬意を強めます。

⑥ この部分は、格調を高め謙虚さを強めるために、「その本来的価値に比して、遺憾ながら現在の評価は、非常に低く不当と申せます」とします。下線部が、補足、改変箇所です。「比べて」より「比して」、「残念なことに」より「遺憾ながら」とするほうが、格調高い印象になります。「非常に低いといえます」は、「非常に低く不当と申せます」と、より丁寧に表現します。

⑦ この部分は、「つきましては、これまでにも御説明申し上げております通り」として、丁寧を極めます。「ついては」を「つきましては」に、「ご説明致して」を「御説明申し上げて」に変えます。

⑧ この部分は、次のように、「御」を加え、「幸い」を「幸いこの上なく」にすることで、さらに丁寧な印象を醸します。「貴社御所有の不動産の一部を御購入させていただければ、幸いこの上なく存じます」。下線部が、補足、改変箇所です。

⑨ 「同再開発が実現すれば」の格調を高めるには、「運び」を補足して、「同再開発が実現の運びとなりますれば」とします。「運び」は、物事の進み具合。

第6章　書きにくい手紙＆返信　　415

⑩　「飛躍的に増大することは確実です」という表現に、丁寧さと格調を加えるには、「飛躍的に増大致しますこと必定と存じます」とします。「増大する」を「増大致します」に、「確実」を、そうなるに決まっている、という意味の「必定」に変えます。

⑪　「是非一度お会い致したく」は、「是非一度拝顔の栄を賜りたく」に変え、格調を高め敬意を強めます。「拝顔」は、お目にかかること。「栄」は、栄誉。

⑫　「改めてお願い申し上げます」は、敬意の強さがまだ不十分なので、「改めて御懇願申し上げる次第でございます」とします。「懇願」は、誠意をこめて頼むこと。「次第」は、わけ。

⑬　この末文を、さらに丁寧に言うには、「御返事賜ります事を心より御待ち申し上げております」とします。もってまわった言い方ですが、格上げ手紙では、丁寧な印象と捉えられ、効果的です。

☆　「一般的な文例」にある、敬意を強めるために用いた「お」「ご」は、格上げの際には「御」に変更しました。「御」を用いるほうが、改まった印象や格式の高さを強調するのに効果的だからです。

格上げ後の文例

謹啓　陽春清和の折柄、貴社愈々御隆昌の段大賀の至りに存じます。
　再三御連絡申し上げる御無礼を何卒御海容賜りますよう謹んで御願い申し上げます。
　　　　　　　　　　　　　　　　　　　　　　　　　弊社は、貴地域の将来的な御発展を願い、その御手伝いに微力を尽くしたく、商業ビル建設等を推進させていただいております。
　都内至近の最優良地である貴地域は、その本来的価値に比して、遺憾ながら現在の評価は、非常に低く不当と申せます。

第6章　書きにくい手紙＆返信

　　つきましては、これまでにも御説明申し上げております通り、貴地域の総合的な再開発が必須にて、貴社御所有の不動産の一部を御購入させていただければ、幸いこの上なく存じます。

　　同再開発が実現の運びとなりますれば、貴社御所有の他の不動産の価値もまた、飛躍的に増大致しますこと必定と存じます。

　　御購入の価格に関しましては、必ず他社を上回る額を御提示致す所存です。

　　御忙しい中誠に御迷惑とは存じますが、是非一度拝顔の栄を賜りたく、改めて御懇願申し上げる次第でございます。

　　御返事賜ります事を心より御待ち申し上げております。謹言

73－2　返信（承諾・断り）

模　範　文　例

〈承諾するとき〉

謹復　貴信①拝読させていただきました。再三の面会の御申し入れにも拘らず貴意に沿えず②、誠に遺憾③に存じます。

　　実は昨今加熱する当地域の再開発に関しまして、よからぬ企業が多数暗躍し、弊社甚だ迷惑を蒙って④おります。表向きは素性正しい開発企業様でありましても、背後に反社会的な勢力の影が見え隠れする場合がしばしばあり、対応に慎重にならざるを得ません。

　　しかしながら、これまでの貴社の御交渉の御姿勢を拝見させて

第6章　書きにくい手紙＆返信　　417

いただき、なおかつ失礼ながら弊社独自の調査によりまして、貴社は御信頼申し上げることのできる交渉対象との確信を得ましたので、近日御説明を御受けしたく存じます。

　つきましては、具体的な日取りに関しましては追って⑤御連絡させていただきます。

　長らく御返事を保留しました失礼を御詫び致し、右御返事まで申し上げます。　　　　　　　　　　　　　　　　　　　謹白

〈断るとき〉

謹復　重ねての御依頼に御返事が遅れまして、誠に申し訳なく心より御詫び申し上げます。

　不躾⑥ではございますが、結論を先に申し上げます。

　折角⑦の御申し出ではございますが、当社は現在所有する物件または不動産につきまして、売却の予定はございません。御面会の機会をいただきましても、意向は変わりませんので、御理解賜りたく存じます。

　無論当社と致しましては、貴社御計画の当地域の再開発により、地価並びに不動産価格が上昇することは有り難く、将来売却の可能性が皆無ではございませんが、今現在はどのような御条件をいただきましても、貴意に沿う⑧ことはできかねます。

　今後いつとは申せませんが、売却の準備が整いました際には、貴社も御信頼を置ける交渉の御相手として考えさせていただきとう存じますので、その節は何分の⑨御高配⑩を賜りますよう、くれぐれも宜しく御願い申し上げます。

　先ずは右御無礼ながら率直な御返事まで申し上げます。頓首

語 句 の 解 説

① 「貴信」は、相手の手紙を敬っていう言い方。

② 「貴意に沿えず」は、相手の意志や方針に従えないこと。

③ 「遺憾」は、期待したようにならず、心残りであること。

④ 「蒙って」は、被害などを受けること。

⑤ 「追って」は、後ほど。間もなく。

⑥ 「不躾」は、無作法。

⑦ 「折角」は、わざわざ。

⑧ 「貴意に沿う」は、相手の意志や方針に従うこと。

⑨ 「何分の」は、何らかの。

⑩ 「高配」は、相手の配慮を敬って言う語。

第6章　書きにくい手紙＆返信　　419

74－1　訪問を受けたことへの感謝とお詫び（本人不在）

一般的な文例

謹啓　本日はお忙しい中わざわざ当社にお立ち寄りくださり、ありがとうございます①。

　折り悪く、せっかく来ていただきましたのに、生憎わたくしも山本も不在で、何のおもてなしもできず、申し訳ございませんでした②。

　しばらくお会いしておらず、積る話もあったので、お会いできず残念でした③。

　今後も当地を通過される際には、是非お立ち寄りくださるようお願い申し上げます④。

　先ずは感謝とお詫びまで申し上げます⑤。　　　　　　　頓首

格上げのポイント

① 書き出し部分の格式と敬意が不十分なので、「本日は御多忙の中態々弊社に御来訪下さり、御厚情誠に有り難く、感佩の他ございません」と書き換えます。「お忙しい中」を「御多忙の中」に、「わざわざ」を「態々」に、「当社」を「弊社」に、「お立ち寄り」を「御来訪」に変えます。「ありがとうございます」だけでは、重厚感も感謝の強さもないので、「御厚情誠に有り難く」を補足し、「感佩」という言葉も使います。「厚情」は、思いやりの深い相手の気持ち。「感佩」は、心から感謝して忘れないこと。

② この部分を格上げして、より丁寧に言うには、「しかしながら、折

角の御足労にも拘わらず、生憎わたくし並びに山本も不在にて、何等おもてなしも出来ませず、失礼の段、幾重にも御詫び申し上げます」とします。「折り悪く」は、なんとなく悪いことでもしたかのような印象を与えるので避けます。「せっかく来ていただきましたのに」は「折角の御足労にも拘わらず」に変え、「何のおもてなし」を「何等おもてなし」とし、「失礼の段」を加え、「申し訳ございませんでした」を「幾重にも御詫び申し上げます」に変え、丁寧を極めます。

③　ぞんざいな印象の強い表現なので、この部分を、次のように書き換えます。「しばらく拝芝の栄を得ておらず、積る御話も数多くございましたので、久方振りの好機を逸しまして、返す返すも残念至極に存じます」。「お会いしておらず」は「拝芝の栄を得ておらず」に変えます。「拝芝」は、芝眉（お顔）を拝するの意。面会することを、その相手を敬って言う謙譲語。「栄」は、栄誉。「積る話」は「積る御話」と、丁寧に言います。「久方振りの好機を逸しまして」という言葉を補うことも、丁寧な印象を強めます。「残念でした」は、「返す返すも残念至極に存じます」に変え、無念を強調することで敬意を強めます。

④　この部分も、「今後も当地御通過の節には、是非御立ち寄り賜りますよう、くれぐれも宜しく御願い申し上げます」と変え、丁寧さをさらに加えます。下線部が、補足、改変箇所です。

⑤　締めくくりも次のように、より丁寧に、格調高くまとめます。「先ずは御来訪への深甚の感謝並びに不在による御無礼の御詫びまで申し上げます」。下線部が、補足、改変箇所です。「深甚」は、非常に深いこと。

☆　「一般的な文例」にある、敬意を強めるために用いた「お」「ご」は、格上げの際には「御」に変更しました。「御」を用いるほうが、改まった印象や格式の高さを強調するのに効果的だからです。

第6章　書きにくい手紙＆返信　　421

格上げ後の文例

謹啓　本日は御多忙の中態々弊社に御来訪下さり、御厚情誠に有り難く、感佩の他ございません。

　しかしながら、折角の御足労にも拘わらず、生憎わたくし並びに山本も不在にて、何等おもてなしも出来ませず、失礼の段、幾重にも御詫び申し上げます。

　しばらく拝芝の栄を得ておらず、積る御話も数多くございましたので、久方振りの好機を逸しまして、返す返すも残念至極に存じます。

　今後も当地御通過の節には、是非御立ち寄り賜りますよう、くれぐれも宜しく御願い申し上げます。

　先ずは御来訪への深甚の感謝並びに不在による御無礼の御詫びまで申し上げます。　　　　　　　　　　　　　　　　頓首

74－2　返信（お礼）

模範文例

謹復　此の度は、突然御伺い致し、御気遣いを煩わす①事となりまして、誠に恐縮至極②に存じます。事前に御連絡すべきとは存じましたが、突然のこと故、却って御予定を乱すことになりはしまいかと、御連絡を控えました。一時なりとも拝顔③の機会あらば嬉しいと存じ上げた次第です。

第6章　書きにくい手紙＆返信

今回貴地④に伺いましたのは、小社営業所を貴地に開設する計画が
あり、候補地視察のためでございました。今後しばしば同様の機会が
ありますので、是非また御伺い申し上げたく存じます。

不躾⑤な御訪ねにも拘わらず、御丁寧な御挨拶を賜り、恐懼⑥感激、
心よりの御礼を申し上げます。　　　　　　　　　　　　　　　敬白

語 句 の 解 説

① 「御気遣いを煩わす」は、お気遣いをいただくという面倒をおか
けする、という意味。

② 「恐縮至極」は、恐れ入ることの極み、極限。この上なく恐れ入
ること。

③ 「拝顔」は、お目にかかること。

④ 「貴地」は、相手がいる地域を敬っていう言い方。

⑤ 「不躾」は、しつけができていないこと。無作法。

⑥ 「恐懼」は、非常に恐れかしこまること。

第6章　書きにくい手紙＆返信　　423

75－1　失礼をおかしたお詫び

一 般 的 な 文 例

謹啓　昨夜はご饗応に預かり、深謝申し上げます①。
　しかしながら加えて、謹んで陳謝申し上げます②。
　美酒佳肴に舌鼓を打ち、ついつい深酒となり③、酔余に不作法を
致しましたこと④、心よりお詫び申し上げます⑤。
　ついては近日お伺いし⑥、お叱りを受けるべきかと存じますが⑦、
取りあえず寸書にて、深謝申し上げます⑧。
　何卒ご海容⑨賜りますよう伏して願い上げます。　　　　　頓首

格上げのポイント

①　この部分をさらに丁寧に言うために、「昨夜は御心尽しの御饗応
に預かり、深謝この上なく存じ上げ、心より御礼申し上げます」と
します。下線部が、補足、改変箇所です。「心尽し」は、人のために
こまごまと気を遣うこと。「饗応」は、酒や食事を出して人をもてな
すこと。「預かり」は、目上からのおほめや志を受けること。「深謝」
は、深く感謝すること。

②　「謹んで陳謝申し上げます」の前に「茲に」を加えると、さらに
格調高くなります。「茲に」は、現在の時点、場所を示す語。この時、
この場所で、を改まっていう言い方。「陳謝」は、事情を述べて謝る
こと。

③　「深酒となり」は「深酒と相成り」とすると、丁寧な印象になり
ます。「相成り」は、なる、の改まった言い方。

④　この部分の格調を上げることにより、不作法な所業に多少なりと品位を加えることができます。「爛酔の果てにあるまじき醜態を呈する不作法を致しましたこと」などと、言い換えてもよいでしょう。「爛酔」は、ひどく酒に酔うこと。「あるまじき」は、あってはならない。「醜態」は、酒に酔っぱらった姿。

⑤　この部分の前に、「何とも相済みませず」を加え、丁寧を極めます。「相済みませず」は、「すみません」を、丁寧にいう言い方。

⑥　この部分は格調と敬意が不足しているので、「就きましては不日御高堂に参上致し」とします。「不日」は、近日。「高堂」は、相手の家を敬っていう言い方。「参上」は、相手の所に伺うこと。

⑦　このままでもかまいませんが、この部分は、別な言い方をするとすれば、「何分の御裁きを頂戴すべきかと存じますが」などとします。「何分の」は、なんらかの、という意味。

⑧　「深謝申し上げます」は、格調高く言うには、「万謝の意を表する次第です」などとします。「万謝」は、深く詫びること。

⑨　「海容」で十分ですが、さらに格調高く言うには、「天空海濶の特恕を」などと表現することもできます。「海容」は、海のように広い心で相手の過ちを許すこと。「天空海濶」は、広大無辺。広くさっぱりしている様子。「特恕」は、特別の許し。

☆　「一般的な文例」にある、敬意を強めるために用いた「お」「ご」は、格上げの際には「御」に変更しました。「御」を用いるほうが、改まった印象や格式の高さを強調するのに効果的だからです。

格上げ後の文例

謹啓　昨夜は御心尽しの御饗応に預かり、深謝この上なく存じ上げ、心より御礼申し上げます。
　しかしながら加えて、茲に謹んで陳謝申し上げます。

第6章　書きにくい手紙＆返信　　　425

　美酒佳肴に舌鼓を打ち、ついつい深酒と相成り、爛酔の果てにあるまじき酔態を呈する不作法を致しましたこと、何とも相済みませず、心より御詫び申し上げます。

　就きましては不日御高堂に参上致し、何分の御裁きを頂戴すべきかと存じますが、取りあえず寸書にて、万謝の意を表する次第です。

　何卒天空海濶の特恕を賜りますよう伏して願い上げます。

頓首

75－2　返信（了承・拒絶）

模　範　文　例

〈許すとき〉

謹復　昨夜は御多用中にも拘りませず、遠路態々御運び賜り、誠に有り難く、<u>衷心より①</u>深謝申し上げます。

　御陰様で格別愉快な<u>一夕②</u>を心行くまで満喫することができ、御礼の申し上げようもございません。

　また、<u>粗酒粗肴③</u>を<u>美酒佳肴④</u>と御褒め賜り、御恥ずかしくも嬉しい限りに存じます。

　陳謝云々との御言葉に就きましては、丸で心当たりございませんので、何卒御心配なきように。<u>平素⑤</u>にも増して御心を御開きくださったこと、<u>欣喜⑥</u>この上なく、またの機会を<u>切望⑦</u>するばかりでございます。

　取りあえず書面にて昨夜の御礼まで申し上げます。　　敬白

〈許せないとき〉

謹復　昨夕は御繁忙中を御厭いなく⑧御出掛け下さり、誠にありがとうございました。粗餐⑨にも拘らず御賞味⑩くださり、心より感謝申し上げます。

　しかしながら、御酔余の果て⑪の御振る舞い並びに御言葉は、少々常軌を逸した⑫感を覚えました。小生はともあれ、列席の御諸賢⑬は、眉をひそめる⑭御様子であり、御立場に相応しからぬ目に余る御酔態⑮でしたと申し上げざるを得ません。

　今後は御自重⑯賜りますよう、くれぐれも宜しく御願い申し上げます。

　　　　　　　　　　　　　　　　　　　　　　　　　　敬白

語 句 の 解 説

① 「衷心より」は、心より、という意味の改まった言い方。

② 「一夕」は、ある晩。ある夜。一晩。一夜。

③ 「粗酒粗肴」は、粗末な酒と酒のさかな。また、人に勧める料理をへりくだっていう語。

④ 「美酒佳肴」は、おいしい酒と、うまいさかな。非常においしいごちそうのこと。

⑤ 「平素」は、いつも。

⑥ 「欣喜」は、非常に喜ぶこと

⑦ 「切望」は、強く願うこと。

⑧ 「御厭いなく」は、嫌がってお避けになることなく、という意味。

⑨ 「粗餐」は、粗末な食事。他人に勧める食事をへりくだっていう語。

第6章　書きにくい手紙＆返信　　427

⑩　「賞味」は、食べ物をほめながら味わうこと。

⑪　「酔余の果て」は、酒に酔った挙げ句。

⑫　「常軌を逸した」は、普通と違った、常識外れの言動をとる。

⑬　「諸賢」は、多くの人々に対して敬意を込めて呼ぶ語。皆様。

⑭　「眉をひそめる」は、他人の嫌な行為に不快を感じて顔をしかめる。

⑮　「酔態」は、酒に酔っぱらった姿。

⑯　「自重」は、自分のふるまいに気をつけ、軽率にならないように品位を保つこと。

428　　第6章　書きにくい手紙＆返信

76－1　僭越な具申・忠告

一般的な文例

粛啓　時下愈々ご隆盛の御事と存じます①。毎々格別なる
ご愛顧を賜り改めて厚謝申し上げます。

　さて、貴社来期よりお取引を開始される株式会社○○商事に
つき②、少々ご忠告致したい事があり③、お知らせ致します④。

　同社とはかつて小社の子会社と取引があり、不法な要求を⑤、
同社より幾度か受けた事により、取引を停止した経緯がござい
ます。具体的な詳細についてのご報告は、文書では控えますが⑥、
かかる事実がありました事は、事前にご報告すべきと考えた次第で
ございます。

　同社と小社は、同業種にて、競合する立場にあり、このような
ご進言は貴社の誤解を招くとの意見も社内にありました⑦。
しかし、今後貴社に不利益があれば、このような状況を見逃した
事が後悔の原因となるので⑧、意を決してご忠言申し上げます。

　同社との取引の詳細についてご説明申し上げるべき必要が
あれば⑨、即刻ご報告に上がります。お申し越しください⑩。

　先ずは、以上ご忠告⑪まで謹んで申し上げます。　　　　謹言

格上げのポイント

① 　格調はあっても丁寧さが足りないので、「時下秋冷弥増す候、貴社
愈々御隆盛の段慶賀の至りに存じます」とします。下線部が、補足、
改変箇所です。「弥増す」は、いよいよ程度が激しくなる、という意
味。「段」は、〜とのこと。「慶賀」は、喜び祝うこと。

第6章 書きにくい手紙＆返信　　429

② 余りに単刀直入すぎ、格調高い雰囲気が不足しています。そこで、ここに、「本日御便り申し上げましたのは他でもなく」を補います。また、「つき」を「つきまして」に変え、丁寧さを増します。

③ 「ご忠告致したい事」は、やや不躾です。「御耳に入れたき事」と、ソフトに切り出すのが礼儀にかないます。

④ 「お知らせ致します」は、謙虚さが感じられず、その分敬意が不足しがちになります。そこで、「僭越とは存じますが」を、「御知らせ致します」の前に補います。「僭越」は、自分の地位や立場を越えて出過ぎたことをすること。

⑤ 「不法な要求を」は、刺々しい表現で、相手をいたずらに不安にさせるおそれがあるので、「法的に好ましからざる求めを」と、ソフトに表現するほうが、礼儀にかないます。

⑥ 「文書では控えますが」は、より丁寧に表現するために、「文書にては控えさせていただきとう存じますが」に変えます。

⑦ この部分も、やや刺々しいので、「かような御進言は貴社の誤解を招きかねないとの意見も社内にはございました」とします。「誤解を招く」ではなく、「誤解を招きかねない」と、遠回しに言うほうが、格上げ手紙には似合います。

⑧ ここも、やや表現がストレートすぎるために相手を不安にしかねないので、「しかしながら、万一今後貴社に不利益があれば、かような状況の看過は後悔の原因となりますので」と、表現を変えます。下線部が、補足、改変箇所です。「しかし」を「しかしながら」に、「このような」を「かような」に、「見逃した」は「看過」に変えます。「看過」は、見逃すこと。見過ごすこと。「万一」を補うことが、相手をいたずらに不安にさせないために役立つ、最大のポイントです。

⑨ 「必要があれば」は「必要がありますれば」と、丁寧に言い換えます。

⑩ 「お申し越しください」の前に、「御遠慮なく」を補うと、より丁寧な印象になります。

⑪ 「ご忠告」は「御知らせ」に変え、やはり、あまり相手を無暗に刺激しないようにするのが礼儀です。また、「ご忠告」という言葉自体、僭越な印象が強く失礼になりかねません。

☆ 「一般的な文例」にある、敬意を強めるために用いた「お」「ご」は、格上げの際には「御」に変更しました。「御」を用いるほうが、改まった印象や格式の高さを強調するのに効果的だからです。

格上げ後の文例

粛啓　時下秋冷弥増す候、貴社愈々御隆盛の段慶賀の至りに存じます。毎々格別なる御愛顧を賜り改めて厚謝申し上げます。

　さて、本日御便り申し上げましたのは他でもなく、貴社来期より御取引を開始される株式会社○○商事につきまして、少々御耳に入れたき事あり、僭越とは存じますが、御知らせ致します。

　同社とはかつて小社の子会社と取引があり、法的に好ましからざる求めを、同社より幾度か受けた事により、取引を停止した経緯がございます。具体的な詳細についての御報告は、文書にては控えさせていただきとう存じますが、かかる事実がありました事は、事前に御報告すべきと考えた次第でございます。

　同社と小社は、同業種にて、競合する立場にあり、かような御進言は貴社の誤解を招きかねないとの意見も社内にはございました。しかしながら、万一今後貴社に不利益があれば、かような状況の看過は後悔の原因となりますので、意を決して御忠言申し上げます。

第6章 書きにくい手紙＆返信 431

　同社との取引の詳細について御説明申し上げるべき必要がありますれば、即刻御報告に上がります。御遠慮なく御申し越しくださいませ。

　先ずは、以上御知らせまで謹んで申し上げます。　　　謹言

76－2　返信（お礼）

模　範　文　例

謹復　此の度は御懇切①なる御報告を賜り、感謝至極②に存じます。

　株式会社○○商事との取引につきましては、実は信頼できる筋からの紹介がありましたので、信用調査もそこそこに取引開始の予定を組むことになりました。

　事前に契約条項を擦り合わせ決定するに際しまして、多数不審な点が露見③し、不安を覚えておりましたので、御報告誠に有り難く、今後信用調査を確実に行い、細心の注意を払い、場合によっては取引を白紙に戻すことも視野に入れ、万全を尽くす所存です。

　貴社と弊社との御取引は、現在はもとより未来永劫④盤石⑤の信頼の上に成り立ち、貴重な御忠言⑥を誤解することは、断じて⑦ございませんので、くれぐれも御安心くださるよう、御願い申し上げます。

　先ずは右謹んで御礼まで申し上げます。　　　謹白

第6章　書きにくい手紙＆返信

| 語 句 の 解 説 |

① 「懇切」は、行き届いて親切なこと。

② 「感謝至極」は、感謝の極限、という意味。

③ 「露見」は、秘密や悪事があらわれること。ばれること。

④ 「永劫」は、限りなく長い年月。

⑤ 「盤石」は、極めて堅固なこと。

⑥ 「忠言」は、忠告。

⑦ 「断じて」は、決して。

第6章　書きにくい手紙＆返信　　433

77－1　不躾な問い合わせ

【一般的な文例】

謹呈　好季節の到来となりご家族の皆様にはますますご健勝の
ことと、お慶び申し上げます。当方皆無事に過ごしております①。
　さて、突然ですが、お尋ねしたい事がありまして、お伺い致し
ます②。
　実は以前わたくしの些細な経験をまとめた回顧録を私的に出版
しましたところ、中々の好評を得て、取引先の一つであるアメリカと
東南アジアの代理店の社長の目にも触れ、その数社から、
翻訳本を出版して欲しいとの依頼を受けることになりました③。
社員教育に是非利用したいとのことであります。
　そこで早速、社内の専門部署に掛け合いましたところ、ビジネス
文書の翻訳ならいざしらず、一般書籍の翻訳となると自信がなく、
ましてやかなりの分量となれば、業務に支障を来すと、
門前払いを食らう結果となりました④。
　仕方なく、友人知人を辿り、翻訳者を探しましたが、わたくし
どもの業界の専門用語に通じ、しかも趣を重視するエッセイ的
文書を、巧みに翻訳する方が見当たりません。
　ついては⑤、⑥師岡先生のご人脈とお知恵に、おすがりする
以外に方法がなく⑦、このようなお願いとなりました次第です⑧。
　先生、どなたか拙著の翻訳をしてくださる、適任の方は
いらっしゃいませんでしょうか。ご紹介願うことは可能でしょうか。
もしお知り合いに適任の方がいらっしゃらないとすれば、
どのような筋を辿ればよいものでしょうか。この方面のご専門である

434 第6章 書きにくい手紙＆返信

師岡先生⑨であれば、何か有効なご紹介、またはアドバイスを頂戴できるのではと⑩、以上お問い合わせ申し上げます⑪。

　ご多用中誠に恐縮⑫ではございますが、何卒ご高配⑬を賜りますよう、宜しくお願い申し上げます⑭。

　先ずは右お問い合わせまで申し述べます。　　　　　　頓首

格上げのポイント

① 格調高くかしこまった印象を強めるために、この部分は、「清和の好時節、御一統様益々御健勝の段慶賀至極に存じます。降って当方一同無事消光致しておりますので御休心くださいませ」と変えます。「清和（せいわ）」は、空が晴れてのどかなこと。「御一統様（ごいっとうさま）」は、皆様の改まった言い方。「健勝」は健康で元気なこと。「段」は、〜とのこと。「慶賀」は、喜び祝うこと。「至極（しごく）」は、極み。極限。「消光（しょうこう）」は、月日を費やすこと。暮らすこと。「御休心くださいませ」を補うことにより、よりへりくだった印象となり、敬意が強まります。「休心（きゅうしん）」は、安心。

② この部分は敬意が不足しているので、次のように変えます。「突然甚だ不躾とは存じますが、御高見を賜りたき事ありまして、折り入って御伺い申し上げます」。下線部が、補足、改変箇所です。まず、「甚だ不躾とは存じますが」と「折り入って」を加えるのがポイントです。「不躾（ぶしつけ）」とは、不作法のこと。「折り入って」は、深く心を込めて。特別に。是非とも。「お尋ねしたい事」は、「御高見を賜りたき事」に、「お伺い致します」は「御伺い申し上げます」に、敬語をランクアップします。

③ 「ことになりました」は「ことと相成（あいな）りました」に変え、より丁寧な印象を醸します。

第6章　書きにくい手紙＆返信　435

④　この部分の「となりました」も「と相成りました」と、より丁寧に言い換えます。

⑤　「ついては」をより丁寧に言うために、「つきましては」とします。

⑥　この部分に「万策尽き」を補うと、より説得力が増します。「万策尽き」は、すべての解決策が失敗に終わり、他に取るべき方法がないこと。

⑦　「方法がなく」と断言すると、強い印象となり、相手に重荷と感じられることがあるので、「方法がないと存じ上げ」と、ソフトな印象を醸す敬語を使用するのが効果的です。「存じ上げ」は、思っており、という意味。

⑧　「このようなお願いとなりました次第です」は、「かかる仕儀と相成りました次第でございます」と言い換えて、格調を高め敬意を強めます。「お願い」という直接的な表現を避け、「仕儀」といった漠然とした遠回しな語に変えることにより、奥行きの感じられる格調の高さが保たれます。「仕儀」は、事のなりゆき。次第。事情。

⑨　「この方面のご専門である師岡先生」は「この方面の御専門であらせられる師岡先生」に変え、格調高い敬意を強めます。「あらせられる」は、〜である、の尊敬表現です。〜でいらっしゃる。

⑩　「頂戴できるのではと」は「頂戴できると存じ上げ」とし、謙虚な姿勢を示すことで、敬意を強めます。〜と思っております、という意味の「存じ上げ」を補うことで、「頂戴したい」という意志を、あまり露骨に表現せず、穏やかに相手に伝えることができます。

⑪　「以上お問い合わせ申し上げます」は、「謹んで」を補い、「以上謹んで御問い合わせ申し上げます」とすると、格段に丁寧な印象となります。

⑫　「恐縮」は「恐縮千万」とし、さらにへりくだるのが効果的です。「千万」は、甚だ。非常に。

⑬ 「何卒ご高配」は、「何卒格別な御高配」に変えます。「格別な」を一言加えるだけで、非常に丁寧な印象になります。

⑭ 「宜しくお願い申し上げます」は、是非、どうか、という意味の「くれぐれも」を補い、「くれぐれも宜しく御願い申し上げます」とします。

☆ 「一般的な文例」にある、敬意を強めるために用いた「お」「ご」は、格上げの際には「御」に変更しました。「御」を用いるほうが、改まった印象や格式の高さを強調するのに効果的だからです。

格上げ後の文例

謹呈　清和の好時節、御一統様益々御健勝の段慶賀至極に存じます。降って当方一同無事消光致しておりますので御休心くださいませ。

　さて、突然甚だ不躾とは存じますが、御高見を賜りたき事ありまして、折り入って御伺い申し上げます。

　実は以前わたくしの些細な経験をまとめた回顧録を私的に出版しましたところ、中々の好評を得て、取引先の一つであるアメリカと東南アジアの代理店の社長の目にも触れ、その数社から、翻訳本を出版して欲しいとの依頼を受けることと相成りました。社員教育に是非利用したいとのことであります。

　そこで早速、社内の専門部署に掛け合いましたところ、ビジネス文書の翻訳ならいざしらず、一般書籍の翻訳となると自信がなく、ましてやかなりの分量となれば、業務に支障を来すと、門前払いを食らう結果と相成りました。

　仕方なく、友人知人を辿り、翻訳者を探しましたが、わたくしどもの業界の専門用語に通じ、しかも趣を重視するエッセイ的

第6章　書きにくい手紙＆返信　　437

文書を、巧みに翻訳する方が見当たりません。

　つきましては、万策尽き、師岡先生の御人脈と御知恵に、おすがりする以外に方法がないと存じ上げ、かかる仕儀と相成りました次第でございます。

　先生、どなたか拙著の翻訳をしてくださる、適任の方はいらっしゃいませんでしょうか。御紹介願うことは可能でしょうか。もし御知り合いに適任の方がいらっしゃらないとすれば、どのような筋を辿ればよいものでしょうか。この方面の御専門であらせられる師岡先生であれば、何か有効な御紹介、またはアドバイスを頂戴できると存じ上げ、以上謹んで御問い合わせ申し上げます。

　御多用中誠に恐縮千万ではございますが、何卒格別な御高配を賜りますよう、くれぐれも宜しく御願い申し上げます。

　先ずは右御問い合わせまで申し述べます。　　　　　頓首

77－2　返信（承諾・断り）

模　範　文　例

〈引き受ける場合〉

謹復　御丁寧なお問い合わせの貴信①承り、御活躍の御様子、何よりと存じ上げます。

　早速ですが、御申し越し②の件、御答え申し上げます。

　御高著は御出版に際して御恵贈③賜り、熟読の上御賞賛④

させていただきましたので、内容に関してもよく記憶しており、実に興味深く、後進⑤の方々に大いに役立つ知識が盛り込まれた類稀なる⑥御好著でありますので、今回御翻訳本の御出版を御決意された御由⑦、誠に御同慶⑧の至りと存じます。

つきましては、早速いくつかの心当たりに当たる所存⑨ですので、大変恐れ入りますが、御高著数冊を御送付賜りますれば幸いです。先方の具体的な反応があり次第、改めて御連絡させていただきます。

甚だ⑩微力ではございますが、御役に立てれば幸甚⑪に存じます。

先ずは右御返事のみにて失礼申し上げます。　　　　謹言

〈断る場合〉

謹復　その後御無沙汰致し失礼申し上げております。御手紙拝読させていただき、御躍進の御様子、御同慶に存じます。

さて、早速で恐れ入りますが、御問い合わせの件につきまして、申し上げます。

小生一昨年会社を早期退職致し、現在はすっかり仕事から遠ざかっております。したがいまして、職務遂行中の人脈も途絶え、かつて要職にあったとは申せ、退社した身分の影響力は、御賢察⑫の通り無に等しく、誠に遺憾⑬ながら、心当たる御紹介の筋もございません。

折角の御発展の好機に、非力を御晒しするのみにて、慙愧に堪えません⑭が、かかる⑮事情を御賢察くださり、悪しからず⑯御海容⑰賜りたく存じ上げます。

先ずは右御返事のみ申し上げます。　　　　頓首

第6章　書きにくい手紙＆返信　　439

語 句 の 解 説

① 「貴信」は、相手の書状を敬っていう言い方。

② 「御申し越し」は、相手が言ってよこすことを、丁寧にいう言い方。

③ 「恵贈」は、相手の贈る行為を敬っていう言い方。

④ 「賞賛」は、ほめたたえること。

⑤ 「後進」は、後から進んでくること。そういう人や物。後輩。

⑥ 「類稀なる」は、他に類似した前例が無いほど稀少であること。

⑦ 「御由」は、〜とのこと、をさらに丁寧に言う語。

⑧ 「同慶」は、同じように嬉しいこと。

⑨ 「所存」は、考え。

⑩ 「甚だ」は、非常に。

⑪ 「幸甚」は、非常に幸せ。

⑫ 「賢察」は、相手の推察を敬っていう言い方。

⑬ 「遺憾」は、心残りに思うこと。残念。

⑭ 「慙愧に堪えません」は、心に深く恥じ入ることを、我慢できない、申し訳ない、という意味。

⑮ 「かかる」は、かくある、このような、という意味。古風な改まった言い方。

⑯ 「悪しからず」は、相手の意向に添えないですまないという気持ちを表す語。悪く思わないで。

⑰ 「海容」は、大きな度量で人の罪や過ちを許すこと。

440　　第6章　書きにくい手紙＆返信

78－1　約束不履行のお詫び

一般的な文例

謹啓　早速ですが、過日御約束しました資金御融通の件、御依頼の期日迄に調達すべく準備を進めてきましたが①、取引金融機関が突如一方的に融資条件を改定したため、弊社の資金運用に不自由を来す結果となりました②。

　就いては今回は一先ず御融通を、御断りするよりほかなく、謹んで御知らせ申し上げます③。

　右取り敢えず違約の御詫びまで申し上げます④。

　⑤
　　　　　　　　　　　　　　　　　　　　　　　　　　頓首

格上げのポイント

① 　この部分は、非常に事務的で、淡泊で冷淡な印象です。冷淡な分、敬意の不足が感じられるので、次のように変えます。「取り急ぎ申し上げます。過日御依頼の資金御融通の儀、御申し越しの期日迄に是非御調達申し上げたく準備を進めてまいりましたところ」。下線部が、補足、改変箇所です。まず、「取り急ぎ申し上げます」と、丁寧に挨拶から始めることが大切です。「御融通の件」は、「御融通の儀」とし、改まった印象を加えます。「儀」は、〜のこと、という意味。格調高さも醸せます。「調達」の前に「是非」を入れ、「是非御調達」とすることも大切です。「進めてきましたが」は、丁寧に言うと、「進めてまいりましたところ」となります。

第6章　書きにくい手紙&返信　　　441

② 「なりました」は「相成りました」に変え、格調を高め、敬意を強めます。

③ この部分も全体に敬意不足です。次のように変えます。「就きましては誠に突然のこと故、貴社におかれましても大変御困惑の御事とは存じ上げますが、今回は一先ず御融通の儀、御断りするよりほかなく、誠に遺憾ながら、謹んで御知らせ申し上げます」。下線部が、補足、改変箇所です。「就いては」は「就きましては」とし、「誠に突然のこと故、貴社におかれましても大変御困惑の御事とは存じ上げますが」と「誠に遺憾ながら」を新たに加え、できるだけ心情に寄り添うことを、決して忘れてはなりません。「御事」は、〜のとのこと、を改まっていう言い方。「遺憾ながら」は、残念ながら。「儀」は、〜のこと、という意味の改まった言い方。

④ 結びも挨拶もそっけない印象で、敬意が不足ぎみです。そこで、次のように変えます。「何卒右事情御諒解の上、悪しからず思し召し下されたく、右取り敢えず御違約の御詫びまで申し上げます」。下線部が、補足、改変箇所です。「何卒」は、どうか。「諒解」は、了解と同じ。古風な表記により、改まった印象を強めます。「悪しからず」は、悪く思わずに。「思し召す」は、お思いになる。高いランクの敬意の表現です。「違約」を「御違約」と、丁寧に言うほうが効果的な場合があります。

⑤ 文末に、「委細は拝芝の節に譲らせていただきます」などと、後日お会いした際、改めて詳しく説明する意向を示すことができれば、より丁寧な印象になります。「委細」は、詳しいこと。「拝芝」は、芝眉（お顔）を拝するの意。面会することを、その相手を敬って言う謙譲語。拝顔。拝眉。

442 第6章 書きにくい手紙＆返信

格上げ後の文例

謹啓　取り急ぎ申し上げます。

　過日御依頼の資金御融通の儀、御申し越しの期日迄に是非御調達
申し上げたく準備を進めてまいりましたところ、取引金融機関が
突如一方的に融資条件を改定したため、弊社の資金運用に不自由を
来す結果と相成りました。

　就きましては誠に突然のこと故、貴社におかれましても大変
御困惑の御事とは存じ上げますが、今回は一先ず御融通の儀、
御断りするよりほかなく、誠に遺憾ながら、謹んで御知らせ申し
上げます。

　何卒右事情御諒解の上、悪しからず思し召し下されたく、
右取り敢えず御違約の御詫びまで申し上げます。

　委細は拝芝の節に譲らせていただきます。　　　　　頓首

78-2　返信（了承）

模 範 文 例

謹復　御懇篤①なる御書状を賜り、恐縮のほかなく、心より深謝②
申し上げます。

　御融資の件、誠に残念に存じますが、御事情承り③、致し方
なき事と御受け止め致し、他に方途を求め活路④を見出す所存⑤
です。

第6章　書きにくい手紙＆返信　　443

　御多忙を極める中、此の度もまた格別御親身な御厚情⑥に預かり⑦、御礼の申し上げようもございません。

　改めて満腔⑧の謝意を、謹んで寸書⑨に託し、引き続き倍旧⑩の御眷顧⑪を賜りますよう、くれぐれも宜しく御願い申し上げます。　　　　　　　　　　　　　　　　　　敬白

語句の解説

① 「懇篤」は、心がこもっていて手厚いこと。
② 「深謝」は、非常に感謝すること。
③ 「承り」は、謹んで聞くこと。
④ 「活路」は、窮地から逃れる道、方法。
⑤ 「所存」は、考え。
⑥ 「厚情」は、思いやりの深い相手の気持ち。
⑦ 「預かり」は、目上からのおほめや志を受けること。いただく。
⑧ 「満腔」は、体中の、の意。
⑨ 「寸書」は、自分の手紙をへりくだっていう言い方。
⑩ 「倍旧」は、以前に比べて、二倍。これまで以上に、という意味。
⑪ 「眷顧」は、特別に目をかけること。ひいき。

79-1　疑いをもたれたときの説明・釈明

一般的な文例

謹啓　平素は格別のお引き立てを賜り深謝申し上げます①。

　さて、先頃弊社が発表した人事異動によりて、ご不審を招きましたことを、万謝申し上げます②。

　桑田様にご紹介いただき、当社のさらなる発展に貢献し続ける棚橋幸雄氏が③、今回博多本店の店長になりました事④、降格人事との評価が業界内に流布していることは⑤、不当なご指摘と申せます⑥。

　現在は東京本社との名称により、首都東京を基軸に業務を展開する弊社ですが⑦、本来は博多本店が創業の地であり、全社全従業員統一の本来的な要という位置づけになっております。

　従って⑧、博多本店の店長就任は⑨、弊社においては栄達の本道であり⑩、ご理解賜りたく存じます⑪。

　今回役員の顔ぶれが大幅に変更となり、前役員数名に重用されていた棚橋氏が、新役員らに冷遇されるという構図を当てはめる向きもあるようですが、それもまた根拠なき誤解と申せます。新役員もまた、棚橋氏の既往の実績を高く評価し、弊社全社員の精神的支柱となる博多本店のさらなる躍進を担う大役は、他に該当者なしと⑫、満場一致で棚橋氏推挙となりました⑬。

　このような事情をご理解いただき⑭、不審を晴らしていただけますようお願い申し上げます⑮。

　以上、深謝方々ご説明まで謹んで申し上げます。　　　　敬白

第6章　書きにくい手紙＆返信　　445

格上げのポイント

① 　冒頭の挨拶として格調、丁寧さの点で不十分なので、「平素は格段の御引き立てを賜り、御厚情誠に有り難く、心より深謝申し上げます」とします。下線部が、補足、改変箇所です。「格段」は、格別、と同じ。「厚情」は、思いやりの深い相手の気持ち。「深謝」は、深く感謝すること。

② 　この部分は、丁寧さと格調が足らないので、「早速で恐縮に存じますが、先頃弊社が発表させていただきました人事異動によりまして、尊台の御不審を招く結果となりましたことを、誠に遺憾に存じ上げ、万謝申し上げる次第です」と直します。下線部が、補足、改変箇所です。まず、「早速で恐縮に存じますが」を補足し、いきなり要件に入ることの失礼を詫びることが大切です。「発表した人事異動」は、「発表させていただきました人事異動」とし、十分丁寧に表現します。「ご不審を招きましたことを」は、格調を高めるために、「御不審を招く結果となりましたことを」に変えます。もってまわった言い方ですが、格上げ手紙には効果的です。「誠に遺憾に存じ上げ」というフレーズも挿入し、へりくだった印象を強めます。「遺憾」は、期待したようにならず、心残りであること。「万謝申し上げます」は、「次第」を加え、「万謝申し上げる次第です」とします。「次第」は、〜というわけ、という意味で、重厚感のある語調を整えるのに役立ちます。「万謝」は、心からお詫びすること。

③ 　この部分に格調を加えるために、「尊台に御紹介を賜り、当社の層一層の発展の一翼を担う棚橋幸雄氏が」とします。下線部が、補足、改変箇所です。「桑田様」は「尊台」に変えます。直接名前を呼ぶよ

り、二人称代名詞の敬称で呼ぶほうが、より敬意がこもります。「いただき」より「賜り」のほうが、より丁寧な印象となります。「さらなる」は、益々という意味の「層一層」に変えます。「貢献し続ける」は「一翼を担う」に変え、より効果的な働きをしていることを強調すると、より丁寧な印象となります。

④　「店長になりました事」は「店長に抜擢されました事」に変え、重厚感を加えます。「抜擢」は、多くの者の間から、優れた力をもつと認め、他は差し置いて特に取り立てること。

⑤　この部分は、表現に丁寧さが足りないので、「降格人事との評価が業界内に流布している<u>由拝承致し</u>」とします。下線部が改変箇所です。「由」は、～とのこと。「拝承」は、聞くこと、承知することをへりくだって言う語。

⑥　この部分は、強い口調と感じられ失礼があるといけないので、次のようにソフトな表現を目指します。「<u>憚りながら</u>不当な御指摘と<u>申し上げざるを得ません</u>」。下線部が、補足、改変箇所です。「憚りながら」は、恐縮ですが。

⑦　「弊社ですが」は「弊社ではございますが」として、より丁寧に表現するのが効果的です。

⑧　「従って」は「従いまして」にすると、より丁寧な印象になります。

⑨　「店長就任は」を、「店長に就任致しますことは」に変えると、丁寧でも冗漫な印象になりますが、格上げ手紙ではむしろ効果的です。

⑩　「栄達の本道であり」は「栄達の本道と申し上げることができ」と変え、へりくだった印象を強め、格調の高さを演出します。「栄達」は、出世。そして、「決して降格人事ではございませんので」を加え

第6章　書きにくい手紙＆返信　　447

て、丁寧に説明すると、より改まった印象になります。

⑪　「ご理解賜りたく存じます」は「何卒御理解賜りたく存じ上げます」に変えます。「何卒」は、どうか。格調の高さと強い敬意を示す働きがあります。「存じます」より「存じ上げます」のほうが、敬語のランクは上です。

⑫　「他に該当者なしと」は、「余人をもって代えがたしと」とするほうが、格調高くなります。「余人を〜」は、他の人に代わりにやらせることができない、その人にしかできない、という意味。

⑬　「なりました」は、「相成りました」に変え、語調を整え丁寧さを増すのが効果的です。

⑭　この部分は、「かかる事情を御賢察賜り」に変え、重厚感と改まった印象を加えます。「かかる」は、このような。「賢察」は、相手が推察することを敬って言う語。

⑮　この部分は、「御不審を御晴らしいただけますよう、伏して御懇願申し上げます」に変え、力強い敬語によって格調を高めます。「伏して」は、ひれ伏して。切に願う様子。くれぐれも。謹んで。「懇願」は、強く頼み願うこと。

☆　「一般的な文例」にある、敬意を強めるために用いた「お」「ご」は、格上げの際には「御」に変更しました。「御」を用いるほうが、改まった印象や格式の高さを強調するのに効果的だからです。

> ## 格上げ後の文例

謹啓　平素は格段の御引き立てを賜り、御厚情誠に有り難く、心より深謝申し上げます。

さて、早速で恐縮に存じますが、先頃弊社が発表させていただきました人事異動によりまして、尊台の御不審を招く結果となりましたことを、誠に遺憾に存じ上げ、万謝申し上げる次第です。

尊台に御紹介を賜り、当社の層一層の発展の一翼を担う棚橋幸雄氏が、今回博多本店の店長に抜擢されました事、降格人事との評価が業界内に流布している由拝承致し、憚りながら不当な御指摘と申し上げざるを得ません。

現在は東京本社との名称により、首都東京を基軸に業務を展開する弊社ではございますが、本来は博多本店が創業の地であり、全社全従業員統一の本来的な要という位置づけになっております。

従いまして、博多本店の店長に就任致しますことは、弊社においては栄達の本道と申し上げることができ、決して降格人事ではございませんので、何卒御理解賜りたく存じ上げます。

今回役員の顔ぶれが大幅に変更となり、前役員数名に重用されていた棚橋氏が、新役員らに冷遇されるという構図を当てはめる向きもあるようですが、それもまた根拠なき誤解と申せます。新役員もまた、棚橋氏の既往の実績を高く評価し、弊社全社員の精神的支柱となる博多本店のさらなる躍進を担う大役は、余人をもって代えがたしと、満場一致で棚橋氏推挙と相成りました。

かかる事情を御賢察賜り、御不審を御晴らしいただけますよう、伏して御懇願申し上げます。

以上、深謝方々御説明まで謹んで申し上げます。　　　敬白

第6章　書きにくい手紙＆返信　　449

79－2　返信（了承・不承知）

【模範文例】

〈了承するとき〉

謹復　この度は御多忙中にもかかわらず、小生の些細①な疑問に、早速御丁寧に御答え下さり、格別な御芳情②の程③、誠に有り難く存じます。

　無論棚橋氏が能力と実績に見合う処遇を得られていないという疑義④を抱いた訳ではございませんが、貴社内部の御事情に疎い⑤者と致しましては、東京を離れることは都落ちという発想が先行致し、大変御無礼な御質問と相成り⑥ました次第⑦でございます。

　しかしながら貴信⑧に接し、安堵⑨致しました。同氏がまた新たな活躍の場を得て、さらなる底力を発揮されること願ってやみません。

　まずは寸書⑩にて御心配をお掛けしました御詫びと御礼まで申し上げます。　　　　　　　　　　　　　　　　　　謹言

〈承知できないとき〉

謹復　只今貴簡⑪拝受⑫致しました。御多忙にもかかわらず、御厭い⑬なく、詳しく御説明くださり、感謝この上なく存じます。

　確かに地方に存する創業当時の本店と、新たに業務の実質的

450　　第6章　書きにくい手紙＆返信

中心となる東京本社との御関係は、他社の場合も同様であり、博多本店への異動が降格を意味しないとの御見解には一定の説得力を感じます。しかしながら、首肯⑭しかねる印象が依然として残りますことも、また率直な感想と申し上げざるを得ません。

　と申しますのも、新役員の御諸賢のうち、博多本店の店長を歴任された方は、御一人のみで、博多本店店長が、必ずしも貴社御栄達⑮の階段の一段となっていない事実が垣間見えるからでございます。

　貴社御人事につきまして、部外の小生が申し上げる事は、僭越⑯であり、越権⑰であり、誠に御無礼とは重々⑱承知しておりますが、棚橋氏を貴社に御紹介申し上げた立場からの御質問は、今後も続けさせていただくことを、御許し賜りますよう御願い申し上げます。

　先ずは御礼方々⑲御挨拶まで申し上げます。　　　　　　謹言

語 句 の 解 説

① 「些細」は、取るに足りないほど細かいこと、わずかなこと。
② 「芳情」は、親切な温かい心を敬って言う語。
③ 「～の程」は、直接の表現を避けて、その状態であることを示す敬語表現を作る語。
④ 「疑義」は、疑問に思われること。
⑤ 「疎い」は、よく知らない。事情に暗い。
⑥ 「相成り」は、「なる」の改まった言い方。
⑦ 「次第」は、～というわけ、という意味。
⑧ 「貴信」は、相手の手紙の敬称。

第6章　書きにくい手紙＆返信　　451

⑨　「安堵」は、安心すること。

⑩　「寸書」は、取るに足りない手紙、という意味。自分の手紙をへりくだっていう言い方。

⑪　「貴簡」は、相手の手紙の尊敬表現。

⑫　「拝受」は、受け取ることをへりくだっていう語。

⑬　「厭い」は、嫌がって避ける。

⑭　「首肯」は、もっともだと納得し認めること。

⑮　「栄達」は、出世。

⑯　「僭越」は、自分の身分、地位を越えて、出過ぎたことをする様子。

⑰　「越権」は、自分の権限以上のことに手を出すこと。

⑱　「重々」は、十分。

⑲　「方々」は、〜を兼ねて、〜がてら、という意味。

452　　第6章　書きにくい手紙＆返信

80－1　約束履行の催促（再度の依頼）

一般的な文例

謹啓　時下ご清祥の御事と存じます①。

　さて、先日来ご依頼申し上げておりますお原稿に関しては②、予てご説明した通り③、先月中には脱稿していただき④、今月中旬迄に編集を終える手筈を整えておりました。しかしながら、未だに玉稿の拝受叶わず⑤、予定通りの進行とならず⑥、弊誌発行にも差し障りを起こす懸念も生じまして、とても困っております⑦。

　かような訳ですので、本月十日迄に、玉稿すべてお送りくださるようお願い申し上げます⑧。

　取りあえず右まで申し上げます⑨。　　　　　　　　草々⑩

格上げのポイント

① 　冒頭の挨拶として、丁寧さが不足しているので、「秋涼の砌愈々御清祥の御事賀し奉ります」に変えます。「砌（みぎり）」は、ちょうどその時。「御事（おんこと）」は、〜とのこと、をさらに丁寧にいう言い方。「賀（が）し奉（たてまつ）ります」は、お祝い申し上げます、をさらに丁寧にいう言い方。

② 　この部分は、少々敬意と格調が不足しているので、「さて、早速で誠に恐縮に存じますが、先日来御依頼申し上げて居ります玉稿の儀につきましては」に変えます。下線部が、補足、改変箇所です。まず、「早速で誠に恐縮に存じますが」を補足し、謙虚な姿勢を示すことが大切です。「お原稿に関しては」を「玉稿の儀につきましては」

第6章　書きにくい手紙＆返信　　453

に変えることで、格調が高くなります。「玉稿」は、相手の原稿の敬称。「儀」は、〜は、という意味の改まった言い方。

③　「ご説明した通り」を「御説明申し上げました通り」に変えると、より丁寧で改まった印象となります。

④　「脱稿していただき」は、「御脱稿賜り」と変え、格調を高めます。

⑤　「未だに玉稿の拝受叶わず」は、率直すぎて相手を不快にするおそれがあるので、「目下の状況によれば」などと、ぼやかした表現にします。

⑥　「進行とならず」も露骨で不快感を呼ぶ恐れがあるので、「進行覚束なき様子にて」と、もってまわった表現にするのが無難です。「覚束なく」は、物事の成り行きが疑わしい。うまくいきそうもない。

⑦　困惑している状況はきっちり伝える必要がありますが、ここもやはり露骨な表現をできるだけ避けるために、「とても困っております」を「甚だ困却致して居ります」と、少々馴染みの薄い古風な言い回しを用います。「甚だ」は、非常に。「困却」は、困り果てること。

⑧　この部分は、全体的に格調と敬意が不足しているので、次のように変えます。「誠に勝手とは存じますが、右御含み下され遅くとも本月十日迄に、玉稿すべて相纏まりますよう御急ぎ賜りますよう、伏して御懇願申し上げる次第でございます」。下線部が、補足、改変箇所です。「誠に勝手とは存じますが」と、自分に非がなくても謙虚な姿勢を示すことが大切です。「伏して御懇願」と、低姿勢をさらに強調することで、相手の反省を促し善処を引き出します。「伏して」は、ひれ伏して。切に願う様子。くれぐれも。謹んで。「懇願」は、強く頼み願うこと。

⑨　淡泊で敬意の弱い締めくくりなので、次のように丁寧に表現します。「何れ近日参上仕り万々申し上げたく存じますが、取りあえず

右につきまして御伝え致したく、寸書にて申し上げます」。「参上」は、相手の所へ伺うこと。「仕り」は、〜申し上げる。最も謙虚な言い方を作る語。「万々」は、十分に。「寸書」は、自分の手紙の謙称。

⑩　「草々」は、不十分な内容であることを謙虚に示す結語で、不快感を示したいときに、あえて利用する場合もあります。しかし、ここでは敬意を示すべきなので、不十分な内容でありながらも、謹んで申し上げるという意味の「草々頓首」という四字結語を利用するのも効果的です。もちろん、「頓首」「敬白」「謹言」などでもかまいません。

☆　「一般的な文例」にある、敬意を強めるために用いた「お」「ご」は、格上げの際には「御」に変更しました。「御」を用いるほうが、改まった印象や格式の高さを強調するのに効果的だからです。

格上げ後の文例

謹啓　秋涼の砌愈々御清祥の御事賀し奉ります。

　さて、早速で誠に恐縮に存じますが、先日来御依頼申し上げて居ります玉稿の儀につきましては、予て御説明申し上げました通り、先月中には御脱稿賜り、今月中旬迄に編集を終える手筈を整え--ておりました。しかしながら、目下の状況によれば、予定通りの進行覚束なき様子にて、弊誌発行にも差し障りを起こす懸念も生じまして、甚だ困却致して居ります。

　誠に勝手とは存じますが、右御含み下され遅くとも本月十日迄に、玉稿すべて相纏まりますよう御急ぎ賜りますよう、伏して御懇願申し上げる次第でございます。

第6章　書きにくい手紙＆返信　　455

何れ近日参上仕り万々申し上げたく存じますが、取りあえず右につきまして御伝え致したく、寸書にて申し上げます。

　　　　　　　　　　　　　　　　　　　　　草々頓首

80－2　返信（釈明）

模　範　文　例

謹復　只今御困りの御便りに接し、誠に申し訳なく、心より御詫びを申し上げます。

　拙稿①御提出の御約束が先月末でありました事は、重々②承知致しており、御約束を果たすべく準備を進めて参りましたが、実は先月突如弊社業務上の不手際により社内混乱を生じ、収拾のため予定しておりました執筆時間を大幅に取られることと相成りました③。

　さらには、先頃の小宅書斎の修繕により、書棚の資料を移動した際、資料類を一部紛失し、執筆に支障を来し、かかる④遅延を招来した次第でございます。

　社内の混乱も収束し、紛失資料に代わる資料の手当も就きましたので、御所望⑤の今月十日迄には全原稿を取り揃える心算⑥に存じます。

　御心配、御迷惑をお掛け致し、誠に慙愧に堪えません⑦が、今しばらく御待ちくださるよう、宜しく御願い申し上げます。

　先ずは書面にて、御詫び方々御報告まで申し上げます。頓首

456　第6章　書きにくい手紙＆返信

語 句 の 解 説

① 「拙稿（せっこう）」は、自分の原稿の謙称。

② 「重々（じゅうじゅう）」は、十分。

③ 「相成（あいな）りました」は、「なりました」の改まった言い方。

④ 「かかる」は、このような。

⑤ 「所望（しょもう）」は、望む事柄。

⑥ 「心算（しんさん）」は、つもり。

⑦ 「慚愧（ざんき）に堪（た）えません」は、心に深く恥じ入ることを、我慢できない、申し訳ない、という意味。

附　録

文豪・名家の手紙の実例から学ぶ用語・言い回し（格上げフレーズ）

458

附　録　文豪・名家の手紙の実例から学ぶ用語・言い回し
（格上げフレーズ）

「拝顔の栄を得ておりません」／「これに過ぎる光栄はございません」

（夏目漱石）

応 用 文 例

〈相手の会社の社史、社報に原稿が掲載されたときの挨拶に利用した例〉

謹啓　未だ拝顔の栄を得ておりません①が、愈々②御清勝③の御事④と賀し奉り⑤ます。過般⑥は拙稿⑦貴社御社史（社報）に御掲載の趣⑧、これに過ぎる光栄はございません。…

語 句 の 解 説

① 「拝顔の栄を得ておりません」は、面会できる栄誉を得ていない、という意味。

② 「愈々」は、ますます。

③ 「清勝」は、健康で元気なこと。

④ 「御事」は、〜のこと、を敬意を込めていう言い方。

⑤ 「奉り」は、動詞に付いて謙譲表現を作る。「賀し奉り」は、お祝い申し上げるの意。

⑥ 「過般」は、先日。

⑦ 「拙稿」は、つたない原稿。自分の原稿をへりくだっていう言い方。拙文とも言う。

⑧ 「趣」は、〜とのこと。

附録　文豪・名家の手紙の実例から学ぶ用語・言い回し（格上げフレーズ）

資 料 書 簡

「拝啓　未だ拝顔の栄を得ず候処愈御清勝奉賀候。過般は拙著貴校にて教科書として御使用の趣光栄不過之と存候。…」（明治44年10月18日　夏目漱石）

〈解　説〉

　夏目漱石の、自著がハワイの日本人学校の教科書に採用されたときの、まだ会ったことのない教師への挨拶状の冒頭です。

〈意　味〉

　これまで栄誉あるご面会の機会を得ておりませんが、ますますお健やかなこととお喜び申し上げます。先日はわたくしの本を貴方様の学校にて教科書としてご使用と伺い、これに勝る光栄なことはございません。

附　録　文豪・名家の手紙の実例から学ぶ用語・言い回し
（格上げフレーズ）

「春暖の候いよいよ欣賀すべき御清適とは」／「下って小生は碌々無異に」

（夏目漱石）

応　用　文　例

〈贈り物をいただいたときの書き出しに利用した例〉

尊書を拝見致しました①。春暖の候いよいよ欣賀②すべき御清適③とは正にこの事でございます。下って④小生は碌々無異⑤に暮らしておりますので、憚りながら⑥御休心⑦くだされたく存じます。さて、御恵与⑧の格別な御志、本日正に到着、御厚意の段⑨篤く⑩御礼申し上げます。…

語　句　の　解　説

① 「復啓（ふくけい）」などの代わりとなる。「尊書（そんしょ）」は相手の手紙の尊称。
② 「欣賀（きんが）」は、喜び祝う。
③ 「清適（せいてき）」は、心身ともにすがすがしく安らかなこと。
④ 「下（くだ）って」は、相手の位置より降りて、へりくだってという意味。
⑤ 「碌々無異（ろくろくぶい）」は、大したこともなさず無事なこと。
⑥ 「憚（はばか）りながら」は、恐縮ですが。
⑦ 「休心（きゅうしん）」は、安心すること。
⑧ 「恵与（けいよ）」は、相手の贈与の敬語表現。（私に）恵み与える。
⑨ 「段（だん）」は、〜のこと。
⑩ 「篤（あつ）く」は、程度が甚だしいこと。

文豪・名家の手紙の実例から学ぶ用語・言い回し
（格上げフレーズ）

資　料　書　簡

「尊書拝見仕候　春暖之候愈御清適欣賀此事に御座候　下て
小生碌々無異消光罷在候間　乍憚御休神被下度候　偖御恵与
の石硯一枚昨七日小包にて正に到着御厚意の段篤く御礼申上候…」

（明治36年4月8日　夏目漱石）

〈解　説〉

　夏目漱石が硯をもらったときのお礼の手紙の書き出しです。

〈意　味〉

　お便り謹んで拝見致しました。季節は春めき暖かさを増し、いよい
よ心身ともに安らかな季節となりました。わたくしは何も大した功績
もなく無事ですので、恐縮ですが他事ながらご安心ください。さて、
いただいた石の硯、昨日七日に小包で到着致しました。ご厚意に篤く
お礼を申し上げます。

附　録　文豪・名家の手紙の実例から学ぶ用語・言い回し
（格上げフレーズ）

「ご繁栄をご祝福奉ります」／「倍旧のご贔屓を賜りますよう伏してお願い申し上げます」

（永井荷風）

応　用　文　例

〈料金改定をお知らせするときの挨拶に利用した例〉

拝啓　貴社益々のご繁栄を衷心より①ご祝福奉ります②。謹んで申し上げます。当社この度、お取引につきましての料金改定をお知らせ致したく、つきましては、大まかに左の如く定めさせていただきますので、悪しからず③ご理解賜り、今後とも倍旧④のご贔屓⑤を賜りますよう伏して⑥お願い申し上げます。…

語　句　の　解　説

① 「衷心（ちゅうしん）より」は、心から。
② 「ご祝福奉（たてまつ）ります」は、ご祝福申し上げます、と同じ意味。
③ 「悪（あ）しからず」は、悪く思わずに。
④ 「倍旧（ばいきゅう）」は、これまでの二倍、これまで以上、という意味。
⑤ 「贔屓（ひいき）」は、気に入った人に特に目をかけて世話すること。
⑥ 「伏（ふ）して」は、ひれ伏すこと。くれぐれも。謹んで。

資　料　書　簡

「拝啓　御繁栄奉賀候（ごはんえいがしたてまつりそうろう）、陳者（のぶれば）小生此度（このたび）時代の流行に従い原稿生活改造致度就（いたしたくつい）ては大略左（たいりゃくさ）の如く相定候間（あいさだめそうろうあいだ）　何卒倍旧の御贔屓（ひいき）に願度（ねがいたく）伏而願上奉候（ふしてねがいあげたてまつりそうろう）…」（大正9年9月19日　永井荷風）

〈解　説〉
　永井荷風が自らの仕事の料金を規定した文書の冒頭です。
〈意　味〉
　貴方様のご繁栄をご祝福申し上げます。申し上げますが、わたくしはこの度、時代の流行に従いまして、原稿料などの改定を致したく、つきましては、大まかに左の如く定めますので、これまでに倍するご贔屓にあずかりますことを、伏してお願い申し上げます。

附 録　文豪・名家の手紙の実例から学ぶ用語・言い回し
　　　（格上げフレーズ）

「この書面を持参する〇〇〇〇君を御紹介申し上げます」／「何卒御引見下されたく」

（島崎藤村）

応 用 文 例

〈面会を希望する知友を取引先に紹介するときに利用した例〉

> 拝呈① 　この書面を持参する〇〇〇〇君を御紹介申し上げます。同君は目下②〇〇製鉄株式会社に営業部長として在勤する、小生の古くからの知友です。その信頼の置ける人となり③は小生の知悉④する所であり、何卒⑤御引見⑥下されたく、詳しくは同君より御聴取下されますよう願い上げます。　　　　　拝具⑦

語 句 の 解 説

① 　「拝呈(はいてい)」は、拝啓と同じ手紙の頭語。
② 　「目下(もっか)」は、今現在。
③ 　「人となり」は、人柄。
④ 　「知悉(ちしつ)」は、知り尽くすこと。細かい点まで知っていること。
⑤ 　「何卒(なにとぞ)」は、どうか。
⑥ 　「引見(いんけん)」は、地位、身分の高い人が、相対的に身分の低い人を、自分のもとへ招いて面会すること。
⑦ 　「拝具(はいぐ)」は、敬具と同じ手紙の結語。

資 料 書 簡

「拝呈　この書面を持参する西丸哲三君を御紹介申上候(ごしょうかいもうしあげそうろう)。同君は

目下日東製鋼株式会社に営業部主任として在勤罷在り、小姪の夫にあたるものに有之候。文筆に携る小生より若き実業家を御紹介申上ぐるも異なものに候得共、その人となりは小生の知悉するところにも有之、何卒御引見下され度、委敷は同君より御聴取被下候よう願上候。…」（大正5年11月9日　島崎藤村）

〈解　説〉

　島崎藤村が、姪の夫を学友に紹介したときの手紙です。

〈意　味〉

　この書面を持参する西丸哲三君をご紹介申し上げます。同君は現在日東製鋼株式会社に営業部主任として在勤しており、私の姪の夫にあたります。文筆に携わる小生より若き実業家をご紹介申し上げるのも妙なものですが、その（ご紹介に値する）人となりは小生が知り尽くしておりますので、何卒ご面会くださり、詳しい用件については同君よりお聴き取りくださるようお願い致します。

附　録　文豪・名家の手紙の実例から学ぶ用語・言い回し　467
　　　　　（格上げフレーズ）

「実は相変わらず多忙のため連日寸暇なく、御
　希望に沿い難いので、悪しからず御諒恕下さ
　れ度、伏して願い上げます」

（芥川龍之介）

応 用 文 例

〈社報への寄稿を頼まれて、一旦引き受けたものの断る場合に利用し
　た例〉

拝啓　早速で恐縮ですが、貴社御社報に手がすき次第拙稿①を
御寄稿申し上げる旨御約束申し上げましたが、実は相変わらず
多忙のため連日寸暇②なく、御希望に沿い難いので、悪しからず③
御諒恕④下され度⑤、伏して⑥願い上げます。誠に勝手ながら
御寄稿の件は一先ず打ち切りとさせていただきます。　　頓首

語 句 の 解 説

①　「拙稿」は、まずい原稿。自分が書いた原稿の謙称。

②　「寸暇」は、わずかなひま。

③　「悪しからず」は、悪く思わずに。

④　「諒恕」は、事情をくんで、許すこと。

⑤　「度」は、〜してほしい。

⑥　「伏して」は、ひれ伏して。切に願う様子。くれぐれも。謹んで。

468 附　録　文豪・名家の手紙の実例から学ぶ用語・言い回し
（格上げフレーズ）

資　料　書　簡

「拝啓　八月号改造原稿書けたら書く旨御約束申上候えども　相不変多忙の為殆寸暇なく　起居御希望に副い難く候間　右不悪御諒恕下され度　伏して願上候…一先寄稿の件打切りと致し度　勝手ながらこの段如斯に御座候　頓首」（大正8年7月12日　芥川龍之介）

〈解　説〉

　大変忙しいので、一旦引き受けた原稿を断り、お詫びします、という内容の手紙です。

〈意　味〉

　雑誌「改造」の八月号に、原稿が書けたら書く旨お約束申し上げましたが、相変わらず多忙のため、ほとんどわずかな暇もない日常につき、ご希望に沿うのは難しいので、悪しからず事情をご賢察くださりお許しいただけますよう、くれぐれもお願い申し上げます。…ひとまず寄稿の件は打ち切りとさせていただきたく、勝手ですがこのことをこのようにお伝え致します。

附　録　文豪・名家の手紙の実例から学ぶ用語・言い回し（格上げフレーズ）

「御高著三部御恵贈くださり、奉謝申し上げます」／「灯下炉辺臥遊の楽を縦にせしめました」

（森鷗外）

応　用　文　例

〈著書を三冊送られ、その中の一冊を特にほめて感謝するときに利用した例〉

> 拝啓　先日は御高著①三部御恵贈②くださり、奉謝③申し上げます。就中④最新の御旅行のエッセイは、小生をして灯下炉辺⑤臥遊の楽⑥を縦⑦にせしめましたので、特に御礼申し上げます。…

語　句　の　解　説

① 「高著」は、相手の著書の尊称。

② 「恵贈」は、贈ってもらうことをへりくだっていう言い方。

③ 「奉謝」は、お礼を奉る、つまり、感謝を込めてお礼を申し上げること。

④ 「就中」は、その中でも。とりわけ。

⑤ 「灯下炉辺」は、明るい光のもと。暖炉のそば。

⑥ 「臥遊の楽」は、床に寝転がって旅行記を読んだり、地図や風景画を眺めたりして、イメージの中で自然の中に遊ぶこと。中国、東晋の画家宗炳が居所の壁に以前歩いた山水を描いて楽しんだ故事による。

⑦ 「縦」は、思いのままに振る舞うさま。自分のしたいようにするさま。

470　附　録　文豪・名家の手紙の実例から学ぶ用語・言い回し
　　　　　　　（格上げフレーズ）

資　料　書　簡

「拝啓　先日は高著数部御恵贈被下奉謝候　就中紀行の一巻は小生をして灯下炉辺臥遊の楽を縦にせしめ候　特に御礼申上候…」（大正5年2月17日　森鷗外）

〈解　説〉

　森鷗外が書籍をもらったときのお礼の手紙の書き出しです。

〈意　味〉

　先日は御著作を数冊お贈りくださり、心より感謝申し上げます。中でも、紀行の一巻は、わたくしに、明るい光のもと、暖炉のそばで、臥遊の楽を満喫させてくださいましたので、特にお礼申し上げます。

附録 文豪・名家の手紙の実例から学ぶ用語・言い回し（格上げフレーズ）

「新歳之御慶御同前　万福目出度申納候」／「恐惶謹言」

（本居宣長）

応　用　文　例

〈改まった新鮮な格上げ年賀状の賀詞と本文として利用した例〉

新歳之御慶御同前　万福目出度申納候①
尊台②におかれましては愈々清勝③に御重歳④され　誠に珍重⑤の
御事⑥と存じ上げます　愚老⑦も無事加年⑧致しましたので
慮外ながら⑨御安意⑩下さいますよう　願い上げます　尚永日を
期し⑪たく存じ上げます　　　　　　　　　　　　　恐惶謹言⑫

語　句　の　解　説

①　「新歳之御慶御同前　万福目出度申納候」は、新年の慶びは、日
本中どこでも同様で、数えきれないほど様々な幸福がありますよう
にとお祝い申し上げます、という意味。古風な賀詞だが、今は使わ
れないので、かえって新鮮な敬意を伝えるのに効果的。

②　「尊台」は、あなた様。相手の敬称。

③　「清勝」は、健康で元気なこと。

④　「重歳」は、歳を重ねること。歳を取ること。

⑤　「珍重」は、めでたいこと。祝うべきこと。

⑥　「御事」は、「〜のこと」を、丁寧に尊敬を込めていう言い方。

⑦　「愚老」は、歳老いた愚かな自分。高年齢の人の謙称。

⑧　「加年」は、加齢。歳を取ること。

⑨　「慮外ながら」は、他事ながら。人ごとですが。

⑩　「安意」は、安心。

⑪　「永日を期し」は、いずれ日ながの折にゆっくりお会いしたい、という意味。手紙の結びに用いる語。

⑫　「恐惶謹言」は、恐れ謹んで申し上げるという意味の結語。

資　料　書　簡

「新歳之御慶　御同前　万福目出度　申納候　先以て　愈御安全に　御重歳可被成　珍重奉存候　愚老無事　致加年候　乍慮外　御安意可被下候　年始之御祝詞　得貴意度　如此御座候　尚期永日之時候　恐惶謹言」（日付不詳　本居宣長）

〈解　説〉

本居宣長の年賀の挨拶です。

〈意　味〉

　新年のおめでたは、どちらにおいてもご同様で、誠におめでとうございます。まずはご安全に、お年越しされ、謹んでお祝い申し上げます。わたくしも無事年齢を加えましたので、他事ながらご休心くださいませ。いずれ日和のよいときにゆっくりお会いし、ご挨拶申し上げたいと存じます。以上謹んで申し上げます。

附　録　文豪・名家の手紙の実例から学ぶ用語・言い回し
　　　　（格上げフレーズ）

「御尊父様御他界の由伝聞仕り」／「未だ貴兄より直接の報なく唐突の事も出来ず」

(国木田独歩)

応 用 文 例

〈知人の父親の訃報を確認してからお悔やみ状を出す際に利用した例〉

先日佐山氏に会った節、御尊父様①御他界の由②伝聞仕り③、非常に驚きましたが、未だ貴兄より直接の報④なく唐突の事も出来ず、弔状⑤を差し出す事を控えておりましたところ、本日葉書を以て⑥御通知をいただき、小生実に何の言葉を以て御慰めするのが宜しいかを知り得ません。…

語 句 の 解 説

① 「御尊父様」は、相手の父親の尊称。

② 「由」は、〜とのこと。

③ 「伝聞仕り」は、お伺い申し上げました。という意味。「伝聞」は、人から伝え聞くこと。「仕り」は、〜申し上げる。最上級の敬語を作る語。

④ 「報」は、知らせ。

⑤ 「弔状」は、お悔やみの手紙。

⑥ 「以て」は、〜によって。

資　料　書　簡

「去る十二日徳富に遇いたる節、一寸御尊父御他界の由伝聞仕り非常に驚き申し候え共、未だ貴兄より直接の報なかりしかば唐突の事も出来ず、弔状差出す事を控え居候処、本日端書を以て御通知に遇い、小生実に何の言葉を以て慰めて宜しきかを知らず。」（日付不詳　国木田独歩）

〈解　説〉

不確かな伝聞により訃報を知り、弔意を示すことを差し控えていたが、本日事実と知りお悔やみを伝える、という内容です。

〈意　味〉

先日十二日に徳富蘆花に偶々会ったときに、御父上が御他界されたとのことを伝え聞き、非常に驚きましたが、その時点ではあなたから直接御連絡がありませんでしたので、唐突なふるまいはできず、お悔やみ状を出すことを差し控えていましたが、本日御訃報の御通知に接し、小生、あなたの御心中を思うと、どのような言葉でお慰めすればよいか、言葉が見つかりません。

| 附　録 | 文豪・名家の手紙の実例から学ぶ用語・言い回し（格上げフレーズ） | 475 |

「御令閨様御事先日より御不快の由」／「嘸々御心配の段深く御察し奉ります」

（福沢諭吉）

応　用　文　例

〈取引先の社長の妻の体調不良を見舞うときに利用した例〉

謹啓　時下①余寒尚強き節、貴社益々御隆昌②拝賀③奉り④ます。さて、御令閨様⑤御事⑥先日より御不快の由⑦、昨夜も田中氏より承り⑧ますれば、未だ御快方と申す御場合に至らざるとの御事、嘸々⑨御心配の段⑩深く御察し奉ります。…何れわたくしも御見舞に参上⑪仕り⑫たく存じますが、取りあえず本状にて御見舞申し上げます。　　　　　　　　　　頓首

語　句　の　解　説

① 「時下（じか）」は、このごろ。当節。目下。
② 「隆昌（りゅうしょう）」は、栄えること。
③ 「拝賀（はいが）」は、謹んで祝うこと。
④ 「奉（たてまつ）り」は、申し上げるの意。
⑤ 「御令閨様（ごれいけいさま）」は、相手の妻の尊称。
⑥ 「御事（おんこと）」は、〜のこと、を丁寧に尊敬を込めていう言い方。
⑦ 「由（よし）」は、〜とのこと。
⑧ 「承（うけたまわ）り」は、謹んで聞くこと。
⑨ 「嘸々（さぞさぞ）」は、さぞ、を強めていう語。恐らくきっと。間違いなく。
⑩ 「段（だん）」は、〜のこと、という意味。

476　附　録　文豪・名家の手紙の実例から学ぶ用語・言い回し
　　　　　　（格上げフレーズ）

⑪　「参上（さんじょう）」は、上位の人の元に伺うこと。

⑫　「仕（つかまつ）り」は、致します、という意味の改まった言い方。

資　料　書　簡

「余寒尚強、益御清安（よかんなおつよく）被成御座奉拝賀候（ござならせられはいがたてまつりそうろう）。陳（のぶ）ば御令閨様御事先日（ごれいけいさまおんこと）より御不快の由（よし）、昨夜も松山君に承（うけたまわ）り候得（そうらえ）ば　未だ御快方と申御場（もうすおんば）合に至らざるよし。嘸々御心配（さぞさぞ）のだん深く奉察候（さっしたてまつりそうろう）。…何れ私も御見舞参上可仕候得共（さんじょうつかまつるべくそうらえども）　不取敢此段申上候（とりあえずこのだんもうしあげそうろう）。頓首。」（明治6年2月16日　福沢諭吉）

〈解　説〉

　相手の妻の体調が悪いときのお見舞いの手紙です。

〈意　味〉

　余寒依然として厳しい折柄、ますますお心安んじて過ごされていらっしゃることと心よりお慶び申し上げます。ところで、奥様におかれましては、先日からご不調とのことで、昨夜松山君から聞くところによりますれば、未だに快方に向かっているとは申し上げられない状態とのことで、さぞかしご心配の深いこととお察し申し上げる次第です。…いずれ私もお見舞いにお伺い申し上げますが、取りあえずお見舞いの気持ちを本状にて申し上げます。

附　録　文豪・名家の手紙の実例から学ぶ用語・言い回し　477
（格上げフレーズ）

「少々拝晤を得たく、今月十日頃貴社へ御訪ね致したく存じます。御都合御一報頂戴できれば、幸甚これに過ぎるものはございません」

（吉田茂）

応　用　文　例

〈自分よりやや高位の仕事相手に、アポイントをとるときに利用した例〉

謹啓　常々の御厚意①を謝し②奉り③ます。小生近く貴地視察に赴く事と相成り④ました。就きましては、その節少々拝晤⑤を得たく、今月十日頃貴社へ御訪ね致したく存じます。御都合御一報頂戴できれば、幸甚⑥これに過ぎるものはございません。

頓首

語　句　の　解　説

①　「厚意(こうい)」は、おもいやりのある心。厚情。
②　「謝し(しゃ)」は、感謝する。
③　「奉り(たてまつ)」は、申し上げるの意。
④　「相成り(あいな)」は、なる、の改まった言い方。
⑤　「拝晤(はいご)」は、お目にかかること。
⑥　「幸甚」は、非常に幸福なこと。

資　料　書　簡

「拝啓、常々の御厚意 奉謝候(しゃしたてまつりそうろう)、小生近く外遊之事に致居候(いたしおりそうろう)、その節一寸拝晤(はいご)を得度(えたく)、来十八日ころ貴社へ御尋致度(おたずねいたしたく)、御都合御一報被下候(くだされそうらえば)得者幸甚不過之候(これにすぎずそうろう)、敬具」（昭和37年4月15日　吉田茂）

〈解　説〉

面会の約束を取り付けるために、返事を求める手紙です。

〈意　味〉

いつもご厚情を賜り、心から感謝申し上げます。わたくし、近日外遊することになり、その際少々お時間を頂きお会いしたく、今度の十八日頃、貴社をお訪ねしたいので、ご都合をご一報いただければ、これに過ぎる幸いはございません。

附　録　文豪・名家の手紙の実例から学ぶ用語・言い回し
　　　　（格上げフレーズ）

「拙者病気につき早速御見舞下され名産頂戴仕り、かたじけなく御礼申し上げます」

（斎藤茂吉）

応 用 文 例

〈高位の相手から病気見舞いを受けたときの礼状の書き出しに利用した例〉

> 謹復　拙者①病気につき②早速御見舞下され名産頂戴仕り③、かたじけなく④御礼申し上げます。一時は大分ひどくなりましたが、今は治りまして、未だ欠勤致しておりますが、大分よろしく相成り⑤ました。…

語 句 の 解 説

① 「拙者（せっしゃ）」は、自分をへりくだって言う語。
② 「につき」は、〜について。〜に関して。
③ 「仕り（つかまつり）」は、致します、という意味の改まった言い方。
④ 「かたじけなく」は、好意がありがたい。恐れ多い。
⑤ 「相成り（あいなり）」は、なる、の改まった言い方。

資 料 書 簡

「拝啓　拙者（せっしゃ）病気につき早速御見舞下され名産頂戴仕り（ちょうだいつかまつり）、かたじけなく御礼申上候。一時は大分ひどく候えしも、直り申し、未だ欠勤いたし居るも、大分よろしく相成申候（あいなりもうしそうろう）、小生も歌が出来がたく相成候（あいなりそうろう）も丈夫に相成り候はば又何とか相成り可申候（もうすべくそうろう）…　敬具」

（大正9年2月13日　斎藤茂吉）

〈解　説〉

　病気見舞いを受け礼を言い、作歌への意欲を示す、という内容です。

〈意　味〉

　わたくしの病気に際しまして、早速お見舞いを賜り名産のお品まで頂戴致し、心より感謝御礼申し上げます。一時期はだいぶひどかったのですが、今は治りまして、未だ欠勤はしておりますが、大分よくなりました。わたくしも歌が出来にくくなりましたが、丈夫になりますればまた何とかなると申し上げられます。

附　録　文豪・名家の手紙の実例から学ぶ用語・言い回し（格上げフレーズ）　481

「この度は分外の御優招に接し、早速拝趨仕りましたところ、数々の御厚配を賜り、近頃稀有の光栄と拝謝奉ります」

（北原白秋）

応　用　文　例

〈招待され歓待を受けお礼を言い、返礼の自著を贈るときに利用した例〉

粛啓　この度は分外①の御優招②に接し③、早速拝趨④仕り⑤ましたところ、数々の御厚配を賜り、近頃稀有⑥の光栄と拝謝⑦奉り⑧ます。…拙著⑨尊覧⑩に供し⑪奉りまして、些かの感謝の微意⑫とさせていただきますので、御笑納に預かり⑬たく、取りあえず御礼まで申し上げます。　　　　　　　　　敬白

語　句　の　解　説

① 　「分外ぶんがい」は、身分や限度を越えていること。

② 　「優招ゆうしょう」は、すばらしいお招き。

③ 　「接せっし」は、ここでは、受ける、という意味。

④ 　「拝趨はいすう」は、急ぎ伺うこと。

⑤ 　「仕つかまつり」は、致します、という意味の改まった言い方。

⑥ 　「稀有けう」は、非常にまれなこと。

⑦ 　「拝謝はいしゃ」は、心から感謝すること。

⑧ 　「奉たてまつり」は、〜申し上げる。

⑨ 　「拙著せっちょ」は、自分の著書の謙称。

482　附　録　文豪・名家の手紙の実例から学ぶ用語・言い回し
　　　　　　（格上げフレーズ）

⑩　「尊覧」は、相手が見ることを敬っていう言い方。

⑪　「供し」は、提供する、という意味。

⑫　「微意」は、わずかな気持ち。自分の気持ちをへりくだっていう
　言い方。

⑬　「笑納」は、相手が失笑してしまうようなつまらないものを受け
　取ること、贈ることをへりくだっていう言い方。「預かり」は、目上
　からのおほめや志を受けること。「御笑納に預かり」は、お受け取り
　頂くという行為をお受けする、という意味になる。

資　料　書　簡

「粛啓　この度は分外の御優招にせつし　早速拝趨仕候処
数々の御厚配を賜わり　ちかごろ稀有の光栄と　奉拝謝候 …即興
一篇尊覧に供したてまつり候につき　些か感謝の微意　御笑納にあず
かり度　不取敢御礼まで此のごとくに御座候　敬具」（大正13年1月14
日　北原白秋）

〈解　説〉

　招待を受け感謝の意を示し、お礼に詩を贈呈させていただく、とい
う内容です。

〈意　味〉

　この度は、身分不相応なすばらしいお招きをいただき、早速急ぎお
伺いしましたところ、数々の丁寧なご配慮をいただき、最近では稀な
光栄と心から感謝申し上げます。…即興の詩一篇をご覧いただくこと
により、ほんのわずかなわたくしからの感謝の気持ちとして、お受け
取り願いたく、取りあえずお礼の気持ちを申し上げます。

附録　文豪・名家の手紙の実例から学ぶ用語・言い回し
（格上げフレーズ）

「御約束の儀、毎々御催促に預り、誠に恐縮の至りに存じます」／「御迷惑とは存じますが少し手すきに相成りますまで」

（尾崎紅葉）

応用文例

〈催促されている依頼事が間に合わないときの言い訳に利用した例〉

拝復　御約束の儀①、毎々②御催促に預り③、誠に恐縮の至りに存じます。さぞかし御都合もありますでしょうから、御間に合せたく④とは存じながら、少々取り込み⑤がありました上に、他の約束にも間に合いませんので徹夜する始末です。…御迷惑とは存じますが少し手すきに相成り⑥ますまで、御延ばし下さるよう御願い申し上げます。…

語句の解説

① 「儀(ぎ)」は、～のこと、という意味。
② 「毎々(まいまい)」は、そのたびごと。いつも。
③ 「催促に預り(あずか)」は、催促をお受けして、という意味。
④ 「御間に合(おまあわ)せたく」は過剰敬語だが、格調を重んじるかしこまった手紙では違和感がなく、効果的。
⑤ 「取(と)り込(こ)み」は、不意の出来事・不幸などのためにごたごたすること。
⑥ 「相成(あいな)り」は、なる、の改まった言い方。

資 料 書 簡

「拝復　撰句の義　毎々御催促に預り　誠に恐縮の至に御座候　さぞかし御都合も可有之と存じ候えば　御間に合せ度とは存じながら　少し取込有之候上に　新聞の撰句間に合わざる為に徹夜など致し候始末…御迷惑とは存じ候えども少し手隙に相成候迄　御延し被下度…」（明治34年11月8日　尾崎紅葉）

〈解　説〉

　短歌や俳句の選句を依頼されていたが、他の選句も徹夜しても間に合わない状況なので、手がすくまで待ってほしいという内容です。

〈意　味〉

　選句の約束のことを、毎度毎度ご催促いただき、誠に恐縮の至りに存じます。さぞかしご都合もありますでしょうから、間に合せたいとは思いながら、少々取り込みがありました上に、新聞の選句も間に合いませんので徹夜までしている始末です。…ご迷惑とは存じますが少し手すきになりますまで、御約束をお延ばしくださるようお願い申し上げます。

著者紹介

中川　越（なかがわ　えつ）
生活手紙文研究家、手紙文化研究家。東京都出身。書籍編集者を経て執筆活動に入る。
主な著書は以下の通り。
「改まった儀礼的な手紙の文例とポイント」（新日本法規出版）
「新版 あいさつ・スピーチ全集（共著）」（新日本法規出版）
「気持ちがきちんと伝わる！ 手紙の文例・マナー新事典」（朝日新聞出版）
「実例 大人の基本 手紙書き方大全」（講談社）
「文豪に学ぶ 手紙のことばの選びかた」（東京新聞）
「文豪たちの手紙の奥義」（新潮文庫）
「夏目漱石の手紙に学ぶ 伝える工夫」（マガジンハウス）
「高等学校 国語表現Ⅱ」（第一学習社版）〈中川越「心に響く手紙」が3頁にわたり収載〉

社格を上げる　トップリーダーの手紙
―文例とポイント―

平成30年5月28日　初版発行

著　者　中　川　　越
発行者　新日本法規出版株式会社
代表者　服　部　昭　三

発 行 所	新 日 本 法 規 出 版 株 式 会 社	
本　　社 総轄本部	（460-8455）	名 古 屋 市 中 区 栄 1 － 23 － 20 電話　代表　052（211）1525
東京本社	（162-8407）	東京都新宿区市谷砂土原町2－6 電話　代表　03（3269）2220
支　　社		札幌・仙台・東京・関東・名古屋・大阪・広島 高松・福岡
ホームページ		http://www.sn-hoki.co.jp/

※本書の無断転載・複製は、著作権法上の例外を除き禁じられています。
※落丁・乱丁本はお取替えします。　　　　　ISBN978-4-7882-8429-6
5100015　リーダー手紙　　　　　　　　　ⓒ中川越 2018 Printed in Japan